금강경으로 세상읽기

# 흔적 없는 소리

금강경으로 세상읽기

# 흔적 없는 소리

금담 정관

해조음

# 생각도 진리가 아니며
# 판단도 진리가 아니다

佛祖의 慧明은 宇宙를 덮고
慈悲의 光明은 四海에 퍼지도다
曹溪沙門의 大舞踊이
須彌山을 震動하는구나

불보살님의 가르침이 어찌 문자에만 있다고 하겠습니까?
하지만 문자를 여의고 다시 부처님의 진리 말씀을
전하는 방편이 요원하다 할 것입니다.
생각도 진리가 아니며 판단도 진리가 아닙니다.
행주좌와어묵동정(行住坐臥語默動靜)이 성성할 때만
비로소 온전한 나를 발견할 수 있다 할 것입니다.

출가·재가를 막론하고 무슨 일을 하거나
자신의 몫에 최선을 다하는 사람이
참다운 불자의 모습이 아닐까 생각합니다.
소납의 도제 정관 수좌가
이번에 좋은 글을 지어서
불보살님 전에 바치고
대중 포교에 정진한다 합니다.
모쪼록 격려의 박수를 보내는 바입니다.

토함산  불국사 회주 **나가 성타** 합장

# 삶의 본질에 다가가는<br>작은 계기가 되기를 바라며

이 책은 금강경을 모티브로 했지만 금강경을 해설하거나 번역한 것은 아니다.

금강경의 원문을 훼손했다는 질책은 사양하고 싶다.

번역이나 해설서로 오해하는 일이 없기를 바란다.

금강경의 가르침에서 세상 이야기를 엮었다는 변명은 필요할 것 같다.

법정 스님께서 말씀하시길 '말빚도 빚'이라고 했다.

나 역시 매번 글을 그만 쓰겠다고 다짐하면서도 나도 모르게 책상 앞에 앉아 있는 나 자신을 발견하곤 한다.

어쩌면 숙생의 업보가 아닐까.

소리는 아무 형체가 없지만 생각을 형상화하고 소통의 형태로서 표현된다. 생사가 본래 없듯이 우리 삶의 본질은 있다고도 할 수 없고, 없다고도 할 수 없는 가운데 묘한 것, 바로 '진공묘유(眞空妙有)'의 비어있는 세계를 바로 보는 것이다.

매 순간 마음이 딛고 있는 본래 그 자리, 마음의 비어 있는 공(空)의 세계에 가 닿기를 발원하며 『흔적 없는 소리』라는 제목을 붙여 보았다. 금강경은 결국 모습이 없는 가운데 실체를 깨닫는 데 있다고 볼 때 소리는 흔적이 없는 것이다.

밖에서 구하려는 마음을 버리고 유무(有無)를 떠난 공(空)의 세계를 바로 보고, 자신이 서 있는 그 자리가 바로 영원한 도량임을 깨닫는다면 날마다 좋은 날이다.

이 책의 이야기들이 우리 삶의 본질에 보다 가까이 다가가는 작은 계기가 되기를 바란다.

다시 한 번 탈고에 즈음해서 이번 만큼은 나 자신과의 약속을 꼭 지키고 싶다. 출판을 위해 애쓴 해조음 이철순 대표에게 감사드리며, 그동안 많은 분들의 시주은(施主恩)을 입은 사람으로서 부족하나마 감사의 뜻으로 이 책을 바치고 싶다.

불기 2559(2015)년 가을을 맞으며

향림산방 **금담 정관** 합장

• 차 례 •

# 1부

1. 법회인유분(法會因由分)
2. 선현기청분(善現起請分)
3. 대승정종분(大乘正宗分)
4. 묘행무주분(妙行無住分)
5. 여리실견분(如理實見分)
6. 정신희유분(正信希有分)
7. 무득무설분(無得無說分)
8. 의법출생분(依法出生分)

## 1. 법회인유분(法會因由分)을 노래하다

기수급고독원
넓은 정원에 둘러앉은
천 이백 오십인
줄지어 나서는
안개 자욱한 아침
들길 따라 걷는다
왜
이 길을 가야 하는지
어떤 인연으로
이 길을 걷게 되었는지
알 필요 없다
번뇌로 흩어진 마음
당신의 무릎 앞에 돌아와
본래 그 자리
터벅터벅 걸어온
본래 그 자리
중생계의 발을 씻어버리고
부좌이좌(敷座而坐)

나는 이와 같이 들었다. 어느 때 부처님께서 사위국 기수급고독원에서 대 비구 천이백 오십인과 함께 계시었다.

그 때 마침 공양 때가 되어 세존께서는 가사를 입으시고 발우를 가지시고 사위대성에 들어가셔서 차례로 걸식을 하시었다. 다시 본처로 돌아오셔서 공양을 마치신 뒤에 가사와 발우를 거두시고 발을 씻으신 다음 자리를 펴고 앉으셨다.

## 위대한 헌신과 봉사의 여신, 어머니

〈법회인유분(法會因由分)〉은 어떤 인연으로 말미암아 법회가 열리게 되었는지 그 까닭을 설명하는 장(章)이다. 경전의 첫 머리에 '여시아문(如是我聞)'이라고 쓰는 이유는 역사적으로 2,500년의 시간이 흘러갔지만 지금 이 순간 시공을 초월하여 그 시대의 기원정사에서 부처님 법음을 듣던 부처님 제자들과 똑같이 간절한 마음으로 이 금강경을 보고 듣고 읽는 자세가 필요하다는 뜻이다.

이어서 나오는 '기수급고독원(祇樹給孤獨園)'은 두 사람이 힘을 모아 건립한 기원정사라는 사찰 이름이다. 기원정사가 건립된 일화는 너무나 유명하다. '기수'라는 왕자 개인 소유인 아름다운 공원이 있었다. 그곳의 풍광이 너무나 아름다워서 부처님께 절을 지어 드리고자 마음먹고 있던 급고독 장자가 땅을 매입하려 하였다. 그 땅을 팔고 싶은 생각이 없었던 기수 왕자는 "땅을 구하고자 한다면 그 땅의 넓이만큼 황금으로 덮는다면 팔겠노라"고 농담처럼 말을 건넸다. 급고독 장자는 자신의 전 재산을 처분하여 금을 구하고 금덩어리를 녹여 종잇장처럼 펴서 그 땅에 깔기 시작했다. 이른바 황금 보도블록을 만든 셈이다.

이와 같은 소문이 온 나라에 퍼지자 왕자는 급고독 장자의 황당한 행동에 놀라 그에게 달려와 "도대체 부처님이 얼마나 위대하기에 전 재산을 털어 절을 지으려 하는가?"하고 물었다. 급고독 장자의 대답은 간단했다. 그 분은 응공(應供), 즉 공양을 받을 충분한 자격을 갖춘 분이며, 무상사(無上師), 즉 견줄 바 없는 최고의 스승이시며, 세존(世尊), 즉 인류의 가장 존귀한 어른이라는 것이다. 급고독 장자의 신앙심에 감동한 기수 왕자 역시 부처님이 머무실 기원정사를 짓는데 함께 뜻을 모으게 되었다.

부처님께서는 이곳 기원정사에서 금강반야바라밀경을 설법하셨다. 〈법회인유분〉에는 아침 나절 기원정사에서 가까운 사위성이라는 도시에 나가 탁발을 하고 돌아오는 부처님과 제자들의 행렬이 잘 묘사되고 있다. 우리는 여기에서 놓쳐서는 안 되는 부처님의 위상을 살펴봐야 한다. 부처님 역시 이제 갓 출가한 어린 제자와 똑같은 걸음으로 공양을 얻으러 나서셨다. 부처님의 위대성은 이 세상 누구와도 차별 없이 평등한 세상을 구현하려는 종교 지도자의 자세와 스스로를 낮추는 수행자의 모습에 있다. 부처님의 자비 사상은 금강경에서 뿐만 아니라 법화경에도 잘 나타나 있다.

법화경 '신해품'에서도 "나는 그대들의 아버지다."라고 선언하셨다. 부처님께서는 집 나간 아들을 기다리는 장자 궁자의 비유처럼 중생의 못나고 어리석은 모습을 안타까운 어버이의 마음으로 바라보고 있다. 중생의 눈높이에 맞게 때로는 아함경, 방등경을 설하시고 어떤 때는 반야경, 법화경, 열반경, 화엄경 등 팔만 사천 법문으로 가르침을 주신 것이다. 이와 같은 소중한 인연으로 말미암아 부처님의 가르침은 이 땅에도 널리 전파되었다.

어버이의 마음이란 상념에 사로잡히면 문득 두고 온 세속의 인연이 떠오른다. 특히 시나브로 낙엽이 날려 발 밑에 쌓이는 계절이 오면 가슴을 도려내는 아픔이 밀려오곤 한다. 내가 사랑했던 사람을 떠나보낸 계절이기 때문이다. 이 세상에 태어나서 처음으로 사랑했고, 마지막까지 사랑했던 나의 영원한 연인 어머니! 그 어머니가 이 생을 하직하고 또 다른 인연을 따라 떠나가신 게 바로 이 가을이다.

어머니! 수만 번을 불러보아도 이젠 대답이 없다. 살아계실 때 누구보다 나를 아끼고 사랑했던 어머니에게 불효라는 짐만 지어드린 것을 생각하면 지금도 가슴이 먹먹하다. 어머니와의 인연을 잠깐 고백해 본다.

어머니와 나는 가족 가운데 유달리 더 특별했다. 2남 3녀의 장남으로 태어나 다른 형제들보다 어머니의 사랑을 많이 받고 자랐다.

나는 출가하기 전 세속에 있을 때는 건강이 좋지 않아 늘 병원 신세를 지고 살았다. 성장하여 학교나 직장을 다닐 때도 하얀 죽통을 도시락 대신 들고 다니는 골골이였다. 이런 아들을 지켜보는 어머니의 마음은 어떠했을까. 어머니는 조마조마한 외줄을 타며 생명의 끈을 이어가는 나를 지켜보며 늘 노심초사하였다. 매일 매일 까맣게 타들어가는 심정으로 마음을 졸였다.

그런데 어느 날 애물단지 같은 큰 아들이 스님이 되겠다고 고집을 부렸다. 어머니는 청천벽력 같은 충격에 빠졌다. 몇 날을 물 한 모금 마시지 않고 단식투쟁을 하면서 반대하셨다. 나는 그 바람에 일단 무릎을 꿇을 수밖에 없었다. 스님이 되겠다는 아들의 일방적인 선언이 어머니의 입장에서는 상상조차 할 수 없는 배신감이었을 것이다. 어머니의 마음이 안정될 때를 기다려 다시 출가에 대한 이야기를 상의했지만 결사반대의 입장에는 변함이 없으셨다. 함께 죽는 한이 있어도 스님이 되는 것은 용납할 수 없다는 완고한 마음을 돌이킬 수는 없었다.

그렇게 3년을 계속해서 설득하고 또 설득한 끝에 마지막 타협점을 찾았다. 딱 1년만 스님 생활을 경험해 보고 하산하겠다고 약속을 드리고 출가를 강행했다. 그러나 나는 그 약속을 지키지 않았다. 1년이 지나고 2년이 흘렀지만 끝내 돌아가지 않았다. 어머니는 돌아오지 않는 자식을 찾기 위해 사진 한 장 달랑 들고 10년 동안 전국의 유명하다는 사찰을 헤매고 다니셨다.

그렇게 평생 장남의 호강 한 번 받아보지 못하고 어머니가 이 생을 떠나던 날, 그 날도 낙엽이 떨어지고 무심한 바람이 몹시 불었다. 어떤 사람은 한 여인네의 자식에 대한 집착이라고 일축해서 쉽게 말할 수도 있을 것이다. 그렇게 단언하기에는 어머니의 사랑이 너무 깊고 간절했다. 자식에 대한 어머니의 간절한 마음을 무엇으로 표현할 수 있을까.

무엇이든 말만 하면 척척 해결해 주는 해결사 같은 어머니! 지나친 요구를 하고 때로는 상식을 벗어난 무례한 행동을 해도 조건 없이 다 받아 주는 어머니! 깊은 곳에 숨겨둔 마지막 하나까지 꺼내주고도 더 줄 것이 없는 것을 안타깝게 생각하는 어머니의 마음을 그때는 몰랐었다. 언제까지나 함께 할 것 같던 어머니도 마치 고목에 붙어 있는 허물 벗은 매미 껍질처럼 어느 날 텅 빈 몸이 되어 훌쩍 떠나 버렸다. 어머니가 떠나간 한참 뒤에야 그 마음을 조금이라도 헤아려보고 불효를 자책하며 때늦은 후회를 해보지만 이미 늦었다.

어머니의 존재는 특별하다. 어머니는 생명의 근원이자 안식처이다. 어머니의 무한한 사랑은 그 무엇과도 비견할 수 없다. 그래서 큰 사랑의 표현으로 단연 어머니의 사랑을 꼽는다. 어머니는 모든 고통과 어려움을 극복하게 도와주고 안락과 기쁨을 나눠주려고 애쓴다. 어머니의 모성은 강한 에너지를 가진 용솟음치는 샘물과도 같다.

어머니의 처절하고도 강한 모성애를 다룬 일본 영화 한 편이 있다. 제목은 '나라야마 부시코(楢山節考)'. 이마무라 쇼헤이(今村昌平) 감독이 연출한 것으로 일본 영화 최초로 칸영화제(Cannes Film Festival)에서 황금종려상(Palme d'Or)을 수상한 우수 작품이다. 이 영화는 400년 전 일본의 나라야마라는 가난한 산골에서 실제 일어난 사건을 주제로 하고 있다. 보는 각도에 따라 여러 가지로 해석할 수 있지만 가장 강한 이미지는 자식을 향한 어머니의 자비스러운 모습에 초점이 맞추어져 있다. 너무나 슬픈 감동을 안겨주어 아직도 뇌리를 떠나지 않는다. 영화의 대강 줄거리를 따라가 보자.

나라야마 마을은 전통적으로 내려오는 관습이 하나 있었다. 너무나 가난한 산골 마을이어서 가족의 생계에 부담되는 남자 아이는 태어나면 논바닥에 버렸다. 다음 해 농사의 비료가 된다고 믿었기 때문이다. 반대로 여자 아이는 10세 정도가 되면 그 동네에 자주 들르는 봇짐 장사꾼에게 팔아버렸다. 게다가 끼니를 걱정하는 가족들을 위한다는 명분으로 어머니 나이가 70세를 넘으면 아무리 건강해도 마을 규율에 따라 산속에 갖다 버려야 했다. 만약 마을 사람 중 누구라도 70세가 넘은 어머니를 산에 갖다 버리지 않고 숨겨주거나 거짓으로 갖다 버린 것처럼 꾸미면 온 가족이 그 마을에서 추방당하게 되어 있었다. 생존에 대한 잔인하고 비정한 관습이 나라야마 마을에 있었던 것이다.

그렇게 모질고 불합리한 전통을 가진 나라야마에 다츠헤이라는 남자가 살고 있었다. 영화는 그의 가정에서 벌어지는 일대 사건을 중심축으로 하고 있다. 다츠헤이의 어머니 오린은 식구들의 걱정을 염려하여 자신은 나라야마 산으로 떠나는 날이 기다려진다고 말하며 억지로 기뻐하는 모습을 보인다. 하지만 아들 다츠헤이는 나라야마 산에 갖다 버려지는 일을 어머니가 두려워하고 있다는 사실을 누구보다 잘 안다.

어머니는 아들을 짓누르고 있는 마음의 짐을 덜어 주기 위해 자해를 시작한다. 일부러 넘어져 맷돌에 부딪쳐서 생 이를 다 뽑아버린다. 이가 없어 밥을 먹지 못하는 쓸모없는 늙은이처럼 보이도록 연기한다.

드디어 아들 다츠헤이는 마을이 정한 공동 규약에 따라 아무도 보지 않는 이른 새벽에 어머니를 지게에 짊어지고 산을 향한다. 눈이 내리는 나라야마 산으로 올라가는 길은 험준했다. 등에 업힌 어머니는 자신을 버리고 돌아갈 때 아들이 길을 잃지 않도록 길가의 나뭇가지를 조금씩 부러뜨려 길 표시를 해 놓는다.

마침내 눈이 펑펑 쏟아지고 바람이 세차게 부는 산 정상에 올랐다. 나라야마 산 정상의 커다란 바위틈은 마을 사람들의 공동 묘지였다. 그곳 바위틈에 어머니를 내려놓은 아들은 함께 싸가지고 온 음식 꾸러미를 어머니 앞에 밀어놓고 한없이 울면서 돌아선다. 그래도 어머니 오린은 끝까지 미소를 잃지 않고 가녀린 손을 흔들며 아들을 전송하고 허무한 표정을 짓는다.

영화는 인간의 내면에 숨겨진 본능들을 다루고 있다. 영화의 장면들은 어머니의 모성 본능을 잘 그려내고 있다. 거기에서 어머니의 자식에 대한 본능은 무엇일까. 퍼내어도 퍼내어도 마르지 않는 샘물 같은 무한대의 사랑이다. 이 세상 어머니들은 자식에게 꼭 갚아야 할 부채가 있는 것처럼 왜 그토록 애절한 것인가. 자신의 피붙이기 때문일까.

이처럼 어머니는 위대한 헌신과 봉사의 여신이다. 그런데 어리석고 못난 자식들은 어머니의 희생을 자기들이 누려야 할 당연한 권리인 것처럼 생각한다. 그토록 육체적 고통을 감내하고 정성과 마음을 다해 양육시켜 놓으면 마치 스스로 자란 것 같은 착각을 한다.

평생 자식 뒷바라지에 온 힘을 쏟은 늙고 병든 허리 굽은 어머니의 모습을 떠올리면 자식된 도리를 다해야 하건만 그렇지 못한 경우가 허다하다. 어머니는 언제나 그 자리에 계실 것이라고 생각하지만 우리가 모르는 사이에 벌써 어머니는 우리 곁을 떠나가고 없다. 언제나 불러도 따뜻하게 대답해 주는 어머니! 그 이름에 욕되지 않게 자식된 도리를 다한다면 모두가 행복한 불국토가 되는 날도 앞당겨질 것이다.

## 2. 선현기청분(善現起請分)을 노래하다

아름다운 그대들에게
이처럼 친절한
옛 이야기를 전하려 하네
세상에 둘도 없는 신비한
옛 이야기를 전하려 하네
허튼 그림자 밟지 말고
번잡한 그 마음
여기 내려놓게나
남자거나 여자거나
언제나 이와 같이
지금 당장이 중요하다네
지나가버린 것은
의미 없는 메아리
그처럼 허술한 시간은
더욱 의미 없다네
이 순간을 놓치지 말게
모든 성인의 미소도 그러하였지

그 때 장로 수보리가 대중 가운데 계시다가 자리에서 일어나 웃옷을 오른쪽 어깨에 걸어 매고 오른쪽 무릎을 꿇고 공경히 합장하며 부처님께 말씀 드리기를 "참으로 희유하시옵니다. 세존이시여! 여래께서는 보살들을 잘 보살펴 주시고 잘 부촉하시나이다. 세존이시여! 선남자 선여인들이 아뇩다라삼먁삼보리심을 일으킨 이는 어떻게 머물며 어떻게 그 마음을 항복 받아야 하겠나이까?"

# 이 세상 모두가 부처님이다

〈선현기청분(善現起請分)〉에는 기원정사에 모여 앉은 부처님을 따르는 제자들 1,250명 가운데 수보리라는 제자가 대표하여 부처님께 예를 올리고 스승님이 깨달은 사유의 세계를 이해하기 쉽게 설법해 달라고 간청하는 장면이 나온다.

여기서 부처님의 10대 제자, 즉 열 손가락 안에 드는 제자 중 특정한 수보리 제자가 등장하는 이유는 이 수보리 존자의 수행력이 해공제일의 상징성을 가지고 있기 때문이다. 해공(解空)이란 글자 그대로, 공사상(空思想)을 누구보다 충분히 해득(解得)하고 있다는 뜻이다.

금강경의 핵심은 공사상이라고 할 수 있다. 하지만 금강경의 전편에 나오는 모든 내용에는 단 한 번도 공을 말하고 있지 않다. 수보리는 어떻게 수행해 나아가야 스승님처럼 위대한 부처가 될 수 있겠느냐고 묻는다. 그러자 부처님께서는 "훌륭한 나의 제자들이여, 내가 어찌 그대들을 위해 설법하지 않을 수 있겠느냐? 지금부터 내 말을 자세히 듣고 그대로만 실천하고 노력해 간다면 그대들도 나와 같은 부처가 될 수 있다"라고 약속하셨다.

부처님께서 이 땅에 오신 지 2559년이 되었다. 부처님께서는 우리와 똑같은 중생의 몸을 받고 태어나서 출가 사문이 되었고 성불하셨다. 중생에서 부처가 되는 과정은 순탄하지 않았다. 깨달음을 얻기까지 고통스러운 삶의 궤적은 일반 범부의 상상을 초월한다. 부처님께서는 짧지 않은 시간 동안 많은 고통을 겪었다. 고통 중에서도 인간적으로 가장 가슴 아파했던 기억은 아마도 어머니를 잃은 슬픔일 것이다.

부처님께서는 태어난 지 1주일이 채 되지 않아서 불행하게도 어머니가 산고를 이기지 못하고 돌아가셨다. 고대 북인도에서는 언니가 죽으면 여동생이 형부와 결혼하는 혼례 풍습이 있었다. 그에 따라 부처님의 친 이모가 아버지에게로 시집을 오게 되면서 어머니의 빈 자리를 채워주었다.

부처님께서는 철이 들 때까지 이모를 친어머니로 알고 자랐다. 물론 이모가 온 정성을 다 기울여 키웠지만 청년으로 성장한 싯다르타 왕자는 생사에 대한 의문을 품게 되었다. '왜 나의 친어머니는 이리도 빨리 돌아가셨을까? 참으로 안타깝고 슬픈 일이다' 이렇게 실의에 빠진 나날들을 보냈다.

어느 날 우연히 왕궁의 네 개 문을 돌아다니면서 한쪽 문에서는 늙은이를 보았고, 또 다른 문으로 나가다가 병들어 쓰러진 거렁뱅이를 보았다. 다음날 다른 문으로 나서다가 한 늙은이가 죽어서 실려가는 모습을 보게 되었다. 이를 일러 사문유관상(四門遊觀相)이라고 한다. 싯다르타 왕자는 이러한 충격적 사실을 목격한 후부터 '인간은 왜 늙고 병들어 죽어야 하는가?'하는 생·로·병·사에 관한 철학적 사고의 시간이 깊어져만 갔다.

부처님께서는 카필라국의 왕위 계승권이 보장된 자리를 헌신짝처럼 미련 없이 버리고 모두가 잠든 새벽녘에 궁을 빠져 나와 출가 수행승의 길을 선택하였다. 흔히들 출가 수행승이라고 하면 현실 도피자이거나 낙오자이거나 은둔자이거나 단순히 머리 깎고 산속에 머무는 사람으로 생각하기 쉽다. 출가 수행자는 그런 사람이 아니다. 언젠가는 잊어버린 본래부터 부처였던 나, 즉 자아(自我)를 찾아 떠나는 멀고 험난한 여행길을 가는 사람이다.

출가는 단순한 가출과는 엄연히 다르다. 가출은 언제라도 다시 집으로 돌아갈 수 있는 가능성이 있는 일시적 외출이다. 하지만 출가 사문이 된다는 것은 그 의미가 하늘과 땅 차이만큼 다르다. 머리카락 한 올 남기지 않고 모두 잘라내는 순간, 머리카락의 숫자만큼 얽혀 있던 인연들을 완전히 끊어낸다는 종교적 의식을 담고 있다.

출가 수행자의 본분은 부모와 자식 간의 혈연은 물론이고 정을 나눈 부부지간, 형제자매 그리고 자신이 받아서 누릴 수 있는 물질적 권리 등 세속적 가치의 관계를 완벽하게 정리하고 청산하여 진리의 세계를 탐구하는 것이다. 그렇게도 지독한 절연의 모습이 지극히 평범한 인간적 견해에서 볼 때는 '그것이 옳은 것이냐'하는 의문을 제기할 수도 있을 것이다.

수행자의 길이란 멀고 고독한 자기와의 싸움이다. 어설픈 미련 따위가 그림자처럼 따라 다닌다는 것 자체가 큰 장애일 수 있기 때문에 철저히 배제시키는 것이다. 고독한 출가자의 결의가 굳건하면 할수록 덕 높은 수행자의 길을 올곧게 갈 수 있는 가능성이 크다. 그래서 승가에서는 한 자식이 출가하여 수행승이 되면 아홉 대에 걸친 친족들이 구원을 받는다는 이야기도 전해진다.

부처님을 공경하고 찬탄하는 네 마디 시구를 살펴보자.

천상천하무여불(天上天下無如佛)
시방세계역무비(十方世界亦無比)
세간소유아진견(世間所有我盡見)
일체무유여불자(一切無有如佛者)
하늘 아래 땅 위에 부처님 같이 위대한 스승은 없어라
온 우주를 다 둘러보아도 어떠한 것들과 비교하고 견주어 보아도

역시 부처님 같이 완전한 스승은 없어라
이 세상 아무리 위대한 철학자, 종교가라고 칭송 받는다 해도
부처님 같이 완벽한 성인의 자리에 오르신 분은 없어라
존재하는 모든 생명들, 아니 살아 있는 것이든 죽어 있는 것이든
부처님의 참 삶과 비교 대상이 될 만한 것은 없어라

부처님을 찬탄한 내용이지만 감히 이 세상 모든 사람들을 향해 찬탄하고 공경하는 말씀이라고 할 수 있다. 공경과 찬탄이 꼭 특정한 인도의 카필라성에서 태어난 석가모니 부처님 한 분의 위대성을 찬탄하고 공경하는 것은 아닐 것이다.

법화경의 '상불경보살품'에서 '이 세상 누구나 부처님이다.'라는 말씀에 비추어 보면, 이 세상 사람들 모두가 바로 이 같은 찬탄과 공경을 받아 마땅한 부처님이라는 것이다. 어떤 사람은 "우리가 중생이지 결코 부처님이 될 수 없다."고 반문할 수도 있을 것이다.

그렇다면 한 가지 예를 들어 보자. 자신이 빵집을 차리면 빵집 주인이요, 식당을 차리면 식당 주인이요, 도둑질을 하면 도둑놈이요, 경찰 제복을 입으면 경찰이다. 하지만 그 같은 직업을 그만 두게 되는 날부터 그는 빵집 주인도, 식당 주인도, 도둑놈도 아니다. 다만 평범한 일반 시민일 뿐이다.

직업 성향에 따라다니는 이름이 그를 무엇이라고 호칭하게 되고 그 이름이 껌 딱지처럼 붙어 다닌다. 그러나 전직(轉職)을 하여 다른

직업으로 옮겨가게 되면 그 전 직업에서 붙여진 이름은 저절로 떨어져 나가는 것이다. 결국 중생이라는 직업을 그만 두고 부처라는 직업으로 바꾸는 순간 그는 부처가 되는 것이다.

옛 말에 '왕이나 장군의 씨앗이 따로 있는 것이 아니다'라는 말이 있다. 얼마나 통쾌한 평등사상인가. 부처의 씨앗 역시 따로 있는 것이 아니다. 지금 바로 이 순간의 행동과 말씨에 따라 중생이 될 수도 있고, 부처가 될 수도 있다. 중생처럼 함부로 말하고 거칠게 행동하면  중생이지만 부처님처럼 자비로운 마음과 말씨, 지극히 자연스럽고 자비로운 행동이 수반된다면 그는 바로 누구도 흉내낼 수 없는 부처인 것이다.

가끔 "저 사람은 법 없이도 살 사람이야. 얼마나 착한지 마치 부처님 가운데 토막 같은 사람이지."라고 칭찬할 수밖에 없는 사람을 만나게 된다. 어쩌면 자신이 그 같은 칭찬을 받고 있거나 받았을 수도 있을 것이다. 중생도 일회성이 아닌 지속적으로 부처님과 같은 아름다운 마음씨를 갖고 행동한다면 공경 받고 찬탄 받아 마땅한 것이다.

그런데 우리는 나 아닌 다른 사람을 공경하거나 칭찬하는 것을 상당히 싫어하고 인색하다. 유대 민족은 사람이 죽은 후에 그를 높이 평가하는 것이 타당하다고 말한다. 우리나라에서는 상대방이 없는 자리에서 뒤통수에 대고 그의 흉을 본다든가 헐뜯거나 비난하는 데는 상당히 용감한 경우를 종종 보게 된다.

〈증일아함경〉에 보면 '복력최위승(福力最爲勝)'이라는 말이 있다. 상대를 이유 없이 칭찬하고 공경하는 일이 복을 짓는 최상의 조건이라는 것이다. 생각해 보라. 내가 남을 칭찬하는데 남인들 나를 칭찬하고 공경하지 않을 이유가 없을 것이다.

중생의 삶에 머물면 영원히 중생계에 머문다. 하지만 부처님을 닮아서 부처님처럼 행동하면 부처가 되는 것이다. 모두가 부처님이라는 사실을 자각하고 기쁘거나 슬프거나 또는 분노하거나 즐겁거나 부당한 대우를 받거나 불행하거나 매순간 살아 숨 쉬는 이 순간이 최고의 행복이요, 부처의 마음을 내야 한다는 사실을 잊지 말아야 한다. 또한 만나는 모든 이들을 부처님처럼 공경하고 찬탄하는 일에도 소홀함이 없어야 한다.

무학 대사는 태조 이성계의 개국을 돕고 늘 그의 옆을 그림자처럼 따라다니며 정신적 세계를 계도하였던 큰 스승이다. 무학 대사가 남긴 말씀 중에 "부처님 눈에는 부처님만 보이고 돼지 눈에는 돼지만 보인다."는 것이 있다. 아이이거나 어른이거나 권력이 있거나 없거나 돈이 좀 있거나 없거나 차별하지 말고, 대하는 모든 사람을 공경하고 찬탄해야 할 부처님으로 보라는 말이다. 아기는 아기 부처, 남편은 남편 부처, 아내는 아내 부처, 삼촌은 삼촌 부처, 시어머니는 시어머니 부처, 노인은 노인 부처, 청년은 청년 부처이다. 나무는 나무 부처, 꽃은 꽃 부처, 돌은 돌 부처이다.

온 세상이 부처님이니 이 얼마나 화장한 화엄세계인가. 어떤 큰 스님의 깨달음에 대한 노래 가운데 '계곡의 물소리는 관세음보살의 설법'이라는 게 있다. 이들에게서 법을 청해 듣는 자신이 곧 부처임을 의심하지 말아야 한다. 산천초목 우주만물 모두가 부처라는 말이 거짓이 아니다. 이런 불국토가 된다면 덩더쿵 춤이 절로 나지 않겠는가.

## 3. 대승정종분(大乘正宗分)을 노래하다

너도 없고 나도 없는데
어리석은 몸짓
무엇을 더 바라는 것인가
존재의 모순은
사생 육도를 원하지 않으면서
자꾸만 반대로 걸어간다
열반을 꿈꾸는 설익은 계절은
제자리 걸음만 반복하고 있다
한 생각 놓아두고 가세나
무엇이 되고자
허튼 춤사위는 그만 두게나
가을의 결실 그 앞에 앉아
추수
정체되어 있는 것들
무엇이 모순인지
모르는 걸음은
오직 이 하나에
길이 있을 뿐이다
응여시항복기심(應如是降伏其心)

부처님께서 수보리에게 말씀하시되 "모든 보살 마하살들은 응당히 이와 같은 마음으로 그 마음을 항복 받아야 하느니라.

무릇 있는 바 모든 중생의 종류는 알로 생기는 것이거나, 태로 생기는 것이거나, 습기로 생기는 것이거나, 화하여 생기는 것이거나, 색이 있는 것이거나, 없는 것이거나, 생각이 있는 것이거나, 없는 것이거나, 생각이 있는 것도 아니며 없는 것도 아닌 것을 모두 무여열반에 들게 하여 제도하느니라."

# 네 가지가 없는 수행자

〈대승정종분(大乘正宗分)〉의 제목을 풀어보면, 대승불교를 믿고 따르는 불교인이 가장 으뜸으로 새겨야 할 올곧은 이해의 장으로 해석할 수 있다. 대승정종분에 들어가기 위해서는 우선 소승불교와 대승불교의 정의를 간단하게 이해할 필요가 있다. 소승불교의 고집스러운 출가자 우선, 수행 주체 계율 중심 사상을 타파하기 위해 보편적이고 대중적인 불교운동이 생성 되었다. 누구나 수행 주체가 될 수 있다는 것에서 대승불교 사상이 싹트게 되었다. 사부대중이라는 네 부류의 수행자들 출가 비구, 비구니, 우바이, 우바새 등 누구나 차별이 없이 성불할 수 있다는 것이다. 소승이 주장하는 특정한 사람들만 수행하고 성불할 수 있다는 선민의식의 반대 운동인 셈이다.

대승불교의 핵심사상은 '자타일시 성불도(自他一時 成佛道)', 즉 나와 남이 함께 더불어 행복해지는 세상 만들기이다. 민중의 요구에 의한 새로운 형태의 불교 모델이 대승불교이며, 오늘날 우리나라 불교를 대표한다고 할 수 있다. 대승불교는 바로 금강경을 소의 경전으로 하고 있다. 금강경은 대승을 표방하는 수행자들의 지침서 같은 것이다.

〈대승정종분〉에서 다루고자 하는 내용을 살펴보면, 부처님께서는 분명히 '우리의 마음에 자리하고 있는 번잡한 차별심과 분별심을 버리고 모두가 하나 되는 것이 곧 진리의 길'이라고 말씀하고 있다. 그것이 어떤 종류의 것이건 생명이 있는 것이든 없는 것이든, 또는 형상이 있고 없고를 따지지 말고 모두를 사랑할 때 비로소 완성도 높은 수행자가 된다는 말씀이다.

그 같은 차별 없는 마음을 가지기 위해서 극복되어야 할 장애 요소로 네 가지 상을 꼽고 있다. 첫때는 나 혼자 제일 잘났다고 착각하고 있는 아상(我相)이다. 둘째는 인간만이 이 세상의 모든 특권을 가지고 누릴 수 있다고 생각하는 방자한 모습의 인상(人相)이다. 셋째는 스스로 자기가 가진 얄팍한 잔재주를 뽐내는 어리석은 교만심의 중생상(衆生相)이다. 넷째는 자신의 위상이 끝없이 지속 가능할 것이라고 믿는 근거 없는 오만심의 수자상(壽者相)이다. 이상의 네 가지가 없는 수행자가 진정 옳은 수행자라고 말할 수 있다는 것이다.

모든 생명을 사랑하고 심지어 죽은 이들까지도 자비의 마음으로 품어 안았던 자장 큰 스님의 일화는 진정한 수행자의 본래 모습을 잘 보여주고 있다.

신라에서 원효 스님과 동시대 큰 스님이며 양산 통도사를 창건한 자장 율사는 강원도 지역에 절을 하나 창건하고자 원력을 세우고 백일기도를 하고 있었다. 기도 중 어느 날 꿈을 꾸게 되었다. 꿈속에서 하얀 수염을 흩날리며 도승이 나타나 "시간이 되거든 태백산 길반지에서 만나자."하고 일방적인 약속을 하고 사라진 것이다. 꿈에서 깨어난 자장 율사는 다음 날 제자들을 데리고 길반지를 찾아 나섰다. 길반지란 말에서 '길'은 칡을 말하고, '반'은 밥상을 이르는 말이다. 그 말을 붙여보면 길반지, 즉 칡넝쿨이 밥상 위에 놓여 있는 것과 같은 땅이라는 뜻이다.

자장 율사는 함께 온 일행과 하루 종일 산을 돌아다니다가 비탈진 한 곳에 다다랐다. 밥상 같이 평평한 땅이 있고 그곳에 칡넝쿨이 마치 밥상 위의 반찬처럼 널려 있는 곳을 발견하게 되었다. 그런데 유감스럽게도 그곳에 가 보니 큰 구렁이가 열 마리씩이나 서로 엉켜 있었다. 하는 수 없이 큰 스님은 구렁이들을 제도하고자 화엄경 법성게를 한 편 염불해 주었다. 그러자 정말 염불 소리를 알아들은 듯 구렁이들은 저절로 물러갔다.

다시 그날 밤 꿈을 꾸었다. 낮에 보았던 구렁이들이 나타나서, "큰 스님, 감사합니다. 저희들은 전생에 아랫 마을에서 서로 이웃하며 살았던 여자들인데 어쩌다 부처님 전에 올라 있던 공양미 한 말을 훔쳐다가 떡을 해서 나누어 먹은 죄의 과보를 받아 뱀의 몸으로 태어나게 되었습니다. 큰 스님 염불 소리를 듣고 이제부터 참회하며 단식기도에 들어가 칠 일 후에는 뱀의 몸을 벗어 던지고 죽을 것입니다. 부디 저희들을 위해 49일 천도재를 지내 주십시오. 그리고 49일 동안 과일과 떡을 해서 이웃들에게 고루 나누어 주십시오. 거기에 필요한 비용은 저희들이 또아리를 틀고 앉아 있던 자리를 파 보면 금은보화가 묻혀 있을 것입니다. 그것으로 비용을 하고 나머지는 큰 스님께서 원력 세워 기도하신대로 절을 짓는데 보태십시오." 하고 말하는 것이었다.

그렇게 해서 지은 절이 바로 구산 선맥의 대가람 태백산 정암사이다.

여기서 우리는 전생에 대해 생각해볼 수 있다. 마을 아낙들로 태어나서 첫 번째, 구렁이의 환생으로 두 번째, 또 다시 천도재를 받고 태어나면 세 번째, 이렇게 반복되는 환생을 보게 된다. 우리의 조상들도 어디서 태어났다가 또 죽어서 무엇으로 환생했을지 모르는 일이다. 해마다 반복되는 백중 천도재의 의미가 바로 여기에 있음을 알아야 한다.

부처님께서 수보리에게 말씀하시기를, "이 세상의 모든 수행하는 자, 즉 기도하는 불자들의 궁극 목적은 번뇌와 망상에 찌들어 있는 자신을 스스로 구원하는 길이다."라고 하셨다. 윤회의 굴레는 마치

다람쥐가 쳇바퀴를 돌리는 것과 같다. 우리에게는 나고 죽는 생사의 연속선에서 하루속히 벗어나야 할 명제가 분명히 있다. 그 같은 지향점을 향해 우리는 무엇을 어떻게 해야 할 것인가.

윤회의 굴레에서 벗어나려면 지극한 기도의 힘으로 극복해야 한다. 오직 기도라는 도구만이 이 통로를 지나갈 수 있다. 왜냐하면 스스로 자신의 잘못을 알고 그것을 참회하고 개선하려는 의지작용은 오직 유일하게 인간의 기도만이 가능하기 때문이다.

기도 수행자가 된다는 것은 위대한 용기이다. 인간만이 자신이 해야 할 일과 하지 말아야 할 일, 절제와 자제의 기능을 갖춘 유일한 생명체이다. 시행착오이든 의도적이든 상관없이 그릇된 행동이나 양심에 반한 행위를 저질렀다고 가정할 때 인간만이 두 번 다시는 그 같은 나쁜 습관을 반복하지 않으려는 의지가 감성을 지배하는 이성적 작용으로 승화될 수 있다.

불교에서는 육도를 돌고 도는 과정의 생명체를 여섯 가지로 분류한다. 지옥, 아귀, 축생, 인, 천, 아수라이다. 굳이 사후 세계에서 경험하지 않더라도 현세에서 얼마든지 그 같은 경우를 당하는 이들을 보게 된다. 우선 첫 번째 지옥은 고통을 극복해야 하는 인내의 한계 상황의 세상이다. 두 번째 아귀는 식량 절대부족 국가에서 기아에 허덕이는 현상과 같다. 세 번째 축생은 감각의 본능에 충실한 생명체이다. 네 번째 인간은 스스로의 의지력에 따라 성인이 될 수도 있고 범부도 될 수 있는 보편적 선택의 여지가 있는 생명체이다. 다섯 번째 천(天)은 가장 질 높은 생명체로 태어나는 곳인 이른바 하늘나라라고 하는 이상적 세계이다. 여섯 번째 아수라는 날마다 무질서한 관계 속에 얽히는 전쟁터 같은 곳이다.

이와 같이 다양한 종류의 생명체들을 더 간략하게 정리하면 네 가지로 나눌 수 있다. 약난생(若卵生)은 알로 태어난 닭이나 독수리 같은 조류 종류, 또는 파충류의 뱀이나 거북이 같은 생명이 여기에 해당한다. 약태생(若胎生)은 제 어미의 탯줄을 잡고 태어난 인간, 개,

소, 말, 돼지 등 축생류가 여기에 해당한다. 약습생(若濕生)은 곰팡이균이나 버섯 따위 등 보잘 것 없는 생명체는 여기에 해당한다. 약화생(若化生)은 사람이나 짐승의 몸에 붙어서 신열을 돋게 하는 각종 바이러스 병원균 같은 것은 여기에 해당한다.

이처럼 생명체는 헤아릴 수 없이 많다. 이들 '즉비보살(則非菩薩)'이 생명을 연명해 가는 방법은 오직 본능에 충실할 뿐이다. 그 본능은 수면 본능, 식욕 본능, 색욕 본능이다. 본능이라고 하는 것은 누구의 특별한 지도나 교육에 의해서 길들여지는 것이 아니다. 잠자는 방법은 누구에게 배워서 하는 것이 아니다. 짐승들이 종족 번식을 위해 새끼를 낳게 되는 과정에서 누구에게 교미 방법을 배운 것이 아닌 본능에 의한 것이다. 오직 허기진 배를 채우려고 먹는 것에 충실할 뿐이다. 배가 부르면 따뜻한 자리를 찾아 누워서 잠들면 그만이다. 그 다음은 종족을 번식해야 할 암수 찾는 일 외에는 불필요하고 거추장스러운 가치이다.

이처럼 일차적 본능에 집착하는 생명들에 비하면 인간은 참으로 복잡 미묘하다. 자기 절제와 인내력으로 마음만 먹으면 어떤 것이든 당장에 단호히 끊어버릴 수 있는 의지력을 가지고 있다. 그렇기 때문에 인간의 몸을 받은 이때가 윤회의 굴레에서 벗어날 수 있는 절호의 찬스이며 선택의 기회이다.

사람들은 자신이 금쪽 같이 여기며 애지중지하는 예금통장의 숫자가 높아가는 것이 영원한 행복 보장의 상품이라고들 생각하고 있다. 그러나 그것이 진정한 행복을 가져다주지는 않는다. 눈물겨운 남녀의 사랑 놀음도 시간이 지나면 허망한 것일 뿐이다. 이런 번뇌 망상심을 과감히 버리고 하루속히 윤회의 굴레에서 탈출해야 한다.

인간만이 오로지 존귀하고 위대하다. 인간만이 자비로운 마음으로 나눌 줄도 알고 악함을 그칠 줄도 안다. 그래서 인간은 고도의 두뇌와 기능성을 겸비한 고등 동물이라 말하는 것이다. 한 번 기회를 잃고 놓치면 언제 다시 인간의 몸을 기약할 수 있을까. 기회는 바로 지금 이때다.

어떤 고승은 "그대의 일생이 얼마나 길게 남았다고 쓸 데 없는 곳에 시간과 정신을 낭비하는가."라고 말씀하셨다. 쉬지 말고 게으름 피우지 말고 기도해야 한다. 기도하는 시간이 잡된 생각으로 노닥거리는 시간보다는 훨씬 값진 시간이고 진실한 시간이다. 기도하는 순간만큼 자신의 정신은 맑고 깨끗하게 정화된다.

## 4. 묘행무주분(妙行無住分)을 노래하다

어느 화창한 봄날
가로수 꽃길 위에서
바람에 날리는 꽃잎의 춤사위로
저 허공의 무게와
저 허공의 넓이를
가늠조차 할 수 없는
님의 침묵 속으로
남서북방
어디라도 좋다
동방허공
아무려면 어떤가
님의 뜻을 따라
걷고 있는 이 길은
처음과 끝이 똑같이
함께 가는 이 길은
나누어 생각하면
님의 허리춤만 맴돌다
둘이 아닌 이 길
단응여소교주(但應如所敎住)

"수보리야, 또한 보살은 법에 응당히 머무는 바 없이 보시를 행할 것이니, 이른바 색에 머물지 않고 보시하며 성·향·미·촉·법에 머물지 말고 보시해야 하느니라. 수보리야, 보살은 응당히 이와 같이 보시하며 모양에 머물지 말지니라. 왜냐하면 만약 보살이 모양에 머물지 않고 보시하면 그 복덕이 가히 생각으로 헤아릴 수 없느니라."

# 마음이 머물지 않는 삶을 지향하라

〈묘행무주분(妙行無住分)〉은 언어로는 표현 불가한 어떤 신비스러운 에너지의 원천은 물질계의 질량에 있지 않고 오로지 정신세계에서만 가능하다는 말이다. 〈묘행무주분〉의 주된 내용은 색성향미촉법(色聲香味觸法)에 대해 받아들이는 입장에 따라 달라진다는 것이다. 색은 형상으로 아름답다, 추하다, 크다, 작다는 등으로 받아들인다. 성은 소리로 듣기 좋은 소리, 반대로 시끄러운 소리, 칭찬이나 비난의 소리 등으로 받아들인다. 또 향(香)은 향기로 꽃향기에서 하수도 냄새까지 다양하다. 미(味)는 맛으로 맛있다, 쓰다, 달다는 등으로 받아들인다. 촉(觸)은 촉감으로 부드럽다, 까칠하다, 춥다, 덥다는 등으로 느낀다. 법(法)은 심지어 부처님의 진리마저도 절대가 아닌 상대에 따라 받아들이는 입장에 따라서 달라질 수 있음을 살펴야 한다.

우리들의 일상은 이와 같은 것들에게 온 마음을 빼앗기며 살고 있다. 예를 들어 생각해 보자. 은은한 향기를 풍기는 형색이 아름다운 여인과 맛있는 음식을 먹고 그녀의 부드러운 손을 잡고 그녀로부터 달콤한 언어의 사랑 고백을 받는다면 누군들 가진 것을 아낌없이 나누어 주고 싶지 않겠는가. 하지만 그런 사람은 이 세상에서 그리 쉽게 만날 수 없다. 문제는 환경과 조건에 따라서 누구에게는 듣기 싫은 소리가 누구에게는 반대로 듣기 좋은 소리로 들릴 수도 있다.

어떤 경우에는 장미꽃 향기를 좋아하는 사람이 있는가 하면 장미꽃 향기에 알레르기 반응을 보이는 사람도 있다. 또 자기가 보기에는 멋진 사내이지만 객관적인 입장에서 보면 겉 멋만 잔뜩 들어 있는 형편없는 남자일 수도 있다.

때와 장소에 따라 고정불변의 법칙은 존재하지 않는다. 그럼에도 불구하고 눈에 보여지는 것만 믿으려고 한다. 여기서는 현상계의 노예근성을 강력하게 지적하고 있다. 수행을 통해 자신의 마음이 어디에도 걸리지 않는 완벽한 자유의 세계로 탈출이 가능하다면 그 행복감이란 무엇과도 비교될 수 없다는 말이다.

부처님께서는 수보리에게 묻기를, “우주의 동쪽과 서쪽, 남쪽과 북쪽 사방의 허공을 나누어 끝과 끝의 거리를 어떤 과학적 기능으로 몇 미터라고 측정하고 헤아릴 수 있겠는가?”하고  질문한다. 불가능한 이야기다.

이 〈묘행무주분〉의 설정은 누구와 어디서 무엇으로 만나든 누구에게 무엇을 베풀건 오로지 마음이 그곳에 머물지 않는다면 신비한 정신적 에너지의 상승효과가 허공의 넓이만큼 크다는 것이다. 그것을 바로 최상의 복덕자라고 표현하고 있다. 한마디로 시중에 떠도는 유행가 가사처럼 '물처럼 바람처럼 살다가 가라'는 말이다.

그래도 못내 안심이 안 되셨던지 부처님께서는 마지막에서 간절히 주문하기를, '단응여소교주(但應如所教住)', 즉 '그대들이여, 마땅히 나의 가르침대로 마음이 머물지 않는 삶을 지향하라'고 강조하고 있다. 인간의 나약한 마음 한구석에는 복덕이라는 단어에 유혹당하고 또 넘어지고 그곳에 머물고 만다.

도대체 복덕이란 무엇일까?

새해가 되면 으레 서로에게 새해 복 많이 받으라고 덕담들을 나눈다. 다복, 천복, 식복, 돈복, 관복, 여복, 처복, 인복, 남편복, 자식복, 친구복 등 복의 종류가 참 많기도 하다. 자신을 둘러싸고 있는 주변 환경과 여러 조건들이 넉넉하고 여유롭다면 이를 다복(多福), 즉 복 많은 사람이라고 해야 할 것이다.

복의 종류와 내용을 자세히 들여다보면 불교적 인과설과는 반대되는 개념이다. 자업자득(自業自得)이 아니라는 이야기다. 스스로 문제를 해결해 나가는 자생적 자주적 주체적인 삶이 아니다. 오로지 이기주의 내지는 자기중심적 사고의 발상이다. 인복은 불특정 타인들이 나의 기대 심리를 충족해 주면 생겨나는 것이다. 처복, 남편복, 자식복이라는 것들도 마찬가지다. 아내가 나에게 좀 더 살갑게 잘해 주면 그게 처복이다. 자식이 의외로 말썽 안 피우고 부모 말도 고분고분 잘 듣고 공부도 잘하고 있다면 자식복이 있다고 말한다. 이 이상 더 큰 자식복이 어디 있겠는가.

행복이란 누군가에게 약간은 얻어가지는 공짜심리 기대심리의 의존형 단어가 아닐까. 사람들은 더러 운수가 좋네 나쁘네, 재수가 있네 없네 하면서 점쟁이를 찾아다니기도 한다. 행운이 올 것 같다든지, 꿈에 돼지를 몇 마리 잡았다는 이야기, 복권을 사라고 부추기는 경우들도 어떻게 보면 복을 빌고 복을 찾는 사람들의 기대 속에는 사행심이나 요행심이 깃들어 있다.

세상에 거저 주는 복이 어디 있을까. 아내가 남편에게 잘하기를 바란다면 그보다 몇 갑절 더 남편이 먼저 솔선해야 할 것이다. 친구나 이웃 동료가 내게 복을 주거나 행운을 가져다주기를 바란다면 먼저 내가 그들을 위해 무엇을 해 주었는가 자신에게 물어볼 일이다. 상대에게 아무것도 해 준 것이 없으면서 행운이 오기를 바라고 친구복, 남편복이 있기를 바라는 것은 순전히 도둑놈 심보가 아니고 무엇이겠는가.

성실하고 부지런하게 일하고 뼈 빠지게 저축해도 늘 가난을 면할 길 없는 사람들에 대한 상대적 박탈감이 문제다. 평생 잘못한 것도 별로 없는데 질병에 시달리며 고생만 죽도록 하는 사람도 있다. 남보다 일복이 많아 남들 놀 때 일해야 하는 박복한 사람도 있다. 반대로 뚱땅거리며 놀고 먹으면서 더 잘 살고 남에게 베풀 줄도 모르는 구두쇠 같은 사람들이 오히려 더 잘 되는 경우는 어떻게 설명해야 할까.

불교의 인과법은 이처럼 냉정하다. 도저히 납득할 길 없는 인간 군상의 희비는 바로 전생에 복을 쌓았는가 못 쌓았는가 하는 것으로 가름될 수 있다고 설명하기도 한다. 또한 '선행 보상이 복이다'하고 말하는 사람도 있다. 그렇지만 꼭 그런 것만은 아니다. 절에 가면 스님들이 복 짓는 일에 대하여 강조한다.

복 짓는 것도 비법이 있다. 복을 짓는다는 것은 농부가 제철이 되어 논밭에 씨를 뿌리고 가꾸는 것처럼 농사를 짓는 것과 같다. 그러니까 복 농사를 잘 지어야 복을 받을 수 있는 것이다. 복 농사에 들어가는 재료들에는 작복(作福), 수복(壽福), 석복(惜福), 다복(多福)이 있다. 이런 것을 잘 실천하기만 하면 지금은 비록 박복한 인생이지만 다음 생에는 꼭 복 많이 받는 인생으로 살게 될 것이다.

복에 대해 좀 더 자세하게 살펴보자.

첫째, 작복은 복 그릇을 넓고 크게 키우는 것이다. 자비로운 마음으로 나누고, 사랑의 마음으로 봉사하고, 대가성 없는 희생정신을 가지는 것이다. 무엇보다 우선 상대를 이해와 관용으로 다독이며, 이유 없이 친절해질 수 있는 따뜻한 마음가짐 등이 바로 작복의 영역에 속한다.

둘째, 수복은 분에 넘치는 행운들이 다가올 때 그것을 마구 누리는 것이 아니라 그럴수록 더 자제하고 겸손하고 겸양한 태도를 지니는 것이다. 자기가 잘 나서 그렇게 된 것인 양 건방을 떨며 무절제하게 낭비하다 보면 어느 새 복은 달아나고 없어진다.

셋째, 석복은 들어온 복을 아끼고 남을 위해 복을 나누는데 용감하고 자신을 위해 쓸 때는 짠돌이 같이 인색하게 행동하는 것이다. 이런 사람이라면 많은 사람들로부터 존경을 받는다.

넷째, 다복은 복이 많은 사람이 되는 것이다. 복을 지으며 살아온 사람들은 비록 금생에는 다소 물질적 궁핍함이 있다 하더라도 다음 생에는 지금의 수고로움에 대한 보답을 받을 것이다. 부처님께서 말씀하시기를, "자기 주관적 욕심에서 벗어나면 박복한 운명에서도 빠져 나올 수 있다."고 하셨다. 나보다 남을 먼저 섬기는 일이 바로 복을 짓는 일의 첫 걸음이다. 이만큼 확실한 다음 생의 행복 보험 보장은 없을 것이다.

티벳의 승왕 달라이라마도 복에 관하여 "오늘 나누고 베푸는 것이 나중에 어떤 복을 줄지 또는 받을지 확실히 눈 앞에 보여줄 수는 없지만 베풀지 않고 구두쇠처럼 인색한 사람보다는 복 받을 확률이 높은 것은 분명하다."고 말씀하셨다.

중국 고서에서도 '적선지가(積善之家) 필유여경(必有餘慶)'이라고 하였다. 그 뜻을 풀이하면 '착하고 선한 행위를 즐겨하는 가족은 반드시 축하 받을 일이 많다'는 것이다. 공자님 말씀에도 '위선자(爲善者)는 천보지(天報之) 이복(以福)하고, 위불선자(爲不善者)는 천보지(天報之) 이화(以禍)니라'라는 말이 있다. 그 의미는 '남을 섬기는 착한 사람들은 하늘이 복을 내릴 것이요, 그렇지 못한 자는 하늘에서 화를 내릴 것'이라는 뜻으로 풀이할 수 있다.

복에 관한 또 하나의 교훈적인 이야기가 있다. 부처님 제자가 하루는 길을 가다가 값비싼 다이아몬드 보석 한 개를 주웠다. 그는 "이 세상에서 가장 가난한 사람에게 가져다주어야겠다."라고 말했다. 그렇게 말하고 그는 그 보석을 나라의 왕에게 가져다주었다. 왕이 그 보석을 받아들고 말하기를 "고맙긴 하지만 내가 이 세상 모든 재물과 권력을 다 가졌는데 어찌 내가 가난하다 말하는 것이요."라고 물었다. 그러자 수행자는 대답하기를 "당신은 가져도 가져도 밑 구멍 없는 자루처럼 모자라는 사람이기 때문에 세상에서 제일 가난한 사람이 맞습니다."라고 하였다.

복이라고 하는 것은 일반적으로 경제적 여유가 있고 생활이 약간 넉넉한 사람들에게 있다고 생각하지만 반드시 그렇지는 않다. 궁핍하고 가난하면 복이 없다고 단정적으로 말할 수는 없다. 세계에서 제법 잘 사는 나라로 알려진 우리나라의 경제 순위는 170개국 가운데 25등이다. 국민의 1년간 소득 수준은 28,700 달러이다. 하지만 그에 비교하면 인도와 중국의 중간쯤에 위치한 부탄이라는 작은 나라는 세계 경제순위 169위로 꼴찌에서 두 번째이며 년간 국민 소득은 6,500 달러이다. 하지만 국민의 행복지수는 세계 5위 안에 든다.

수치로 보면 우리나라가 더 행복해야 맞지만 거꾸로 우리의 행복지수는 90위권에 머물고 있다. 부의 척도나 복의 가늠자는 1,000원을 가진 사람이 500원을 가진 사람보다 상대적으로 많은 액수이니까 복이 많다고 말할 수는 없다. 그렇다고 그 반대로 말할 수도 없다. 그것은 다만 산술적인 숫자일 뿐이다. 흔히들 말하는 상대적 박탈감 같은 것이다.

자신의 소중한 삶을 누군가와 비교하는 인생처럼 어리석고 바보 같은 일은 없다. 누가 뭐래도 이 세상에서 자신이 제일 소중하다. 이 세상에 자기와 똑같이 생각하고 말하며 행동하는 사람은 없다. 그것은 쌍둥이라도 불가능하다. 쌍둥이 하나가 배가 고픈데 다른 쌍둥이가 밥을 먹는다고 해도 똑같이 배가 부르지는 않는 것이다.

자신만이 지구 위에서 최고의 멋쟁이며, 오직 유일하게 존재하는 사람일 뿐이다. 매 순간 자신감 넘치고 용기 있는 삶이 되어야 한다. 자신에 대한 존재감, 자존감을 가져야 하는 것이다. 때때로 조그마한 여유라도 생기면 남을 섬기고 베풀어도 마음에 흔적이 남지 않는 작복의 시간을 보내는 삶을 영위하면 복은 반드시 오게 되어 있다. 농사꾼이 봄이면 들판에 나가 밭에 씨앗을 뿌리듯이 복 밭에 씨를 더 많이 뿌리는 일을 서둘러 해야 할 것이다.

## 5. 여리실견분(如理實見分)을 노래하다

나는 보고자 하나
나는 볼 수가 없네
눈으로 보지도 말고
생각으로도 보지 말라 하네
거기 있는 것들은
모두 허망하다고
모두 허망한 것이라고
보이지 않는 것을
보는 자가 되라 하네
그리하면
마침내 볼 수 있을 것이라고
지금까지 눈을 부릅뜨고
보아 왔던 것은
내가 인위적으로 만든 허상
진실을 보려는가
그럼 바로 보시게
다음으로 미루지 말고
바로 지금 보시게나
그리하면 보일 것이네

"수보리야, 그대는 어떻게 생각하느냐? 육신의 모양으로 여래를 볼 수 있겠느냐?"

"아니옵니다. 세존이시여! 육신의 모양으로는 가히 여래를 볼 수 없습니다. 왜냐하면 여래께서 육신의 모양을 말씀하신 것은 곧 육신의 모양이 아니기 때문입니다."

부처님께서 수보리에게 말씀하시되 "무릇 모양이 있는 것은 모두 허망한 것이니 만약 모든 모양이 모양 아님을 보면 곧 여래를 볼 수 있느니라."

# 생각으로 보지 말고 마음의 눈으로 보라

〈여리실견분(如理實見分)〉의 이해를 돕기 위해서는 이 장에 나오는 짧은 게송을 먼저 살펴보아야 한다. '범소유상 개시허망 약견제상 비상 즉견여래(凡所有相 皆是虛妄 若見諸相 非相 卽見如來)', 즉 '무릇 존재 하는 바 모든 것들의 실체는 불변의 법칙을 가지고 있지 않다. 따라서 허망한 봄날의 아지랑이 같은 것이다. 실재하는 것처럼 보이는 형상의 뒷면을 볼 수 있는 냉철한 마음의 눈이 열리지 않는다면 실상(實相)을 본다는 것은 불가하다'는 말이다.

끝 부분의 '비상 즉견여래'라는 단어가 중요하다. 오늘날 삶의 여정도 시간의 한계를 뛰어넘지 못한다는 사실을 철저히 깨닫고 나면 그 순간 '자성여래(自性如來)', 즉 마음의 실체를 보게 된다는 뜻이다.

다시 처음으로 돌아가서 부처님과 수보리의 대화를 살펴보자.

부처님께서 "수보리야, 그대의 견해를 말해 보라. 그대의 눈 앞에 앉아 있는 얼굴과 팔과 다리 등이 달려 있는 이 육신을 부처라고 이름 하는가?"하고 물으니 수보리는 분명 아니라고 대답한다. 부처님께서 "그럼 무엇이 부처인가?"하고 질문하니 수보리는 "그가 불구자이건 맹아이건 앉은뱅이건 신체적 조건은 문제가 되지 않는다. 오직 그가 사유하는 정신세계의 성숙한 완전성을 담보로 할 때 깨달은 인격체, 곧 부처님이라 칭하는 것"이라고 대답한다.

누가 무엇으로 사람 사람마다의 정신세계를 들여다 볼 수 있겠는가. 어림짐작으로 사람을 평가한다는 것은 매우 어리석은 일이다. 하지만 대부분의 사람들은 단정적으로 외형적 모습만 보고 판단의 오류를 범한다. 과대 과장 광고들이 범람하는 요즈음 다수의 사람들에게 피해를 주는 사례도 어떻게 보면 자신이 스스로 불러들인 실수의 인과(因果)물이다. 문제의 심각성은 잘못 보고, 잘못 판단한 결과가 엄청난 위험으로 다가올 수도 있다. 이 같이 그릇된 견해는 자칫 오해와 갈등을 불러오기도 한다.

눈에 속아서 벌어진 안타까운 이야기 한 가지가 있다. 옛날 이야기 속에 나오는 어사 박문수에 관한 전설이다.

어사 박문수가 장가를 가게 되었다. 이웃 마을에 사는 덕망이 높다고 소문이 난 김진사 댁 외동딸과 혼인을 하게 되었다. 혼인 날은

온 동네가 잔칫날이었다. 신랑은 이 사람 저 사람이 주는 술을 받아 먹으며 밤이 깊도록 신부에게 갈 수가 없었다. 한편 새색시는 신랑이 오기만을 하염없이 기다려야 했다. 신랑이 새색시가 치장하고 있는 족두리와 옷고름을 벗겨주지 않으면 스스로 옷을 벗을 수 없는 전통혼례 풍습에 따라야 했기 때문이다.

밤새 신랑을 기다리다 지친 신부는 졸음을 이기지 못하고 족두리를 쓴 채 꾸벅꾸벅 졸고 있었다. 신랑이 신방에 들어와 보니 웬 낯선 그림자가 뒷문 봉창에 비춰지고 있었다. 어스름한 달빛을 받은 그림자는 남자의 모습이 확실했다. 그것도 자신이 들어오는 인기척을 듣고 후다닥 도망가는 것 같았다.

그와 같은 수상한 그림자를 발견한 신랑은 자신이 오기 전에 어떤 외간 남자가 들어와서 신부와 정을 통하고 줄행랑을 친 것이라는 추리를 하게 되었다. 생각이 여기에까지 미치자 박문수는 두말없이 졸고 있는 신부를 그대로 둔 채 자기 집으로 돌아가 버렸다.

그 후 신랑 박문수는 결혼에 실패한 분노를 삭이지 못하고 모든 것을 접고 공부에 몰입하여 마침내 장원급제에 성공했다. 장원급제 후 전국을 떠돌며 민생을 살피는데 여념이 없었다. 이 고을 저 고을 행정감사를 하며 세월을 보내다 마침내 자기가 살던 고향 마을에 당도했다. 박문수는 아픈 기억이 서린 고향 마을에 돌아오니 감회가 남다를 수밖에 없었다. 그런데 마을에서는 괴상한 소문이 돌았다. 박 도령이 첫날밤에 버리고 간 새색시가 10년이 넘은 지금도 족두리를 쓰고 그 자리에 그대로 앉아 있다는 것이었다. 이 같은 괴소문을 전해들은 박문수는 설마 자신이 버린 그 여인이 아직까지 그때 그 첫날밤 모습으로 앉아 있을 리는 만무하다고 생각했다.

박문수는 다음날 날이 밝는 대로 현장에 가 보기로 했다. 소문의 진원지였던 그 집 앞에 이르고 보니 자신이 장가 들기 위해 조랑말을 타고 찾아 갔던 바로 김진사 댁이었다. 하지만 폐허가 된 채 흉가로 변해 있었다.

김진사 댁에서는 그동안 많은 우여곡절이 있었던 것이다. 금지옥엽 키운 외동딸이 뚜렷한 이유도 모른 채 소박을 맞았다. 그것도 결혼 첫날밤에 황당하게 파혼을 당하는 수모를 겪은 것이다. 양반으로서 목숨보다 중히 여기는 체면, 즉 가문의 명예가 크게 손상을 입은 것이다. 졸지에 수치스러운 일을 당한 김진사 내외는 분함을 참지 못하고 자결하였다. 부리던 종들은 모두 뿔뿔이 흩어지고 김진사 댁 일가 친척들은 가문의 명예를 더럽힌 일가라 하여 왕래조차 끊었다. 10년 세월 폐허가 되어버린 김진사 댁은 이른바 흉가였다.

박문수는 경험해보지도 못한 충격적인 현장에서 후들거리는 다리를 끌고 서서히 마당 안으로 들어갔다. 함께 따라온 관원들은 왠지 모를 섬짓한 기운 때문에 어사가 마당 안으로 들어서는 것을 말렸다. 그러나 박문수는 신부가 앉아 있다는 방으로 들어갔다. 순간 지나간 기억 속에 10년의 시간이 멈추어 버린 것처럼 생생하였다.

그가 첫날밤 보았던 촛불도 원앙금침도 그대로였다. 신부도 그때의 그 모습으로 그렇게 앉아 있는 것이었다. '어떻게 이럴 수가 있는 것인가'하고 마음속으로 탄식을 했다. 박문수는 신부 가까이 다가가서 족두리에 손을 대자 해골이 된 여인이 한 줌의 먼지처럼 내려앉아 버렸다. 순간 이름 모를 새 한 마리가 날아오르면서 '서방님 너무 억울합니다' 그렇게 한마디를 남기고 어디론가 날아가 버렸다.

이에 박문수는 지나간 시간을 거슬러 올라가 보았다. 당시 첫날밤 현장에서 달아난 남자는 누구이며 간통을 한 여인이 왜 10년 동안 자신을 기다리며 억울함을 호소하는 것일까? 박문수가 누구인가. 민초의 억울함을 철저히 수사해서 풀어주는 암행어사가 아닌가.

그는 처음부터 다시 현장을 조사하기 시작했다. 수사의 결과는 너무나 참담했다. 그날 밤 자신이 목격한 것은 외간 남자가 아니었다. 뒷 켠에 서 있는 큰 나뭇가지가 달빛을 받아 바람에 일렁이며 창문 쪽에 그림자를 만들어낸 것이다.

박문수는 회한의 눈물을 흘리며 자신의 경솔한 행동으로 인하여 일가족을 몰살시키고 사랑하는 아내를 죽인 죄인이 된 것이다. 박문수는 참회하고 또 참회를 거듭하며 김진사 댁 가족 모두를 장사 지내주었다. 또한 절에 모셔서 천도재까지 정성을 다해 지냈다. 마지막 49재날 그때 보았던 새 한 마리가 다시 날아와 '서방님 고맙습니다. 이제는 여한이 없습니다'라고 말했다고 한다.

이 이야기가 오늘날 우리들에게 전하는 메시지는 무엇일까. 실체가 아닌 것들에게 너무 많이 속고 있다는 사실을 상기시키고 있다. 허상을 쫓고 있는 어리석은 사람을 경책하고 있는 것이다. 작은 일에도 오해하고 자기 본위나 자기중심적 사고와 행동들이 너무 많다. 또 자신의 이기심 때문에 상대에게 상처를 주는 경우도 허다하다. 그러고도 전혀 죄의식 없이 살고 있는 것은 아닌지 모를 일이다.

날마다 자신을 회광반조(回光返照)하는 삶을 살아야 한다. 제 아무리 기도를 잘하고 오래 한다고 한들 한 걸음 한 걸음 자신을 점검하지 않는 기도는 무의미한 행위일 뿐이다.

발심수행장에는 '유지인(有智人)의 소행(所行)은 증미작반(蒸米作飯)이요, 무지인(無智人)의 소행(所行)은 증사작반(蒸沙作飯)'이라 가르치고 있다. 그 의미는 '지혜 있는 자의 삶은 쌀로 밥을 짓는 것처럼 가치 있는 일이며, 지혜가 모자란 자의 삶은 마치 모래로 밥을 짓는 것처럼 의미 없는 일생을 사는 것과 같다'는 뜻이다.

지혜라는 말에서 '지(智)' 자는 지식을 안다고 하는 '지(知)' 자와는 다르다. 지(智)의 의미는 만약 자신의 마음이 현재 그릇되게 가고 있다면 그것을 알아차리는 것을 말한다. 지혜로운 삶이라는 것이 특별한 것은 아니다. 스스로에게 자문해서 부끄럽지 않다면 충분히 지혜로운 인생이다. 비록 우리가 사는 오늘이 거룩한 삶은 아닐지라도 뒤돌아보아서 적어도 가치 있는 삶이었다고 회고할 수 있다면 그는 잘 산 인생이다.

## 6. 정신희유분(正信希有分)을 노래하다

수없이 반복되는 500년의 세월이
흘러가버린 지금도
당신을 사랑하는 마음은
오로지 맑고 깨끗한 믿음
하나 의지처입니다
나 아닌 나를
너 아닌 너를
중생 아닌 중생을
길지 않은 시간도
가지지도 말고
버리지도 말라 하셨습니다
있는 그대로 두고
한 생각 벗어나는 순간
당신을 사랑하는
맑고 깨끗한
이 마음마저 버리고
버릴 것 없는 것까지
모두 버리라
하황비법(何況非法)

수보리가 부처님께 말씀드리기를 “세존이시여! 먼 훗날 어떤 중생이 이와 같은 말씀이나 글귀를 듣고 실다운 신심을 낼 수 있겠나이까?”

부처님께서 수보리에게 말씀하시되 “수보리야, 그러한 생각을 하면 안 되느니라. 여래가 가신 지 오백 년 뒤에 계를 받아 지니고 복을 닦는 자가 있어서 이 글과 말에 능히 신심을 내어서 진실하게 할 것이니라.

마땅히 알라! 이 사람은 한 부처님이나 두 부처님 셋 넷 다섯 부처님에게만 선근을 심었을 뿐만 아니라 이미 한량없는 천 만 부처님의 처소에서 모든 선근을 심어서 이 글과 말을 듣고 일념으로 깨끗한 믿음을 일으키느니라.

수보리야, 여래는 이 모든 중생들이 이와 같이 한량없는 복덕을 얻는 것을 다 알고 보느니라. 왜냐하면 이 모든 중생들은 다시는 아상 · 인상 · 중생상 · 수자상이 없으며, 법상도 없고 또한 비 법상도 없기 때문이니라.”

# 한 생각 벗어나는 순간

〈정신희유분(正信希有分)〉은 두 단어로 나누어 생각할 수 있다. 첫째는 올곧은 믿음, 바른 신심(信心)을 어떻게 정의할 것인가에 대한 문제이다. 두 번째는 '희유(希有)'인데 쉽게 접할 수 없는 신비로운 현상을 일컫는 말이라고 이해할 수 있다.

제자 수보리가 말하기를, "이렇게 귀하고 만나기 어려운 부처님 법을 만나서 저희들은 행복합니다. 하지만 먼 훗날 부처님이 생존해 계시지 않는 말법 시대에 누가 있어 이 금강경과 같은 진리를 전하며 올바른 믿음으로 받들겠습니까?"하고 넌지시 질문하는 장면이 연출된다. 그때 부처님께서 답하기를, "그런 소릴랑 하지 말게나. 내가 죽고 없는 먼 훗날에도 계율(약속)에 철저하고 천만이 넘는 많은 부처님께 공양을 올리며 선근(善根)을 심은 사람들은 언제나 맑고 깨끗한 믿음 안에서 살게 될 것이네. 믿어 의심치 말게나. 다만 한 가지 경계할 것이 있다면 아상 · 인상 · 중생상 · 수자상과 같은 못난 모습만 절제 될 수 있기를 바라는 바이네."하고 말씀하신다.

참으로 멋진 내용이다. 부처님께서 이르는 내용의 핵심은 모든 것은 자신의 선택적 인과라는 말이다. 〈정신희유분〉에서 그냥 지나칠 수 없는 끝부분의 문장이 더욱 감동적 드라마다. '지아설법 여벌유자 법상응사 하황비법(知我說法 如筏喩者 法尙應捨 何況非法)'의 내용을 풀이해 보자.

이 문장은 "분명히 알아 두어라. 내가 설하는 진리의 말씀은 강을 건너려는 나그네에게 필요로 하는 뗏목에 비유할 수 있다. 강을 건넌 다음 나그네는 그 뗏목을 버리고 떠나듯이 나의 설법도 너의 수행 도구는 될지언정 집착의 대상은 아니다. 마침내 진리도 버리고 떠나거늘 진리 아닌 것들, 이를 테면 비 종교적 가치인 돈이나 명예, 권력에 매달리는 부자연스러운 모습은 수행자의 참 양심이 아니다."라고 일침을 가한다.

여기 이 장면에서 다시 한 번 부처님의 위대성에 감탄하지 않을 수 없다. 인류에게는 많은 종교 교주들이 있다. 그 가운데는 극히 일부의 나사 빠진 교주는 나를 따르지 않거나 내 말을 거역하는 자들은 모두 불로 태워 죽이거나 상상하기조차 끔찍한 돌로 쳐 죽인다고 협박하고 있다. 부처님은 당신의 진리 말씀마저도 수행의 정상에 오르면 미련 없이 버리라고 했다. 종교 교주로서의 혁명적 선언이다. 이것은 완벽한 자기 자신감의 발로일 것이다.

이 같은 부처님의 가르침을 따르는 무리들에게 있어서 꼭 전제 되어야할 조건은 단 하나 철저한 믿음이 선결 과제이다. 속담에 나오는 팥으로 메주를 쑨다 해도 믿는 마음처럼 전혀 이치에 맞지 않은 황당한 요구라도 받아들이는 자세가 종교인의 믿음이다. 하지만 그 믿음을 잘못 이해하고 있는 측은한 부류들이 더러 이웃을 피로하게 만드는 것이 문제다.

해마다 여름이면 세속 사람들은 피서를 한다고 여기저기 시원한 산과 바다를 찾아 나서는데 수행자의 형편은 그렇지 못하다. 욕심 같아서는 승복을 차려 입고 바다에 나가 바닷바람이라도 좀 쐬고 싶지만, 건강한 젊은 청춘 남녀들의 벌거벗은 차림을 쳐다보고 서 있기에는 용기가 필요하다. 그렇다고 체면 불구하고 아이들처럼 계곡물에 첨벙 뛰어들 수도 없다. 방안에 가만히 앉아 책을 보고 있으면 등으로 타고 흐르는 땀 냄새는 고약스럽다.

어떻게 보면 스스로 선택한 길이지만 부자유스러운 출가자의 삶도 만만하지는 않다. 어떻게 남들 하는 것 다 따라하고 살겠는가. 그래도 무더위에 산업 현장에서 땀 흘리는 사람들을 생각하면 선풍기 바람도 고맙다. 이런 때 비라도 한 줄기 내려 주었으면 좋겠다. 마침 기상청에서 비가 온다는 소식을 전한다. 반가운 소식이긴 한데 그것도 하필이면 태풍을 동반한 비라고 하니 별로 반갑지가 않다.

그렇게 되면 더운 것은 고사하고 저지대 논밭을 가꾸고 있는 사람들이나 시설 재배를 주업으로 하는 농사꾼들의 비닐하우스 농작물은 어찌될까 걱정이다.

이 일기 예보라는 것도 인공위성에서 보내온 구름 사진에다가 슈퍼 컴퓨터 같은 과학적 기기들의 데이터를 모아서 내놓는 것이다. 하지만 잘 안 맞을 때도 종종 있다. 어떤 때는 신통하게 잘 맞을 때도 있고, 어떤 때는 엉터리 예보를 하는 경우도 가끔은 있다. 그러니 사람들은 기상청의 일기 예보를 반은 믿고 반은 안 믿는다.

최첨단 우주과학을 근거로 하는 기상청 신뢰도가 떨어지면 기상청에 근무하는 사람들의 사기도 함께 떨어질 것이다. 무엇보다 믿음을 주지 못한다는 것, 신뢰를 잃는다는 것은 매우 곤욕스러운 일이다. 사람과 사람 사이도 그렇고 종교와 그 종교를 신봉하는 사람들도 마찬가지다.

믿음에 관한 이야기를 해보자.

요즈음 기독교 신자들은 이유 없이 거들먹거린다. 자신은 하나님 믿고 구원 받은 선민인 것처럼 행세를 한다. 게다가 거리에 나온 하나님 믿는 사람들의 행패가 요란하다. 승복을 입은 스님인 것을 알면서도 너도 빨리 승복 벗어 던지고 예수님 믿으라고 야단들이다. 참으로 고맙고 친절하지만 도가 지나치다.

불교인도 더러는 오만한 비곗덩어리들이 있다. '내가 이래도 제법

연식이 오래된 불자다'라고 배를 앞으로 쑥 내밀고 다니는 축들도 있다. 거기다 절이나 교회에서 연말 정산 영수증도 끊어갈 만큼 시주나 연보 돈도 나름 하는 사람이라는 쓸데없는 자긍심도 가진다. 기도도 자기만큼 하는 사람은 없을 것이라고 뻐기며 죽어서 하늘나라 제일 좋은 명당터 하나님 옆자리나 아니면 극락세계로 가는 특급열차 티켓은 미리 예약된 사람인 듯 행세하기도 한다.

이렇게 턱도 없이 모양내는 사람들이 많다. 그 같은 교만에 빠진 사람이라면 그것은 이치에도 맞지 않고 다소 황당한 계산법이라고 말해 주고 싶다. 착각도 이만 저만이 아니다. 그 같이 부실한 믿음을 주변 사람들에게 보여줌으로써 불행하게도 그 종교를 믿는 소수자 외에는 오히려 그 종교에 관한 불신만 더 키우는 꼴이 되기 십상이다.

자기 삶에 대한 확신도 없고 진정성도 치열함도 없이 그냥 적당하게 아주 습관처럼 믿음을 가진 신앙생활이란 허공에 그리는 그림처럼 의미 없는 것이다. 무엇을 믿는다는 것일까? 하나님, 예수님, 부처님, 그분들의 외형적 모습을 믿는다는 것인가. 아니면 도대체 무엇을 믿는다는 말인가? 어떤 종파이든 저마다 그 종교단체가 지향하는 철학적 사유의 세계 또는 사상적 실천 의지 등이 실재적 믿음의 요체일 것이다.

그렇다면 진정 참다운 믿음의 조건은 무엇일까? 이러한 질문이 온다면 자신 있게 말할 수 있어야 한다. 참 신앙인은 굳은 믿음이 중요하다. 뻰질거리는 말이 아니고 행동으로 보여 주어야 한다. 그것은 결코 거창할 것도 없고 그렇게 어렵지도 않다. 진리의 말씀대로만 살면 된다. 성경 말씀 가운데 "네 이웃을 사랑하라."는 구절이 있다. 말로가 아니라 실천 실행의지를 가진 몸으로 말이다.

몇 년 전 일이지만 일부 몰지각한 종교인들이 철없이 날뛰는 일이 있었다. 신성한 남의 종교시설을 한밤중에 쳐들어가서 사찰 땅밟기를 하고 찬송가를 부르는 무식한 행동을 한 적이 있다. 이런 경우 이것이 진정한 이웃 사랑인가 물어보고 싶다. 꼭 종교 시설이 아니더라도 그렇게 행동한 자신들은 잘 모르겠지만 한밤중에 그 같은 소란을 당한 사람들은 얼마나 황당했을까를 상대방 입장에서 한번이라도 생각해 보았는지 모르겠다. 그들의 행위는 곧 자신들과 함께 해온 신앙 공동체 구성원들의 명예를 부끄럽게 하고 모욕을 주는 것과 같다. 더불어 신앙을 해 오던 벗들의 마음에 깊은 상처를 안겨 주는 모자란 행동이다.

얼마 전에는 어떤 정신 나간 한국 기독교인 몇 사람이 세계 불교인들의 성지인 인도 붓다가야에서 찬송가를 부르고 큰소리로 하나님을 연호하며 기도하는 사건이 생겼다. 그곳은 다름 아닌 싯다르타 태자가 인간의 한계 상황을 뛰어넘어 부처님으로 거듭 태어나 성도하신 신성하고 거룩한 장소이다. 그곳에는 인도인 뿐만 아니라 티벳인, 일본인, 태국인, 미국인, 중국인 등 세계 각처에서 성지를 참배 하러온 순례객들이 매일 모여서 예배 드리고 기도하는 곳이다.

누군가 그 사람들에게 그 같이 무례한 행동을 왜 하느냐고 물으니, "하나님 믿고 구원 받기를 바라는 마음에서 한다."라고 대답했다. 참으로 유치하기 그지없다. 그렇게 하나님 말씀을 믿지 못하는가. 하나님 믿는 신자들은 하나님 말씀대로만 살면 된다. 아프고 힘들고 소외된 이웃을 섬기는 참 그리스도인들의 자애로운 모습만 보여주어도 자연스럽게 감동하여 하나님 품으로 들어갈 것이다.

그런데도 억지스럽게 다른 사람들의 눈살을 찌푸리게 하는 추태를 보여야 자신의 믿음이 증명된다고 생각하는 싸이코 신앙인들에게는 연민의 정을 느낀다. 기독교인들의 성스러운 경전 말씀 중에 이웃을 돕는 일을 함에 있어서 오른손이 한 일을 왼손도 알아채지 못하게 몰래 해야 한다는 내용이 있다.

부처님의 가르침에도 그 같은 구절이 있다. 금강경에 나오는 '무주상 보시'가 바로 그것이다. 나의 것을 기꺼이 이웃에게 베풀어 줌에 있어서 그 어떤 흔적도 남기지 말아야 하며, 혹여 주었다는 마음이 찌꺼기라도 남아 있다면 그 행위는 헛수고라는 가르침이다. 인간에게는 누구나 선행을 하고 나면 그 같은 행동을 자랑하고 싶은 선행 보상심리의 속물스러운 근성이 있게 마련이다. 이를 경계하는 내용이다.

유감스럽지만 어떤 훌륭한 일을 하면서도 겉으로 드러내기를 꺼리는 숨은 독지가나 착한 선행자들은 반대로 비 종교인이 더 많은 것 같다. 정작 기독교인도 불교인도 무슬림인도 아니다. 오늘날 대한민국이라는 나라는 종교 백화점처럼 다양한 종교 종파들이 난립해 있는 형편이다. 그럼에도 불구하고 올바른 믿음을 가진 참 신앙인을 찾기는 더 힘든 것 같다. 철두철미한 믿음은 신앙인이 가져야 할 처음이자 마지막 마음가짐임을 명심하자.

## 7. 무득무설분(無得無說分)을 노래하다

성난 군중들의 함성
광장에 모인 저토록 극한 분노
처음 본 광경이었다
어느 독재자의 동상
바보처럼 끌려 힘없이 넘어진다
어릴 적 바닷가에 나가
모래밭에 새겨 놓은
나의 이름이 파도에 쓸려
흔적조차 없듯이
그들의 함성 속에
독재자의 망령도
지워지고 있었다
세상의 모든 인위(人爲)가
그러하듯이
세월이 얼마쯤
지나간 뒤에는
간절한 그들의 주장도
의미 없는 분노였다
무득무설(無得無說)

“수보리야, 그대는 어떻게 생각하느냐? 여래가 아뇩다라삼먁삼보리를 얻었다고 생각하느냐? 여래가 말한 바 법이 있다고 생각하느냐?”

수보리가 말씀드리기를 “제가 부처님께서 말씀하신 뜻을 헤아리건데 정한 바 법이 있어서 아뇩다라삼먁삼보리라 이름하는 것이 아니라 또한 정한 법을 여래께서 가히 설함이 아니옵니다. 왜냐하면 여래께서 법을 설하시는 바는 모든 것을 가히 취할 수 없으며, 가히 설할 수 없고, 법도 아니며, 비법도 아님이니 그 까닭은 모든 현인과 성인들이 무위의 법으로 나타내기 때문입니다.”

## 얻은 바도 없고 설한 바도 없다

〈무득무설분(無得無說分)〉을 해설하면, 최고의 지혜를 이룬 자리에서는 언어 표현이 구태여 거추장스러운 것이며, 또한 그 자리는 어떤 목적을 달성했다고 하거나 획득했다는 개념조차 아무런 의미를 가지지 못한다는 뜻이다. 〈무득무설분〉 전체를 한마디로 정의한다면 부처님께서는 어떠한 깨달음도 따로 얻은 바가 없고 어떠한 진리도 특별히 말씀하신 적이 없다고 기록되어 있다. 왜냐하면 본래 그 자리에 다 있기 때문이다. 본래 중생이 부처의 씨앗을 가지고 있다는 것이다. 중생이 깨달으면 곧 부처가 된다는 엄연한 사실을 중생은 스스로는 알지 못하고 있음을 안타까워하는 말이다.

조금은 옹색한 비유지만 예를 들어보자. 제주도 한라산은 인간의 발걸음이 닿기 이전 태고 적부터 그 자리에 있었다. 다만 그 산을 완전히 탐방했던 어떤 사람이 미처 가보지 못한 사람들에게 산의 성격과 생김새를 설명해 주었을 뿐이다. 이를 테면 정상에는 백록담이 있고 백록담에는 얼마쯤의 물이 고여 있더라, 또 그 아래는 기암괴석이 줄지어 있어 이곳을 영실기암이라 한다더라, 얼마쯤 가면 무슨 꽃들이 피어 있고 강우량은 얼마며 정상까지 가는 시간은 몇 시간이 소요된다는 등 앞서 답사를 다녀온 사람의 친절한 안내 같은 것이다.

누구나 정상에 오를 수 있는 자격은 다 있다. 다만 오르지 않고 있을 뿐이다. 다시 말하면 꼭 그렇게 설명하지 않는다고 해서 한라산이 변하고 백록담이 마르지는 않는다는 뜻이다. 그렇다고 특정한 사람이 한라산을 새롭게 손수 만들어 놓고 이거는 이렇게 만들었고, 저거는 저렇게 만들었다고 설명하고 있는 것도 아니라는 말이다.

부처님의 진리는 한마디도 설한 바가 없고 진리다, 진리가 아니라고 논할 이유도 없고, 얻을 것도 잃을 것도 없다고 설파하고 있는 것이다. 생각해 보자. 한라산을 누구의 소유라 하겠는가. 한라산을 어디로 옮겨서 가지고 갈 수 있는 물건은 아니다. 또 한라산아, 없어져라 하면 없어지는 산이 아니다. 언제나 그 산은 거기 있었다. 굳이 안내자의 말이 없이도 스스로 한라산을 볼 수도 있고 등정할 수도 있다. 다만 누군가가 친절히 그 길을 안내해 주고 한라산에 대한 사전 정보를 습득할 수만 있다면 정상 등정을 꿈꾸는 초행자의 망설임과 두려움은 자신감으로 바뀌게 될 것이다. 또한 한결 가벼운 마음으로 정상을 향한 산행길이 될 수 있을 것이다.

〈무득무설분〉 끝부분에 '일체현성 개이무위법 이유차별(一切賢聖皆以無爲法 而有差別)'이라는 구절이 나온다. 세상의 모든 철학자나 성인들이 지도한 진리의 내용을 들여다보면 조금씩 차이가 나는 것 같지만 모두 존재의 실상을 설명하는 것에 불과하다. 특히 '개이무위법(皆以無爲法)'이라는 단어를 중국의 사상가 노자(老子)의 무위지도(無爲之道)와 같은 뜻으로 이해한다면 어떨까.

부처님께서도 눈 어두운 중생들에게 존재의 실상을 이해하기 쉽게 일러주고자 이렇게 저렇게 다양한 어법으로 이야기하고 있다. 하지만 앞에서 언급한 것처럼 말하지 않아도 충분조건을 다 갖추고 있다는 것으로 이해하면 될 것이다. 이 부분의 제목에 '무득(無得)'이라는 단어의 반대가 '유득(有得)'인데, 유득이란 곧 소유를 말하는 것이다.

소유 개념은 집착의 다른 이름이기도 하다. 소유 가운데 가장 큰 소유는 집에 대한 것이다. 열병처럼 경쟁적으로 아파트를 소유하려는 사람들의 현주소를 들여다보면 잘 이해할 수 있다. 우리나라는 땅덩어리에 비해 인구가 너무 많아서 그런지 주거 공간만은 필연적으로 높고 크게 지은 아파트를 선호한다. 문헌에 보면 아파트 주거

문화가 최초로 시작된 것은 일제 강점기 무렵이다. 일본 사람들이 회현동에 지었다는 3층짜리 삼국아파트가 최초라고 한다. 그 다음이 4층짜리 충정아파트이다. 사실 아파트라고 하지만 요즈음 아파트에 비하면 조악하기 그지없는 삼층 높이의 다가구 주택 정도였다.

순수한 우리나라 아파트의 시원은 광복 이후 1958년 이승만 정권 시대에 지은 종암아파트 또는 중앙아파트가 최초이다. 그 후 점차적으로 가난한 서울살이를 감내하며 무작정 상경한 이주자들이 늘어나면서 셋방살이도 구하기 어려울 만큼 주택이 턱없이 모자랐다. 서울이라고 해서 다 번듯한 집들만 있었던 것은 아니었다. 산동네 쪽으로 올라가보면 판자촌은 고사하고 가마니 몇 장으로 얼기설기 지어놓은 초막집도 흔하던 시절이다.

모자란 주택난을 해소하기 위해 급하게 지어진 서민 아파트가 바로 1970년대에 무너진 와우아파트다. 완공된 지 불과 3개월 만에 멀쩡한 건물이 와르르 무너져 내린 것이다. 어떻게 보면 당연한 일인지도 모른다. 그 당시 그렇게 크고 높은 집을 지어본 경험들이 많지 않은 우리나라 건축 기술의 한계점에서 한번쯤 겪어야 할 홍역이었을 것이다.

그러나 지금은 어떠한가? 아파트 건물의 고층화는 물론이고 다양화 고급화 브랜드화 되어 가면서 눈부신 장족의 발전을 하였다. 이제는 아파트 문화의 신개념이 도입되어 주상복합이나 주거와 레저가 복합된 아파트, 또는 기능성 최첨단 시설까지 갖추고 있는 아파트도 있다. 참 편리한 주거 환경에서 살게 되었다.

아파트 내 · 외형의 고급화뿐만 아니라 이름들도 요란스럽다. 숫제 출처가 불분명한 외래어 이름들이 주류를 이룬다. 아파트 이름이 하도 길어서 노인들은 자신이 사는 아파트 이름을 혹여 잊어버릴까 봐 쪽지에 적어가지고 다니는 웃지 못할 이야기도 있다. 사람이 사는 집이라는 것은 가족들이 함께 모여 숙식과 휴식을 취하는 단순한 생활공간일 뿐이다. 하지만 우리나라나 중국과 같은 나라에서는 주거 공간을 소유개념으로 이해하고 있거나 아니면 넓은 공간을 차지한 사람들은 부의 상징처럼 여기고 있다. 더 넓고 큰 것을 경쟁적으로 바꾸는 졸부들도 있다. 일부에서는 아파트를 투자가치를 따지는 재산 증식의 수단으로 삼는 경우도 허다하다.

그러한 경쟁은 아파트 가격을 계속해서 높은 가격으로 책정하는 악순환의 족쇄가 된 것도 사실이다. 세상에서 제일 비싼 아파트는 중국 상해에 있다고 한다. 도대체 얼마나 좋은 아파트인지는 모르지만 한 가족이 들어가 사는 아파트의 시가가 무려 500억 원이라고 하니 벌어진 입을 다물 수가 없다. 그까짓 철근 몇 조각에 시멘트와 모래로 적당히 버무려 쌓은 모래성이 무엇이기에 그토록 비싼 값을 지불하는지 알 수 없는 노릇이다.

서구 사람들의 주거 개념은 일시적으로 머무는 공간이다. 소유 등기 따위에는 관심이 없다. 적당히 인생을 즐기며 여가를 보내는 아파트란 그냥 전 · 월세 정도를 지불하면 된다. 잠시 빌려서 살다가

약정 기간이 지나면 집주인이나 집장사에게 열쇠꾸러미를 돌려주고 미련 없이 떠나면 그만이다.

우리네 아파트에 사는 가족들의 삶은 어떠한가. 이것은 평생 피땀으로 일궈놓은 재산이기에 아파트를 절대 자산 가치로 여긴다. 동양인들의 집착에 가까운 아파트 소유를 서양인들은 이해하지 못할 것이다. 있는 돈 없는 돈 다 긁어모아 아파트 하나를 장만했다고 하자. 그런데 매달 은행에서 빌린 이자를 감당하느라 한 평생 허리가 휘는 것이다.

이렇게 재산목록 1호가 아파트인 경우, 따지고 보면 전 재산이 좁디좁은 모래성 한 귀퉁이라는 사실이다. 우리네 가진 것은 언젠가는 얻은 것도 없고 잃을 것도 없이 버리고 갈 것들이다. 그렇게 일군 한평생이 모래성 한 귀퉁이라니 왠지 서글퍼지고 눈물이 나올 것 같다.

그러고 보면 옛날의 주거공간이 그리운 까닭이 있다. 오늘날처럼 화려하고 편리하며 멋있는 주거 공간은 아니었다. 하지만 농경사회의 주거 문화는 이웃하고 사는 사람들과의 허물없는 소통과 인간적 관계를 충분히 유지할 수 있었다. 담 너머로 맛있는 음식을 서로 주고받던 따뜻한 정이 흐르는 공간이었다. 사정이 좀 딱한 이웃에게는 식량을 꾸어주거나 나누어 주는 인정도 특별하지 않고 당연히 여겨졌다. 오순도순 살았던 아름다운 삶의 공간이 그립다.

그에 비하면 요즈음처럼 획일적이고 정형화된 주거 환경에서는 이웃이라는 개념을 정의하기 어렵게 되었다. 옆집에 누가 사는지 알 수도 없다. 오히려 알려고 하는 사람이 수상한 사람으로 오해 받을 수도 있다. 불과 30센티미터의 벽 하나를 사이에 두고 있는 옆집은 어쩌면 옆방의 간격 정도일 것이다. 하지만 마음으로는 서로가 담장을 사이에 둔 이웃보다 더 먼 거리에 살고 있다.

극단적으로 옆집 사람이 죽어 나가는 사건이 생겨도 알 필요도 없고 알 길도 없는 무관심한 이웃일 뿐이다. 그렇지만 자신의 이해관계가 첨예하게 대립되는 경우는 예외다. 아래 위층 간의 층간 소음문제가 발생하여 위층의 소음이 지나치다고 판단되면 바로 거친 항의를 한다거나 폭력까지도 서슴없이 행사한다. 법적소송도 불사한다.

이웃 아파트와의 일조권 다툼과 도로사용 문제에 이르기까지 분쟁이 발생하면 서로는 오직 철천지원수가 되어 대립과 갈등으로 점철된다. 타협이 불가능한 사회는 불행한 사회다. 아파트는 공동체 주거 공간 형태이기는 하지만 철저히 개체로 고립된 자기중심적 공간이다. 따라서 한 동 한 라인에 살면서도 엘리베이터 안에서 자주 마주치는 이웃 사람조차 데면데면하거나 전혀 모르는 사람으로 치부하고 어색한 분위기로 숨 막히는 공간을 만들어 놓는다. 고개 한 번 꾸벅하고 약간의 입 꼬리 미소가 그렇게 어려운 것일까.

우리는 지구라는 별에 잠시 여행 왔다가 떠나갈 사람들이다. 누가 더 잘나고 못났는가 차별의 마음, 경계의 마음을 허물어야 한다. 지금 당장 만나는 내 앞의 이웃을 이리도 홀대해서야 말이 되겠는가. 오직 자신의 계산법으로 헤아리는 득과 실을 따지는 질 나쁜 인간관계는 위험하다. 그러므로 기꺼이 자기만의 이익을 취하는 행위는 버려야 한다. 친절한 이웃 만들기, 오늘부터 시작해 보자. 쉬우면서도 어려운 내 마음 먼저 열기가 시작되어야 한다. 그리하면 어떤 시인의 말처럼 그가 내게 다가와서 어떤 의미가 되는 것이다.

## 8. 의법출생분(依法出生分)을 노래하다

이 소식은
여기에서 태어났다네
아무리 많은 친절을 베풀어도
비교될 수 없네
천만 번을 더 들어도 의미 없네
단 한마디 생각으로 생각 말고
그것은 옳지 않다네
아뇩다라삼먁삼보리
도구에 불과한 것을
하이고
소위 진리라 말하는 것도
도구에 불과하다네
다른 말로 설명할 수 없는
사랑의 진실
이 소식은
여기에서 태어났다네

"수보리야, 그대는 어떻게 생각하느냐? 만약 어떤 사람이 삼천대천세계에 가득찬 칠보로 보시를 하면 이 사람이 얻은 바 복덕은 얼마나 많겠느냐?"

수보리가 말씀드리기를 "아주 많사옵니다. 세존이시여! 왜냐하면 이 복덕은 복덕성이 아니기 때문에 여래께서 복덕이 많다고 말씀하신 것입니다."

"만약 또 다시 어떤 사람이 이 경 가운데 사구게만이라도 지니고 남을 위해 말하여 준다면 그 복이 저 칠보로 보시한 복덕보다도 수승하리라.

수보리야, 왜냐하면 모든 부처님의 아뇩다라삼먁삼보리법은 모두 이 경으로부터 나오기 때문이니라.

수보리야, 이른바 불법이라는 것은 곧 불법이 아님이니라."

# 의지처를 찾아 일념으로 기도하라

〈의법출생분(依法出生分)〉은 대승불교를 표방하는 이들에게 또는 선(禪)사상을 공부하는 사람들에게는 이 금강반야바라밀경을 강력히 추천한다는 메시지를 전하고 있다.

여기서 상당히 재미있는 이야기는 물질과 정신의 비교 우위론이다. 세상에서 가장 값비싼 보물을 산더미처럼 쌓아 놓고 무작위로 조건 없이 나누고 베푸는 일이 얼마나 가치 있는 일인지 모른다고 칭찬한다. 하지만 이 금강경에 나오는 내용 가운데 대표적인 네 개의 게송 중 한 구절만 누군가에게 제대로 전할 수 있다면 앞에서 말한 물질의 나눔과 비교할 수 없을만큼 크다고 단언해 버린다. 참으로 매력적인 지적이다.

물질은 시간의 흐름에 따라 소멸되어 가지만 신비한 정신세계 사유의 확장성은 시간과 관계없이 기억된다는 뜻을 담고 있다. 거듭 강조하기를, 누구나 부처님 정도 수준급의 깨달음 위치에 올라 있는 사람들은 '개종차경출(皆從此經出)', 즉 대부분 이 경전을 의지하여 공부한 결과라고 자신 있게 강조하고 있다. 그런 의미에서 의법출생분은 다른 부분과 다르게 오로지 의지할 바가 부처님의 진리 안에서 출발해야만 생명력 넘치는 자아 완성의 길이 열리게 된다는 의미로 해석할 수 있다.

불교에는 삼귀의(三歸依)가 있다. 이른바 세 가지 조건에 의지하여 공부해 나가라는 말이다. 첫째는 부처님께 의지하고, 둘째는 부처님께서 가르침을 주신 경전에 의지하고, 셋째는 부처님의 말씀을 따르는 승가에 의지하여 정진하기를 권하고 있다.

이 같은 삼귀의를 계율로 보기도 한다. 계율이란 무엇인가? 불자라면 누구나 꼭 지켜야할 수행 덕목이다. 의지처에 대한 정의를 이해하지 못하는 불자는 삼귀의를 입으로 하지 말고 마음으로 해야 한다.

불자들 가운데 가장 많이 하는 질문은 기도에 대한 것이다. 수행은 어떻게 해야 가장 효과적이며, 또 바른 기도법은 무엇인지 궁금해 한다. 그것은 기도 방법에 대한 올바른 이해나 정의가 바로 서 있지 않은 탓이다. 불자들이 기도에 대해 혼란스러운 마음을 갖는 것은 충분히 이해한다. 이 절 저 절 다니면서 이 스님 저 스님, 큰 스님

작은 스님으로부터 들은 법문이 좀 많겠는가.

어떤 스님은 말하기를 다 그만두고 '이뭣고' 참선이 최상법이라 하며 나머지는 의미 없는 기도법이라 일러준다. 어떤 법사는 주력을 해야만 제대로 된 기도법이라고 가르친다. 또 1,080배 용맹기도가 제일이다, 관세음보살 기도를 해야 한다, 지장보살 또는 자비도량 참법을 하라고 지도한다. 아니면 금강경 사경이 제일이다 등 온갖 기도 방법들이 혼재하며 천하제일 기도법만 지천으로 널려 있다. 이러다 보니 도대체 중심을 잡기가 어려워진다.

이 세상 사람들은 누구나 똑같은 옷과 똑같은 음식으로 천편일률적 삶을 살지는 않는다. 아이에게 맞는 음식과 옷이 있고, 직장인에게도 그 직업에 맞는 옷이 있다. 예를 들어 경찰 직업을 가진 사람이 어떤 사건 현장에 음식 만드는 주방장 옷차림을 하고 머리에는 하얀 고깔모자를 쓰고 앞치마를 두른 모양새로 나타난다면 상상만 해도 웃기는 일일 것이다.

기도 역시 마찬가지이다. 참선을 하는 불자나 스님들도 있고, 쉼 없이 관세음보살 정근으로 기도의 큰 성과를 거둔 이들도 있다. 심지어는 신묘장구대다라니를 10만독하고 물 위를 걸어 나오는 기적을 보인 스님도 있다. 어떤 노 보살님은 일생 동안 금강경 사경만으로 사후에 덕 높은 스님들이 열반하면 나온다는 영롱한 수정체 사리를 발우 한 가득 남기고 간 경우도 있다.

이렇게 볼 때 특정한 기도나 수행법이 최고 순위나 우위를 점한다는 것은 망상일 뿐이다. 자신과 잘 맞는 기도법이란 오직 자신만이 안다. 한 가지 조언을 하자면 자신이 믿고 다니는 사찰의 주지 스님이나 평소 존경하던 스님께 어떤 기도가 좋은지 상담하고 거기서 받은 기도로 정진해 간다면 최상의 기도 방법이라 생각한다. 여기서 꼭 명심해야 할 절대 조건이 딱 두 가지가 있다. 그것은 치열한 믿음이 담보된 구도열과 어떤 어려움이나 난관이 있어도 한번 원을 세우고 시작한 기도는 죽을 때까지 바꾸지 말아야 한다는 것이다.

염불 기도에 대한 절대적 가르침을 준 일본의 어느 스님 이야기가 있다. 신도수가 무려 1,300만이나 되는 일본 불교의 최대 종파 중 하나인 정토종의 창시자인 신란이라는 스님의 수행 이야기다.

일본 불교 역사에 있어서 독보적 존재인 신란 스님은 염불 제일 승려로 혹자는 염불행자라 불렀다. 이 신란 스님이 100일기도를 하는데 마지막 99일 되는 날 꿈속에서 관세음보살이 어여쁜 여인으로 화현하여 나타난 것이다. 여인은 꿈속에서 '그대와 전생의 인연으로 그대의 아내가 되어 드리리다. 그리고 일생을 편안히 모시며 마침내 죽어서는 극락으로 모시겠습니다'라고 했다. 독신 승려로 청정한 비구 정신을 계승해온 신란 스님은 이 같이 해괴한 꿈을 꾸고는 크게 당황했다. 꿈이 너무나 황당한지라 다음 날 꿈 해몽의 대가라고 소문이 난 법연 큰 스님을 찾아갔다. 거기서 해몽하기를, '착한 사람도 극락에 가는데 악한 사람인들 왜 극락에 못 가겠느냐'라는 뜻이 담긴 꿈이라고 해몽하였다.

부처님 말씀 잘 듣고 착한 사람은 당연히 극락정토에 갈 것이다. 불교가 구원해야 할 사람들은 착한 사람은 물론이지만 못 나고 나약한 사람, 더 나아가 악독한 부류들까지도 관심을 가지고 도와야 한다. 꿈을 통해 가르치고자 하는 핵심은 신란 스님이 아무리 기도 제일 염불 제일 스님이라 하지만 그것만 가지고는 충족되지 않는 것이 있다는 것이다.

불자라면 누구나 기도와 더불어 해야 할 일이 한 가지 더 있다. 낮은 곳에서 신음하는 중생들의 아픔과 고통을 자비의 마음으로 보듬는 일이다. 아침에 일어나 절에 가려고 집을 나서는데 마침 문밖에서 구걸을 하는 노숙자를 만났을 때 대부분의 불자들은 동전 하나라도 적선을 한다. 그렇지 않고 매몰차게 외면해 버리는 불자도 더러는 있다.

부처님 앞에만 서면 양처럼 착하고 열정적인 기도인이지만 다른 일에는 관심이 없는 불자의 의미 없는 기도는 오히려 그만두는 게 좋은 것이다. 그것은 마치 두 바퀴가 달린 수레가 한 바퀴는 돌고 있지만 반대편 한쪽 바퀴는 그대로 멈추어 있으니 한 걸음도 앞으로 나가지 못하는 형국이라 할 수 있다.

마지막으로 신란 스님이 지으신 교행신증(敎行信證)을 살펴보자.

'교(敎)'는 지금까지 일생 동안 부처님의 법을 배우고 수행하며 기도한 목적이 도대체 무엇인지 되새겨보는 일을 의미한다.

'행(行)'은 바로 자비의 실천이며 몸소 행동으로 보여주어야 할 과제를 일컫는다. 구슬이 서 말이라도 꿰어야 보배이듯 제 아무리 불교를 많이 알고 오래된 불자라서 팔만대장경을 다 외운 명석한 두뇌라고 우월감에 젖은 사람이라 해도 실천이 없다면 무엇 하겠는가? 행이 없다면 아무리 질감 좋고 명품 값을 치른 옷을 입었다고는 하지만 아무도 관심을 가져 주지도 않고 알아주지도 쳐다봐 주지도 않는 깜깜한 밤길을 홀로 걷는 것과 무엇이 다르겠는가?

'신(信)'은 그리하여 마침내 기도의 힘과 믿음의 완성도를 보여주어 누구나 믿을 수 있는 자리에 앉아야 함을 의미한다.

'증(證)'은 입으로 부처님을 경배하고 몸으로 참배한들 기도하는 수행자의 모습이 마음과 몸이 따로 논다면 표리부동하다 할 것이다. 누가 보아도 부처님 제자다운 모습으로 살아가야 함을 강조하는 것이다. 몸과 마음이 둘이 아닌 하나일 때 부처님의 살아있는 진리를 증명해 보일 수 있는 것이다. 쉬지 않고 기도하여 안과 밖이 청정한 모습을 보이는 불자, 자비의 마음이 충만한 불자가 되어야 한다.

소리 내어 염불하는 사람에게 이익 되는 열 가지 종류의 큰 공덕인 '고성염불십종공덕(高聲念佛十種功德)'을 소개한다.

'일자공덕 능배수면(一者功德 能排睡眠)'은 잡념이나 졸음을 쫓아주고 정신을 맑게 해 주는 힘이 생기는 이익이 있다.

'이자공덕 천마경포(二者功德 天魔驚怖)'는 염불 기도를 오래 하다보면 각종 장애가 될 만한 요소들이 발생해도 자연스럽게 소멸된다.

'삼자공덕 성변시방(三者功德 聲邊十方)'은 염불기도 소리가 은은하게 멀리멀리 퍼져나가서 주변까지도 맑은 기운이 더 멀리 퍼져 나간다.

'사자공덕 삼도식고(四者功德 三途息苦)'는 기도하는 사람을 아는 모든 영가들이 이 염불소리를 듣고 지금까지 겪었던 고통으로부터 벗어나는 공덕이 있다.

'오자공덕 외성불입(五者功德 外聲不入)'은 밖으로부터 들려오는 여러 가지 나쁜 소문들이나 억측들이 저절로 잦아드는 힘이 생긴다.

'육자공덕 염심불산(六者功德 念心不散)'은 염불 기도하는 사람의 마음이 점차 안정되고 자신도 모르게 맑고 고운 시간 속으로 걸어간다.

'칠자공덕 용맹정진(七者功德 勇猛精進)'은 더 치열하게 기도를 많이 해야 할 까닭을 분명히 알게 한다.

'팔자공덕 제불환희(八者功德 諸佛歡喜)'는 염불 기도가 깊이 익어갈수록 모든 부처님이 참으로 기뻐하시는 모습을 직접 눈앞에서 보게 된다.

'구자공덕 삼매현전(九者功德 三昧現前)'은 염불 기도의 엄청난 힘은 자신이 염불을 하는지조차 느끼지 못할 고요와 평화속의 법열에 빠지게 한다.

'십자공덕 왕생정토(十者功德 往生淨土)'는 마침내 죽음을 맞이하는 순간에도 죽음에 대한 두려움 없이 극락세계에 태어나는 것을 확신하게 된다.

불자가 의지해야할 부처님 법은 오로지 자비로운 마음가짐과 기도하는 몸가짐뿐임을 명심해야 한다.

9. 일상무상분(一相無相分)

10. 장엄정토분(莊嚴淨土分)

11. 무위복승분(無爲福勝分)

12. 존중정교분(尊重正敎分)

13. 여법수지분(如法受持分)

14. 이상적멸분(離相寂滅分)

15. 지경공덕분(持經功德分)

16. 능정업장분(能淨業障分)

## 9. 일상무상분(一相無相分)을 노래하다

수다원과, 사다함과, 아나함과, 아라한과
와도 온 것이 아니고
가도 간 것이 아닌데
주객의 전도는
이를 두고 하는 말
기차를 타고 가면
철길 주변에 집들이
빠르게 지나간다
하지만 주변의 집들은
언제나 그곳에서
한 번도 움직이지 않았다
그 안에 앉은 내가
들길을 따라 한없이
내달리고 있을 뿐
내가 기차에서 내리지 않는 한
철길 주변 건물들은
오늘도 바쁘게 내달린다
오늘도 기차가 달려가고 있다

"수보리야, 그대는 어떻게 생각하느냐? 수다원이 생각하기를 '내가 수다원과를 얻었다'고 생각하겠느냐?"

수보리가 말씀드리기를 "아니옵니다. 세존이시여! 왜냐하면 수다원은 이름이 성인의 흐름에 들었다 함이로되 든 바가 없으며, 색 · 성 · 향 · 미 · 촉 · 법에 들어가지 않음에 이를 이름하여 수다원이라 하옵니다."

"수보리야, 그대는 어떻게 생각하느냐? 사다함이 생각하기를 '내가 사다함과를 얻었다'고 생각하겠느냐?"

수보리가 말씀드리기를 "아니옵니다. 세존이시여! 왜냐하면 사다함은 이름이 한 번 왕래함이로되 실은 왕래함이 없는 것을 사다함이라 이름하였기 때문입니다."

# 오고 가지 말어라

〈일상무상분(一相無相分)〉은 수행자의 정신세계가 점차 성숙해 가면서 차별과 대립이 끊어진 절대 무한의 상태를 네 단계로 나누어 설명하고 있다. 제 1단계가 수다원(須陀洹), 제 2단계가 사다함(斯陀含), 제 3단계가 아나함(阿羅含), 마지막 4단계가 아라한(阿羅漢)이다. 이렇게 단계별로 되어 있다. 여기에 나오는 한문 이름들은 모두 음역이다.

각각 단계별로 정신세계의 변화되는 현상을 자세하게 설명하고 있다. 그 중간쯤에서 '이실무왕래(而實無往來)'라는 단어가 나온다. 이것을 쉽게 풀이하면, 오고 가지 않는다는 뜻이다. 예를 들어서 누군가 나에게 심한 모욕감을 준다고 해도 내가 마음에 받아들이지 않는다면 굳이 어떤 반응도 할 필요가 없다는 것이다. 다시 말해 상대가 나에게 던진 불쾌한 감정들이 비록 왔다고 해도 내가 받아들이지 않으면 오지 않은 것이므로 다시 갈 필요를 느끼지 않는다는 의미이다. 이를 이실무왕래의 현상, 즉 정신세계의 제 4단계라고 정의한다.

'무쟁삼매(無諍三昧)'는 아무런 갈등이나 다툼 같은 잡념 하나 없이 오직 평화로운 집중 상태를 의미한다. 최고가 되는 조건은 자신이 어느 단계에 올라있다고 자랑하거나 또는 그 자리에 올라서야겠다고 욕심 내지 않는 마음에서 시작한다. 마침내 '실무소행이명수보리(實無所行而名須菩提)', 즉 어떤 행동을 해도 행한 바가 없는 사람을 일러서 수보리 존자와 같은 네 단계의 지위에 오른 사람이라고 할 수 있다.

그것이 바로 한 점 때묻지 않은 순수 이성의 모습이 아닐까 생각한다. 물론 많은 시간을 수행으로 단련된 사람의 경지도 그와 같지만 아무런 두려움이나 계산법 없이 뛰어노는 해맑은 동심의 세계도 그와 같이 순수한 모습이 아닐까.

나의 코흘리개 어린 시절을 회상해 보면 그때는 정말 그랬다. 한여름 푹푹 찌는 삼복더위에 개울가에 나가 동무들과 물장구치던 고향집 개울가로 돌아가 보자. 한 동네 사는 친구들을 불러 모아 개울가로 떼지어 달려가 열댓 명 아이들과 함께 놀았던 기억이 있다. 높다란 바위에 올라가 옷을 훌러덩 벗어던지고 겁없이 물속으로 풍덩 뛰어내리기도 하고, 물장구도 치면서 물속에 들어가 누가 숨을 오래 참는지 스킨스쿠버처럼 자맥질하던 즐거움도 잊을 수가 없다.

그렇게 오랜 시간 물속에서 놀다 보면 눈은 빨간 토끼눈으로 충혈되고 귀에는 물이 들어갔는지 먹먹해진다. 코를 막고 귀에 바람을 넣어 보기도 하고 그래도 안 되면 뜨거운 볕에 달구어진 바위에 귀를 대고 엎드려 있으면 귀에 들어간 물이 저절로 빠지기도 한다. 물자가 풍족한 요즈음처럼 물안경이나 귀마개가 있을 리 없다. 귀마개 대신 지천으로 널려있는 길가의 쑥을 뜯어서 손으로 싹싹 비벼 양쪽 귀를 막고 물속에 들어가면 그만이었다.

어린 시절의 그 순수하고 자유로운 영혼들이 자연과 호흡하며 놀았던 거침없는 시간들은 그 시절 성장기 아이들의 정서에 상당히 좋은 영향을 주었다고 생각한다. 60년대 너 나 할 것 없이 가난에 찌들었던 살림살이 속에 살았지만 그래도 지나고 나니 행복했던 한 때였다.

아이들은 왜 그리도 많이들 낳았는지 한 집에 적어도 다섯 명에서 여덟 명까지 되었다. 70년대부터는 정부가 나서서 아이들 좀 그만 낳으라고 가족계획 상담소가 생기고 출산 제한정책을 펴기도 했다. 정부에서 내건 표어는 '둘도 많다 하나만 낳아서 잘 기르자'였다. 게다가 가족계획 전문 상담원이 마을마다 돌아다니며 제발 아기 낳지 말라는 협박 아닌 계도를 하고 다니기도 했다. 정상적인 가정에서 아이 한 둘 낳는 게 무슨 큰 문제였겠는가?

그 시대 어른들의 기준점에서는 유난히 남아 선호사상이 병적으로 강했다. 딸을 낳으면 아들 하나를 얻을 때까지 무작정하고 아이를 낳았다. 그렇게 계속 낳다 보면 딸 일곱 명에 아들 하나가 된 경우도 적지 않았다. 이쯤 되면 엄마 아빠까지 포함해서 열 식구가 되기도 했다. 정말 대가족인 셈이다.

요즈음처럼 경제적으로 여유 있는 대한민국에서의 20대나 30대 젊은이들은 삼포세대라는 신조어까지 만들어내면서 숫제 결혼 자체를 기피하는 사람이 많아지고 있다. 삼포세대란 연애 포기, 결혼 포기, 출산 포기를 말한다. 성인 남녀 세 명 중에 한 명은 연애도 하고 싶지 않고 결혼도 관심 없고 아이는 더더욱 싫다는 이야기다.

저 혼자만 즐기며 살고 싶다는 극단적 이기주의는 개인의 문제가 아니다. 전체의 문제이며 더 나아가 국가의 문제이다. 이 나라의 장래에 인구 불균형이 가져올 심각한 재앙을 걱정하지 않을 수 없다. 선진국인 프랑스나 일본 등 여러 나라에서도 이 같이 젊은이들의 결혼 기피 현상은 우려할만한 수준에 와 있다고 한다.

가상이기는 하지만 인구의 불균형으로 인한 미래 한국은 경제 활동 인구가 점차 줄어들어 어쩔 수 없이 80살 먹은 기차 운전수, 70대 할아버지 비행 승무원, 90대 은행 여직원 등 이런 끔찍한 사태가 오지나 않을까 걱정하는 게 공연한 기우일까. 문제는 인구의 숫자놀음이 아니다. 신성한 종의 번식을 이야기하자는 것도 아니다.

아무리 서로 사랑하는 사이라지만 관습 때문에 결혼이라는 제도에 얽매이고 싶지 않다고 말하는 것은 지나친 교만이고 억지이다. 사랑은 하면서도 너는 너대로 나는 나대로 살면 된다는 식의 사고방식에는 분명 문제가 있다. 네가 죽든 말든 나도 모르고 너도 모른다는 것이다.

이렇게 무책임한 관계를 아름다운 남녀의 사랑이라고 주장한다면 그건 엉터리 사랑이다. 진실하고 건강한 사랑이란 두 사람이 수 없이 많은 과거 생을 반복해 살아오면서 부부 인연으로 만나고 또 그렇게 아이를 낳아서 가족을 이루고 살았던 책임과 의무의 연속선상에 있다는 사실이다.

생각해 보라. 어느 날 귀한 손님처럼 자신들을 찾아온 천사 같이 어여쁜 아기가 방문을 두드리며 '어머니, 제가 왔어요. 마음의 문을 열어주세요' 했는 데도 냉정하게 뿌리치고 문밖에서 돌려 보낸다면, 이것은 불교적 연기법을 모르는 사람들의 무지한 결과로 무서운 악연으로 돌아오게 된다. 당장은 혈기왕성한 젊음을 누리고 있으니까 건강에 자신이 있을지도 모른다. 그러나 언젠가는 그 같은 인과법칙이 나쁜 질병으로 육신을 괴롭히는 날이 찾아오게 될 것이다. 때늦은 후회는 소용이 없다.

부모와 자식의 관계는 단순한 인륜이 아니고 천륜이라고 한다. 그만큼 소중한 인연이다. 인륜이란 살면서 맺어진 친구나 선후배 직장 상사 등 후천적 관계이다. 이 같은 연결고리는 살다가 일정 부분 뜻이 맞지 않으면 언제라도 헤어질 수 있는 사이이다. 그러나 부모와 자식의 관계는 천륜의 혈연으로 맺어진 관계이다. 그렇기 때문에 자식과 부모의 피물림, 즉 DNA는 목숨이 다하여 죽을 때까지 어떤 식으로도 바꿀 수도 없고 바뀌어지지도 않는 것이다.

그래서 선택의 여지가 없는 하늘이 맺어준 매우 지중한 인연이라는 뜻이다. 그렇기 때문에 언제라도 내게 다가오는 소중한 아기 잉태의 인연을 만나면 무조건 감사해야 한다. 또한 아무리 아기가 태어나기 적당하지 않고 나쁜 환경과 악조건의 고통이 수반 되더라도 아기를 낙태할 권리는 부모에게 있지 않다는 것을 알아야 한다. 물론 부모로서 책임을 다하려면 태어난 아이를 양육하는데 드는 비용과 기타 부수적 부담을 걱정하지 않을 수 없을 것이다. 그러나 절대관계인 부모와 자식의 존속 인연은 인위적 거부 방식으로 해결될 성질의 것이 아님을 알아야 한다.

아버지와 네 아들에 관한 재미있는 이야기가 있다.

어느 시골 마을에 아버지와 아들 네 명이 살고 있었다. 하루는 아버지가 장가를 보내야 할 아들들을 모아 놓고 숙제를 하나 주었다.

"아들들아! 오늘 내가 너희들에게 콩을 한 말씩 주겠다. 그리고 이 콩으로 무엇을 하든 이유는 묻지 않겠다. 다만 이 콩을 가지고 아버지를 기쁘게 해다오."

그렇게 해서 네 아들은 콩을 한 말씩 받아 가지고 집을 나섰다. 그 중에 첫째 아들이 아버지께 달려와 “아버지, 저는 아버지가 주신 콩을 시장에 내다 팔아서 아버지가 좋아하는 엿과 옷 한 벌을 사 왔습니다.” 하고 말했다. 그러자 아버지는 첫째 아들이 선물해준 옷을 입고 엿을 먹으며 “얘야, 매우 고맙구나.”하면서 머리를 쓰다듬어 주었다.

그 다음 둘째 아들이 아버지를 찾아와 하는 말이 “아버지, 저는 아버지가 주신 콩 한 말을 갈아서 두부를 만들어 왔습니다. 치아가 좋지 않은 아버지가 드시기에 딱 좋을 것 같습니다.”하고 말했다. 아버지는 둘째 아들이 가져다준 두부를 먹으며 매우 흡족해 하였다.

셋째 아들은 의기양양하게 들어오면서 “아버지, 소자는 아버지가 주신 한 말의 콩으로 메주를 쑤어서 내년에 먹을 장과 된장도 담으려고 준비해 놓았습니다.”하고 말했다. 아버지는 아들을 보며 매우 기특하다고 칭찬해 주었다.

마지막 넷째 막내 아들은 빈손으로 터벅터벅 집으로 돌아오는 것이었다. 이 광경을 본 형제들은 “저 녀석은 아버지가 준 콩은 어찌하고 빈손으로 집에 들어오는 거야.”하면서 흉을 보았다. 넷째 아들은 아버지 앞으로 다가가서 “아버지, 소자는 아버지가 주신 콩 한 말을 밭에 뿌렸습니다. 아마 가을에 추수하면 몇 가마니의 콩을 수확할 수 있을 것입니다.”하고 말했다.

그러자 아버지는 환하게 웃으며 말했다.

“사랑하는 나의 아들들아, 모두 이 아비를 기쁘게 하기 위해 노력해 주어서 매우 고맙구나. 아마도 우리 마을에서는 너희들만큼 효자 노릇 잘하는 아이들은 없을 것이다."

그렇게 말하며 자애로운 웃음을 지었다. 그리고 다시 말하기를,
"하지만 말이다. 너희 넷 중에서 나를 가장 기쁘게 한 아이는 막내구나. 내가 점점 나이가 들어서 너희들에게 재산을 물려주어야 하는데 어떻게 하면 이 재산을 잘 지켜낼지 걱정을 했었단다."하고 속내를 밝혔다.

이처럼 네 명의 아들들은 저마다 가진 지혜로 아버지를 기쁘게 해 드렸다. 우열의 문제가 아니다. 이들 형제의 이야기를 통해서 같은 부모 밑에서 태어난 자식들이지만 근기에 따라, 수준에 따라, 업식에 따라 결과가 다르다는 것을 알 수 있다. 그래서 아기가 태어나서 그가 성장하는 동안 변할 수 있는 가정환경과 경제적 여건을 미리 예측 예단하거나 설계하는 것도 어쩌면 부모의 노파심일 뿐이다. 아기의 미래 모습은 아무도 알 수 없고 운명처럼 정해진 것이 아니다. 새로 태어날 아가들의 미래는 우리들의 몫이라고 할 수 없다. 다만 부모의 역할에 있어서 자신의 처지에 맞게 책임과 의무를 다하는 것 외에 특별히 더 해줄 필요도 없는 것이다.

## 10. 장엄정토분(莊嚴淨土分)을 노래하다

까마득히 먼 옛날
연등 화려한 장엄으로
수놓아진 거리
이는 거짓된 유혹
현실에서 있을 수 없는
이름하여 장엄정토
그곳에 머물던 행복한 시간을
잊지 못하지
그러나 어쩌겠는가
소리도 모습도
아니 그 느낌마저도
맑디 맑은 마음에
흔적을 남기지 말았어야 했다
돌아보면 허상 뿐
크고 작은 비교의 몸짓
아무것도 얻은 게 없는
빈손인 것을

부처님께서 수보리에게 말씀하시되 "수보리야, 그대는 어떻게 생각하느냐? 여래가 옛적에 연등부처님 처소에서 법을 얻은 바 있다고 생각하느냐?"

"아니옵니다. 세존이시여! 여래께서는 연등부처님 처소에 계실 적에는 법을 얻은 바가 없사옵니다."

"수보리야, 그대는 어떻게 생각하느냐? 보살이 불국토를 장엄한다고 생각하느냐, 아니 한다고 생각하느냐?"

"아니옵니다. 세존이시여! 왜냐하면 불국토를 장엄한다는 것은 곧 장엄이 아니며, 그 이름이 장엄이기 때문입니다."

# 투쟁과 갈등, 원망을 넘어 평화의 나라로

〈장엄정토분(莊嚴淨土分)〉을 설명하기에 앞서 정토의 나라라고 하면 대부분 사람들은 서방정토 극락세계라는 이상향의 나라를 떠올리게 된다. 이곳은 사후(死後)에 갈 수 있는 땅으로 아미타 부처님께서 살고 있는 극락세계를 말한다. 그러나 금강경에서 설하고 있는 정토의 이해는 그 반대 개념의 예토(穢土), 더럽혀진 땅을 먼저 생각하지 않을 수 없다.

정토는 부처님 나라, 예토는 중생들이 사는 땅으로 이분법적으로 나누는 것은 의미가 없다. 부처님께서 주장하는 정토장엄의 뜻은 투쟁과 갈등과 원망으로 더럽혀진 이 땅을 사랑과 평화가 넘치는 땅인 정토로 바꾸는 것을 의미한다. 그것이 장엄정토 구현의 본래 목적이다.

'과거 연등 부처님이 계시던 그곳에서 진정한 정토를 보았을까'라고 질문한다. 그리고 곧 바로 '장엄정토자 즉비장엄(莊嚴淨土者 卽非莊嚴)', 즉 정토를 장엄했다고 하는 것은 진정한 장엄의 뜻을 이해하지 못한 것이라고 말한다. 그것은 '시명장엄(是名莊嚴)'이라는 것이다. 다만 우리가 궁극적으로 이루고자 하는 부처님 나라의 상징성을 나타내는 언어일 뿐이라고 말하고 있다.

〈장엄정토분〉에 나오는 게송 가운데 '응무소주 이생기심(應無所住 而生其心)'은 금강경 전체를 한 마디로 요약한 말씀이다. 그 뜻은 '그대 마음을 허공처럼 텅 비워두고 어떤 현상에도 마음을 빼앗기지 않는다면 이를 어찌 부처의 마음이라 하지 않겠는가'라는 의미이다.

〈장엄정토분〉을 이야기할 때마다 지구상에서 가장 우려스러운 땅 가운데 한 곳 쯤으로 여겨지는 이스라엘 가자지구를 떠올리지 않을 수 없다. 아돌프 히틀러에 의한 게르만 민족 우월주의가 유대인 대학살의 원인이라고 한다. 아무런 잘못도 없는 양민을 유대인이라는 이유만으로 남녀노소를 가리지 않고 죽였던 비극의 역사는 아직도 아물지 않고 있다. 특정한 인종을 청소해야 한다는 망상병 환자 히틀러의 살인적 만행이 지금까지 용서되지 않는 것은 당연한 일이다. 유대 민족의 시련은 나라 잃은 서러움을 뼈저리게 느끼게 했다. 이들이 나라를 잃은 역사는 기원전으로 거슬러 올라간다.

지금으로부터 2,000년 전 유대 민족의 고유 영토였던 이스라엘은 로마제국과의 전쟁에서 패한다. 그로 인해 로마제국의 식민통치가 시작된 것이다. 추정컨대 이 시기에 예수라는 기독교 교주가 태어나고 활약하던 시대였을 것이다. 로마제국의 식민통치를 받았던 유대 민족은 독립된 자주국을 간절히 원했다. 이스라엘 민족주의 저항운동은 끊임없이 계속 되었다. 그렇게 점차 확대된 반란군의 봉기는 로마군대에 패하고 말았다.

그 후 유대 민족은 이스라엘이라는 나라를 완전히 빼앗겼다. 따라서 로마 정복군에 의해 강제적으로 쫓겨나게 된 유대 민족은 세계 각국으로 뿔뿔이 흩어지게 된다. 한 쪽은 서유럽으로 한 패는 동유럽으로 남부여대(男負女戴)하고 불쌍한 난민 신세가 되었다. 비록 나라는 빼앗겼지만 유대 민족의 자긍심마저 잃지는 않았다.

그들은 어느 나라에 이주해 살던 상관이 없었다. 같은 민족끼리의 깊은 유대 관계는 무서울 정도로 결속되어 있었다. 또한 유대 민족의 고유한 정신문화는 그대로 이어져 왔다. 종교관, 교육관, 가정의 가치 질서 등 이 모든 것은 할아버지에서 손자에 이르기까지 2,000년의 세월이 흘러도 조금도 변함없이 계승되어져 왔다. 웬만한 떠돌이 민족들은 그 나라에 정착하게 되면 자연스럽게 동화되고 흡수되어 자신들의 고유 언어와 문자, 고유문화까지도 서서히 상실하기 마련이다. 하지만 유대 민족은 달랐다.

조국 이스라엘은 잃었지만 민족정신은 잃지 않았다. 그렇게 설움과 압박의 세월을 보낸 유대 민족이 자신들의 조국 이스라엘을

2,000년 만에 다시 되찾게 되고 건설하게 된 것은 결코 우연이 아니었다. 1948년 세계 2차 대전 당시 독일의 우세한 전투력에 밀리던 영국이 막강한 자본을 가진 유대인의 돈이 필요했고, 미국의 참전 여론을 주도할 수 있는 유대인의 힘이 절실했다. 영국과 유대인 자본가들의 손익이 맞아 떨어지면서 거래가 성립된 것이다. 무려 1,800

년 동안 정착해 살고 있던 팔레스타인 사람들을 몰아내고 유대 국가인 이스라엘 정부를 세울 수 있도록 승인해 준 것이다.

하루 아침에 오고갈 데가 없어진 팔레스타인 사람들은 이스라엘의 변두리 요르단 강 서안 쪽으로, 일부는 후미진 가자지구로 쫓겨나게 되었다. 이렇게 하여 시작된 팔레스타인과 이스라엘 사이의 영토분쟁은 70년간 계속 진행 중이다. 더러는 가자지구에 매장된 엄청난 가스나 석유 채굴권을 두고 다투는 것이라 말하지만 그렇게 단순한 전쟁이 아니다. 여기에는 보이지 않는 종교 갈등, 민족 감정, 영토 분쟁까지 겹쳐져 있다. 철천지원수가 된 양진영의 전쟁논리는 누구도 쉽게 나서서 중재할 수 없는 사태에 이른 것이다. 전쟁이라고 말하기조차 어설픈 대결이다.

이스라엘은 전투력에 있어서 세계 106개국 가운데 11위를 랭크하고 있다. 뿐만 아니라 최첨단 미국제 무기로 무장한 이스라엘은 350만 대군을 거느린 막강한 군대다. 이와 반대로 1만 3천 명의 팔레스타인 군대는 중동의 석유 재벌들이 조금씩 모아서 적선하듯 도와주는 형편없는 무기를 가진 조무래기 군사력이다. 이를 어찌 전쟁이라고 하겠는가. 이스라엘의 일방적 폭력이라고 봐야 할 것이다.

하마스라고 하는 게릴라 전사들은 나름 이슬람 근본주의를 명분으로 팔레스타인의 독립을 주장하고 있다. 하지만 이들의 준동은 오히려 이스라엘을 자극하여 선량한 팔레스타인 시민들의 소중한 가족을 1,600명이나 죽이는 결과를 초래했다.

이와 같이 날마다 죄 없는 사람들이 죽어 나가는 중동의 화약고 이스라엘의 폭력은 어떠한 명분으로도 정당화 될 수는 없다. 돌아보면 유대인들에게는 히틀러 시대 아우슈비츠 수용소에서 동족이 처참하게 학살당한 고통의 기억이 있다. 왜 유대인들은 그 같은 자신들의 아픈 역사를 팔레스타인 사람들에게 되갚고 있는지 모를 일이다.

생명이란 어떤 종류의 생명이든 무슨 이유에서든 타의에 의해서 간섭 받을 이유가 없다. 심지어 그 누구도 풀 한 포기 나무 한 그루라도 함부로 할 권리를 가지고 있지 않다. 인간만큼 잠재적 잔인성을 가진 동물도 없을 것이다. 인간이 인간에게 얼마나 더 잔혹하고 악랄한 모습을 보여줄지 안타깝기만 하다.

더욱 안타까운 사건은 2003년 3월에 일어났다. 한때 꿈 많은 소녀로 미국 서부 와싱턴주 올림피아에서 자라난 레이첼 코리(Rachel Corrie)가 낯선 이국땅에서 이유 없이 죽임을 당한 일이다. 이스라엘 정부가 가자지구에 살고 있던 팔레스타인 난민 가옥을 강제 철거하는 과정에서 일어난 사건이다. 엄청난 무게의 이스라엘군 불도저가 현재 사람이 살고 있는 집마저 인정사정 볼 것 없이 때려 부수는 현장이었다.

무자비한 이스라엘군 폭력에 항거하며 그곳 주민들과 아픔을 함께 하고 있었던 순수 평화운동가 미국인 레이첼 코리라는 여성이 불도저에 무참히 깔려 죽은 것이다. 당시 나이 23세밖에 되지 않은 가녀린 아가씨였다. 그것도 자신을 방어할 수 있는 어떤 무기도 들고 있지 않았다. 단순히 평화운동단체의 일원으로 가자지구에 가서 철거민들의 슬픔을 달래주었을 뿐인데 그것이 불도저에 깔려죽을 만큼 잘못된 것인가?

레이첼 코리의 평화를 사랑하는 순수한 열정은 머리 위로 폭탄이 날아다니는 전쟁터도 두렵지 않을 만큼 강했다. 그곳에서 그녀가 목숨을 담보로 얻을 수 있는 반사이익이란 아무것도 없다. 아무런 조건 없이 온 몸을 던져 봉사와 희생정신으로 보여준 양심적 행동은 천사의 모습이 아닐까.

훗날 레이첼 코리의 부모가 처참하게 죽임을 당한 코리를 대신하여 너무나 억울한 사정을 호소하며 이스라엘 정부를 상대로 재판을 하였지만 패소하고 말았다. 게다가 이스라엘 정부는 보상해 주기는 커녕 불가피한 상황이었다는 뻔뻔한 변명만 늘어놓았다. 국제 구호단체는 그녀의 숭고한 평화정신을 기려 그 단체에서 운영하는 배의 이름을 '레이첼 코리호'라고 명명하였다.

역사가들은 역사는 되풀이 된다고 말한다. 불가에서 말하는 인과는 되풀이 된다는 것과 같은 의미이다. 오늘 그들에게 주어진 힘의 무게가 언젠가는 반대 입장에 서게 될 수도 있다. 우리 주변에도 그런 일은 흔히 있다. 자신이 신입사원으로 입사한 힘없던 시절은 다 잊어버리고 날 때부터 그 회사의 막강한 중역이나 간부 자리를 꿰찬 것처럼 아랫 사람들을 얕보고 함부로 대하는 간부들을 종종 보게 된다. 한때는 분명 자신들도 경험하였을 힘에 부치는 올챙이 시절의 과거를 망각하고 쥐꼬리만한 권력을 남용하는 사람들을 주변에서 어렵지 않게 보게 된다. 언제나 처음처럼, 처음의 그 마음 같이 겸손해지는 마음가짐이 어느 때보다 절실하다. 그것은 스스로를 다스리는 매우 적절한 처세임을 명심해야 할 것이다.

## 11. 무위복승분(無爲福勝分)을 노래하다

갠지스 강가
모래알처럼 많은 사람을 만나
함께 웃으며
함께 나누고
그리하면 행복하겠지
그리하면 참 사랑이라
진실한 사랑이라 칭송하겠지
해질 무렵
갠지스 강가에는
아무도 남아 있지 않고
쓸쓸히 혼자였다
님의 마음을
한마디도 전하지 못한
아쉬움의 흔적
쓸쓸한 혼자였다

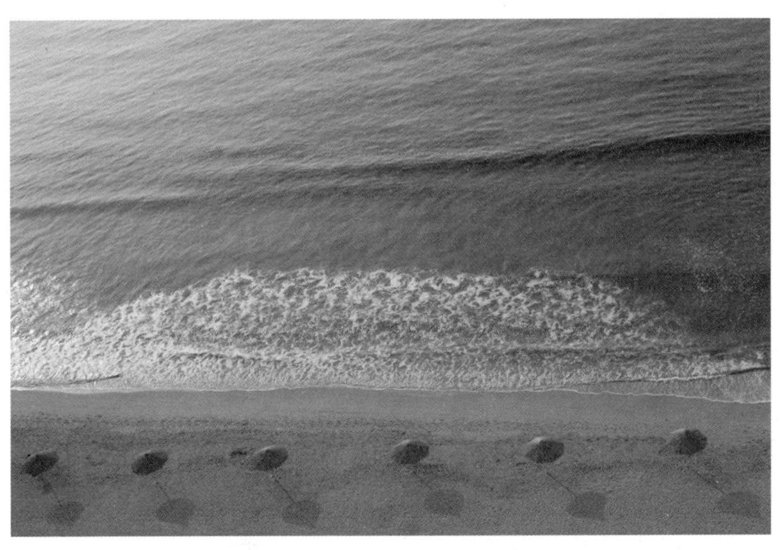

"수보리야, 내 이제 그대에게 진실로 이르나니, 어떤 선남자 선여인들이 칠보로 저 항하의 모래수처럼 많은 삼천대천세계에 보시를 했다면 그 복을 얻음이 얼마나 많겠느냐, 적겠느냐?"

수보리가 말씀드리기를 "아주 많사옵니다. 세존이시여!"

부처님께서 수보리에게 말씀하시되 "만약 선남자 선여인들이 이 경 가운데서 사구게만이라도 받아 지녀서 또 남을 위하여 말하여 준다면 그 복덕은 칠보로 항하의 모래수처럼 많이 보시한 복덕보다도 더 뛰어나리라."

# 내 말을 전해 주는 이

〈무위복승분(無爲福勝分)〉은 사람이 할 수 있는 여러 가지 보람된 일 가운데 종교의 진리를 전하는 일만큼 가치 있는 일은 없다는 뜻이다. '복승(福勝)'은 가장 탁월한 선택이라는 의미로 이해하면 좋을 것이다. 여기서 언급 되고 있는 '항하사(恒河沙)'라는 단어는 인도의 갠지즈 강가에 깔려 있는 모래를 지칭하는 말이다.

오래 전 인도 여행을 할 때 이 갠지즈 강가의 모래 알갱이를 본 적이 있다. 우리나라 해변가의 모래알처럼 굵지가 않고 마치 밀가루처럼 미세하기 그지없는 모래였다. 금강경에 자주 등장하는 갠지즈 강 모래알은 고대 인도 사람들의 수학적 숫자 개념의 크기를 비교 불가할 때 쓰여지는 비유의 한 장면이다. 상상해 보자. 밀가루처럼 미세한 모래 알갱이를 한 줌도 아니고 한 트럭도 아니고 수십 리 길에 깔려 있는 모래알 하나하나를 헤아린다는 것은 불가능하다. 정말 대단한 인도 사람들이다.

부처님께서는 수보리 존자에게 그 강가에 깔려 있는 모래알 수만큼 이웃들을 위해 쉼 없이 봉사하고 또한 자신이 가진 전 재산을 남을 위해 베푸는 일이란 얼마나 아름답고 보람된 일이겠는가 하고 질문을 한다. 제자는 엄청난 일이라고 대답한다.

그런데 그 보다는 '어차경중내지 수지 사구게등 위타인설 승전복덕(於此經中 乃至 受持 四句偈等 爲他人說 勝前福德)', 즉 이 금강경 네 개의 게송 중에서 극히 일부인 한 게송만이라도 부처님 뜻에 부합하도록 또 다른 사람에게 전하는 이가 있다면, 앞에서 말한 전 재산을 남에게 기부하고 베푸는 사람보다 몇 곱절 훌륭한 사람이라고 주장한다.

여기서 부처님의 숨은 뜻을 잘 알아야 한다. 물질적 도움보다 정신적 깨달음을 지도하는 일이 우선임을 말하고 있다. 또한 한편으로 진리의 말씀이 보다 널리 전파될 수 있기를 바라고 있다는 사실이다. 정법을 전도하는 일이 단순한 빵 조각의 나눔에 비교될 수 없을 만큼 크다는 것이다.

속세에 살면서 부처님의 진리를 전파하는데 큰 공을 세운 중국의 아름다운 여인 한 사람을 소개해 보자. 동서양을 막론하고 남자들의 미인 선호가 극진하다. 그 가운데도 중국 역사의 한 페이지를 장식했던 미인들은 많다. 중국을 대표하는 미인을 꼽으라면 예로부터 오늘날까지 4대 미인이 단연 으뜸이다.

1대 미인 서시(西施), 2대 미인 왕소군(王昭君), 3대 미인 초선(貂蟬), 4대 미인 양귀비(楊貴妃)가 있다. 이는 어디까지나 중국인들의 눈에 비추어서 그렇다는 이야기이다. 이들 네 명의 미인들은 다양한 문학적 소재로도 충분히 그려졌고, 화공들의 미인도 화제로도 단골 모델들이다.

이들 4대 미인들을 칭송하는 중국 사람들의 과대 포장이 조금은 지나친 면이 있다. 이 여인들 가운데 누가 더 아름답고 예쁜 미인이라고 우열을 가릴 수는 없다. 저마다 그녀들만이 가진 자태와 특색이 있기 때문이다. 1대 미인 서시는 용모가 얼마나 아름다운지 '침어(浸魚)'라고 해서 물에 비친 그녀의 모습을 보고 물고기들이 모두 기절했다는 이야기가 있다.

2대 미인 왕소군은 그녀가 즐겨 타는 비파소리와 왕소군의 자색에 반하여 '낙안(落雁)'이라고 해서 날아가던 기러기 무리가 한꺼번에 땅에 떨어져 죽었다는 전설의 여인이다. 3대 미인 초선은 미모가 너무나 아름다웠기에 '폐월(閉月)'이라고 해서 달빛조차 부끄러워 구름 뒤로 숨었다고 시인 묵객들은 칭송한다.

4대 미인 양귀비를 말할 때는 사람들은 '경국지색(傾國之色)'이라고도 표현한다. 아름다움이 지나쳐서 나라를 송두리째 망하게 하는 미색으로 평가한다. 양귀비를 칭송할 때는 제 아무리 아름다운 꽃이라 하여도 양귀비 앞에서는 견줄 바가 아니라 하여 꽃조차도 부끄러워하는 미모라고 이야기한다. 참으로 중국인다운 과장이다.

이들 중에 문학적 소재로서 중국 작가들이 즐겨 다룬 사람은 2대 미인 왕소군의 이야기가 재미있다. 우선 채용이라는 작가의 〈금조〉라던가 길홍의 〈서경잡기〉 마치원의 〈한궁추〉 등 이밖에 여러 문인들이 왕소군의 기구한 운명의 역사를 다루고 있다.

왕소군은 전한의 원 황제 건소 원년 때 사람이다. 전한시대 원제가 전국에 방을 붙여 후궁을 모집하였다. 이때 뽑혀온 후궁 중 한 사람이 바로 왕소군이었다.

원 황제에게는 천 명이 넘는 후궁이 있었다. 너무나 많은 후궁들을 다 거느릴 수 없게 되자 황제는 그날그날 후궁의 모습을 그림으로 그리게 하여 선택했다고 한다. 오늘날 사진을 찍어오게 하여 사진 속의 인물들을 가려내듯이 말이다.

미인도에 일가를 이룬 화공 중에 모연수라는 사람이 그 일을 담당했다. 천 명이 넘는 후궁들은 서로 황제를 만나려고 경쟁적으로 용모를 뽐내며 화공 앞에 섰다. 문제는 모연수라는 화공은 뇌물을 밝히는 사람이었다. 그 바람에 공정한 그림 솜씨 보다는 얼마를 더 그림쟁이의 뒷주머니를 채워주느냐에 따라 그림이 달라졌다. 그렇게 해서 간택된 궁녀는 황은을 입었다고 한다.

가난한 서민 출신의 왕소군은 뇌물을 쓸 돈도 없었지만 그렇게 황제를 기망하면서까지 황은을 입을 생각이 없었다. 드디어 왕소군의 차례가 되었다. 모연수가 봐도 뛰어난 미모인지라 내심 뇌물을 기대하고 있었는데 단 한 푼도 건네지 않았다. 그림쟁이 모연수는 왕소군을 천하의 추물로 그렸다. 거기에다 심술부리듯 이마에는 커다란 점까지 찍어서 황제에게 올렸다.

황제는 그 많은 궁녀의 그림 가운데 왕소군의 미인도는 쳐다보지도 않았다. 그로부터 5년이라는 세월이 흘러 그녀의 방에서는 그녀가 항상 즐겨 타던 비파의 오원애원곡만이 듣는 이의 가슴을 저리게 하며 흘러 나왔을 뿐이었다.

그러던 어느 날 왕소군의 운명을 바꾸는 계기가 되는 한 가지 사건이 일어났다. 전한 원제시대에 지금의 몽골을 흉노족이 남북으로 나누어 통치하였다. 북쪽에는 형이 나라를 다스리고 남쪽에는 아우가 다스렸다.

그 중에 남쪽의 흉노족 왕 호한야라는 인물이 자기 형으로부터 침공 받을 위협에 처하자 한나라 원 황제를 찾아가서 화친을 요구했다. 각종 금은보화며 값진 산짐승 가죽 등을 가득 실어다 공물로 바치는데 누군들 싫다 하겠는가. 원 황제는 호탕하게 웃으며 화친을 약속했다. 그러자 맹랑한 호한야가 말하기를 "황제시여, 기왕 화친을 맺기로 하였으니 청이 하나 있습니다. 저의 장인이 되어 주시기를 간청합니다."하고 제의했다. 원제는 망설임 없이 그렇게 하자고 허락했다.

황제에게는 슬하에 딸이 있기는 하지만 너무 어려서 황제의 집안

사촌 중에 하나쯤 골라 보낼 생각이었다. 흉노족 왕 호한야는 황제가 자신에게 시집 보낼만한 딸이 없다는 것을 알고 있었다. 호한야는 다시 간청하기를 "꼭 황제폐하의 친 공주마마이어야 하겠습니까? 후궁 중에 한 명이라도 내려주시길 청합니다."하고 아첨을 떨었다. 그러자 황제는 더욱 좋아하며 이제까지 간택되지 못한 버려진 후궁들만 모아서 데리고 오도록 명을 내렸다.

그들 후궁 가운데 불운의 여인 왕소군이 있었다. 남 흉노족 왕 호한야의 눈에 확 띄는 한 여인이 있었으니 단연 절세미인 왕소군이었다. 황제는 못 생긴 후궁들 중에 어떤 여자를 고를까 궁금했다. 흉노족 왕은 왕소군의 자색을 발견하고 한 치의 망설임도 없이 그녀를 아내로 달라고 청했다. 황제는 그가 손짓하는 쪽을 바라보며 너무 놀란 나머지 잠시 정신을 잃을 뻔했다.

후궁들 중에서 출중한 미모를 가진 후궁이 없었는데 도대체 어찌된 일인지 의아해 하며 속으로 가슴앓이를 했다. 그렇다고 이제 와서 국가와 국가 간의 외교적 약속인데 안 된다고 물릴 수도 없는 노릇이었다.

원 황제는 당황한 모습을 보이지 않으려고 짐짓 표정관리를 하였다. 황제는 정사를 물리고 채홍사에게 이르기를, "왜 왕소군 같은 궁녀의 그림을 그려 보내지 않았는지 조사하라."고 명하였다. 그 결과는 미녀도의 대가 모연수의 농간인 것이 드러났다.

황제의 분노가 얼마나 컸던지 그 자리에서 모연수를 참형에 처하였다. 그리고 나서 왕소군을 흉노족 왕에게 보내기 너무 아쉬워 시집을 가기 전 얼마의 시간을 벌어서 삼일 밤낮을 미양궁이라는 황제의 별장에서 왕소군과 함께 시간을 보냈다. 그래도 아쉬운 마음을 어쩌지 못하고 '소군'이라는 별호를 지어주었다. '왕소군'이라는 이름은 그녀의 왕 씨 성에다 원 황제가 미양궁에서 내려준 이름인 소군을 합해 부르게 된 것이다.

왕소군이 살았던 한나라는 꽃피는 봄이지만 흉노족이 사는 몽골은 황량한 겨울 들판이었다. 이 같이 낯설고 물 설은 이국땅으로 시집가게 된 왕소군은 자신의 처지를 한탄하지 않고 언제나 금강반야바라밀경을 수지 독송하며 쉬지 않고 부처님께 기도하였다.

그녀가 한나라와 흉노족의 전쟁을 억제하는 볼모의 신세로 시집을 갔지만 그녀의 희생은 헛되지 않았다. 무지한 흉노족에게 부처님의 진리를 전파하는 계기가 된 것이다.

그 후 두 나라는 한동안 전쟁 없이 평화롭게 살았다. 비록 왕소군이 없는 한나라이지만 온 나라 백성들이 비운의 궁녀 왕소군의 자색과 불심 깊은 마음씨를 그리워한 까닭에 오늘날까지 왕소군의 아름다운 미모와 비파소리는 전설로 전해져 내려오고 있다. 한편으로 생각하면 악연으로 만난 궁중 화가 모연수가 아니었다면 비련의 주인공 왕소군이라는 여인의 역사는 존재하지 않았을 수도 있다.

이처럼 한 개인의 그릇된 욕심 때문에 한 여인의 일생을 망쳐놓는 일은 역사적으로 종종 있는 일이다. 탐욕의 불길은 자신도 태울

뿐만 아니라 다른 사람에게도 씻을 수 없는 고통을 안겨주는 무서운 것이다. 비록 왕소군이 불행한 삶을 살았다 하더라도 그녀의 불심으로 인해 부처님의 정법이 전해지는 계기가 된 것은 참으로 훌륭한 일이다.

우리 불자들은 타 종교에 비해 불법을 전하는 일에는 소극적이다. 부처님 법이 너무 광대무변하여 쉽게 전파하는데 어렵다고 할 수도 있겠지만 부처님의 가르침에 대한 믿음이 절실하다면 이웃에게 전해야 할 의무가 있다. 믿음이 굳건하다면 부처님의 정법을 널리 전파하는 일이야말로 최상의 공덕을 짓는 일이 아닐까.

## 12. 존중정교분(尊重正敎分)을 노래하다

이 터에 새겨진
이름 하나
헤아릴 수 없는 날을 빙빙 돌다가
언어도단(言語道斷)
이 한마디
탑이 되었다
누가 최상의
경배를 받을까
물어온다면
마땅히 알라
이 한마디
말을 건네는
그대가 바로
오늘의 주인공이다
더는 덧대지 말고
어느 곳이라도 좋다
처처(處處)
이 한마디
탑이 되었다

"또한 수보리야, 이 경 가운데 사구게만이라도 일러준다면 마땅히 알라. 이것은 일체 세간에 하늘과 사람 · 아수라가 모두 공양하기를 부처님의 탑에 절을 하듯이 할 것이거늘 하물며 어떤 사람이 이 경을 수지 독송함은 어떠하겠는가?

수보리야, 마땅히 알라. 이 사람은 가장 높고 제일 가는 희유한 법을 성취한 것이니라. 만약 이 경전이 있는 곳이면 부처님이 계신 곳과 같고, 존경 받는 불제자와 같음이니라."

# 바른 길이란 무엇일까

〈존중정교분(尊重正教分)〉을 직역하면 올바른 가르침이 있는 장소나 사람이 있다면 그곳이 어디이든 매우 중요한 자리이며 존경받아 마땅하다는 뜻으로 해석할 수 있다. 여기서 첫 머리에 나오는 '수설시경(隨說是經)'은 이 금강경을 한마디라도 설하고 있는 장소나 아니면 이 금강경이 놓여 있는 곳이라면 일체 불자들이 부처님 사리가 모셔진 불탑이나 부처님의 육신을 모셔놓은 묘지처럼 소중하게 생각해야 한다는 말이다.

계속해서 '하황유인 진능수지독송(何況有人 盡能受持讀誦)'에서는 하물며 어떤 사람이 있어 이 금강경을 받아서 쓰거나 읽거나 육성으로 외우고 있다면 당사자는 물론 이 광경을 보고 듣는 것만으로도 최고의 기쁨을 누리는 일이라고 권장하고 있다.

여기서 우리는 정형화된 인쇄 활자체를 기계적으로 보고 외우는 일을 말하려는 것이 아니다. 금강경이 주장하는 바 '범소유상 개시허망(凡所有相 皆是虛妄)'의 사구게를 강조하려는 것이다. 다시 말해 무릇 이 세상에 존재하는 그 어떠한 것도 기대하고 의지할 대상이 없음을 알아채도록 지도해준 부처님의 정교(正教)를 이해하려는 부단한 노력을 높이 평가하라는 뜻이다.

다시 또 강조하기를, '약시경전 소재지처 즉위유불(若是經典 所在之處 卽爲有佛)'이라고 해서 금강경의 소중함을 말하고 있다. 만약이 금강경 한 권이 놓여 있는 곳이라면 거기가 어디이건 이 자리가 바로 부처님께서 가부좌를 하고 앉아 계시는 장소와 동일시해야 하며 또한 존경받는 부처님 제자가 머무는 곳으로 여겨 이곳에 공양을 올리는 것과 같이 경건한 마음자세로 임해야 한다고 되어 있다.

흔히들 부처님 가르침을 정법(正法), 정교(正教)라 하지만 오늘날 부처님의 진리를 따르고 수행하겠다는 사람들 가운데는 극히 일부이기는 하지만 전혀 엉뚱한 곳인 사법(邪法)에서 방황하고 있음을 보면 안타까운 마음이 든다. 그 한 가지 예로 입시철만 되면 전국의 이름난 기도처나 점집들이 몸살을 앓을 정도로 대 성황을 이루는 것에서 찾을 수 있다. 대학입시 수험생을 둔 부모들의 답답하고 조급한 마음을 이용해 돈벌이에 나서는 일부 몰지각한 점성술사들은 일 년 중 이때가 제일 바쁜 때가 아닌가 싶다. 아마도 가장 호가를 누리는 시기일 것이다.

어떻게 남의 미래를 정확히 예측 예언하고 적중률이 높은지는 모를 일이다. 믿을 수도 없고 그렇다고 안 믿을 수도 없는 진퇴양난의 난처한 상황에 부딪치면 대부분 점쟁이들의 고단위 처방에 속아 넘어간다. 저마다 사정이 절박하다 보면 용하다거나 족집게라고 소문난 점술사들에게 더욱 매달리지 않을 수 없을 것이다.

여기서 잠깐 이른바 점쟁이, 철학관, 점성술 등 용어 구분부터 명확히 해보자. 신 내림굿을 받아 전문 무속인 직업을 가지고 하는 사람들을 신점이라고 한다. 혼잡하게 쓰여지는 출처 불명의 간판들 중에 총각 점쟁이, 처녀보살 점쟁이, 애기동자 점쟁이, 도령 점쟁이, 장군 신 내림 점쟁이 등 이름들이 현란하다. 이들이 보는 점이라는 것은 학문적 근거를 두는 것이 아니다. 그들의 정신세계에 어느 날 갑자기 찾아온 알 수 없는 빙의 현상이 상대방의 잠재의식 속에 숨겨져 있는 과거를 하나씩 읽어내는 초능력이 발휘되는 경우도 있다.

깜짝 놀랄 정도로 정확하게 지나간 시간 속에 겪어야 했던 잊지 못할 사건들을 끄집어내는 것이다. 하지만 유감스럽게도 미래 예측은 가끔 빗나가기도 한다고 들었다. 이 같은 영적 점술사에서부터 카드를 가지고 점을 보는 타로점이라든가 여러 종류의 점술가 예언가들이 성업 중에 있다. 점성학, 점성술 등 이런 종류를 통칭하여 천문학 통계학이라고도 한다. 서양에서는 점성술사, 동양에서는 동양철학의 일부로 인식되기도 한다. 어차피 우리 인간도 우주의 한 조각으로 본다면 일식, 월식, 행성의 위치나 혜성의 출현 등 천체 현상을 관측하고 수학적으로 계산하고 풀어서 답을 내는 것이 바로 점술사들의 신통한 역할이 아닐까 싶다.

동양과 서양의 점술에서 차이가 있다면 서양은 12궁 별자리와 10행성의 위치를 보고 이것을 자료로 시간을 계산한다. 별자리의 성질과 원소인 불 · 땅 · 공기 · 물 등 넷으로 크게 나누고 있다. 게다가 남성성, 여성성, 활동성, 고정성, 변동성 등을 구분하여 점을 친다. 동양의 점술사들은 10간지와 12지지를 60으로 나누고 음과 양, 오행인 금 · 수 · 목 · 화 · 토의 원소를 가지고 점을 본다.

12라는 숫자가 동서양이 같기는 하지만 시간을 나눌 때 서양은 지금처럼 현재 1시간을 사용하여 24시를 하루로 계산한다. 동양에서는 하루의 밤과 낮을 2시간씩 계산하여 12시진으로 본다. 서양점성의 별자리는 남성성인 불과 공기의 성질에 속하는 별자리는 양자리, 쌍둥이자리, 사자자리, 천칭자리, 사수자리, 물병자리가 있다. 여성성인 흙과 물의 별자리는 황소자리, 게자리, 처녀자리, 전갈자리, 염소자리, 물고기자리가 있다.

동양의 12지지는 쥐, 소, 호랑이, 토끼, 용, 뱀, 말, 양, 원숭이, 닭, 개, 돼지의 열두 동물을 배열한다. 여기에 사람마다 나이에 맞게 각 띠 별로 나누고 생년월일 네 개의 기둥을 세운다고 하여 이를 기둥 주(柱) 자를 써서 사주라고 하는 것이다. 그런 다음 서로가 상충한가, 삼합인가, 상생인가, 상극인가를 살펴보는 것이다.

이처럼 복잡한 수리학으로 계산을 해 보아도 같은 날 같은 시간에 태어난 쌍둥이들의 운명이 똑같을 수는 없다. 따라서 사람의 운명이란 천체 현상을 관측하는 점성술이나 운명학으로는 정확하게 예측하거나 판단하기에 불가하다는 결론이다. 오히려 자신이 처한 환경과 조건들을 면밀히 살펴보고 그 상황들에 대처하는 방법론을 찾는 게 오히려 더 슬기롭고 지혜로운 방법이다. 가족 관계나 직장 문제 아니면 연인 관계에 이르기까지 스스로 운명을 개척하고 운명을 지배하려는 활기차고 역동적인 삶으로의 전환이 필요하다.

점쟁이들이 내미는 그까짓 몇 장의 종이 쪽지에 나열된 자신의 미래에 실망할 것도 없고 기대할 것도 없다. 다가올 운명론에 적당히 기대어 보려는 요행심리는 너무나 초라하고 나약인 인생이 아니겠는가. 적어도 정통성을 가진 종교인이라면 삿된 안내자의 가르침은 당연히 거부해야 마땅하다. 정도를 걸어가야 한다.

진실된 진리의 말씀, 진정한 부처님 법을 받드는 사람이라면 기도로서 모든 것이 다 극복된다는 믿음을 차돌처럼 굳건하게 해야 한다. 기도해야 할 사람, 안 해야 할 사람이 따로 있는 것이 아니다. 누구나 때가 되면 밥을 먹어야 하듯이 기도 생활이란 당연히 해야 할 과제이다. 불교를 믿어서 어떤 이득을 취하자는 것도 아니다. 또 어떤 행운이나 기적을 바라서도 안 된다. 전생의 그릇된 원인을 지었다면 그것을 참회의 기도로서 지워나가야 한다. 기도 생활이란 다가오는 생애에는 오늘날 내가 겪었던 불행한 일이나 지독하게 나쁜 기억들과 악한 관계들이 반복되지 않기를 바라는 지극한 마음이다. 즉 선하디 선한 순수 행위가 바로 기도이다.

그렇게 하면 맑고 깨끗한 우리들의 본래 마음자리가 저절로 드러난다. 마치 밤이 되어 깜깜하게 어두워진 방안에 촛불을 밝히는 것과 같다. 촛불을 밝히면 아래쪽이나 위쪽만 따로따로 밝아지는 것이 아니라 방안 전체가 일순간에 환하게 되는 것처럼 기도 생활도 그와 꼭 같다. 그것이야말로 기적인 것이다.

가끔은 기도 중간에 마장, 즉 장애요인이 끼어서 집안이 어려워지기도 하고 가족 중 누가 심하게 아프거나 죽기도 한다. 그때를 당하면 인간의 나약함은 어딘가에 있을 원망의 대상을 찾아 기도해 봐도 아무 소용없다는 자기 계산법에 빠져서 중도에 포기하고 그만두게 되는 경우가 있다. 참으로 안타까운 일이 아닐 수 없다. 기도는 비가 오나 눈이 오나 현실이 불행하거나 행복하거나 그것과는 전혀 관계없이 계속해야 되는 것이다. 바른 믿음, 바른 기도는 역시 그 시기와 시간이 있다.

그 시간을 놓쳐버린 철학자 칸트(Immanuel Kant)의 이야기가 있다. 철학자 칸트에게 이웃집 처녀가 그의 해박한 지식과 잘 생긴 용모에 반해서 결혼을 해달라고 청혼을 했다. 그러자 칸트는 그 처녀에게 조금만 생각할 시간을 달라고 했다. 칸트는 그길로 도서관으로 돌아가 사랑에 관해 몇 달을 책과 참고서를 찾기 시작했다.

사랑이란 무엇인가, 사랑이란 어떻게 생긴 것인가, 도대체 사랑이란 형체로 만질 수 있는 것인가 없는 것인가, 사랑하면 좋은 점은 무엇인가, 사랑을 하면 나쁜 점은 무엇인가, 내가 정말 그녀를 사랑하고는 있는 것인가 등등 따지고 묻기를 수개월 동안 반복하며 사랑에 관한 논문을 쓴 것이다. 그리고 나서 칸트는 결혼을 해야 한다는 결론을 내리고 그녀에게로 갔다. 하지만 안타깝게도 칸트가 그동안 쓸데없이 따지고 물어서 결론 낸 사랑 논문 때문에 허비한 시간만큼 기다리던 처녀는 3일 전에 다른 사람에게 시집을 가버린 뒤였다.

기도하는 사람들에게 시간을 낭비하지 말고 지금 당장 시작하라고 외치고 싶다. 자꾸 망설이고 지체하고 우물쭈물하고 방황하다 보면 소중한 생명이 덧없는 세월 속으로 흘러가 버리고 말 것이다. 차라리 내일이 없다고 생각하고 오늘 당장 기도하라.

## 13. 여법수지분(如法受持分)을 노래하다

아무리 아름다운 사랑도 말입니다
어떻게 하고 있는지
또 어떻게 할 것인지
한번쯤 마음 안 깊은 곳을
들여다봐야 합니다
그렇지 않고서는
매번 그 사랑 앞에서 쩔쩔매는 자신을
발견하고 당황하게 됩니다
이렇게 하는 것이 옳은가 틀린가
늘 불안할 뿐이지요
그리되면 사랑은
자신을 짓누르는 무거운 짐이 됩니다
벌써 저만큼 비켜 앉은
당신의 사랑은
떠나갈 준비를 하고 있네요
정말 제대로 된
사랑을 하려면 말입니다
그 사랑의 소중함을
자신과 바꿀 수 있어야 완성된답니다

그 때 수보리가 부처님께 말씀드리기를 "세존이시여! 마땅히 이 경을 무엇이라 이름하며, 저희들이 어떻게 받아 지녀야 하옵니까?"

부처님께서 수보리에게 말씀하시되 "이 경의 이름은 금강반야바라밀경이라 함이니 이 이름으로 그대들은 받들어 지녀야 하느니라. 왜냐하면 수보리야, 부처님이 말한 바 반야바라밀은 곧 반야바라밀이 아니라 그 이름이 반야바라밀이기 때문이니라. 수보리야, 그대는 어떻게 생각하느냐? 여래가 법을 설한 바 있느냐?"

수보리가 부처님께 말씀드리기를 "세존이시여! 여래께서 법을 설한 바 없사옵니다."

# 사막의 나그네

〈여법수지분(如法受持分)〉을 보면 첫 머리에 '당하 명차경 아등운하봉지(當何 名此經 我等 云何奉持)'라고 되어 있다. 이것을 풀어 말하면 "이 경전을 받드는 우리들의 마음 자세나 이 경전의 이름을 무엇이라고 하면 좋을까요?"라고 부처님께 질문하는 내용이다. 부처님께서 답하기를, '명위 금강반야바라밀(名爲 金剛般若波羅蜜)' 즉, 이름을 '금강반야바라밀경'이라고 부르라 하였다.

이 경전에서 최초로 이름을 드러내는 장이다. 이제 금강경이라는 것을 알 것 같은데 그러나 뒤편에 나오는 내용이 너무나 난해하다. 부처님께서는 "금강반야바라밀은 곧 금강반야바라밀이 아니며 이름만 금강반야바라밀이니라."라고 말씀하신다. 얼른 생각하면 무슨 소리인지 도무지 이해하기가 어렵다.

이해를 돕기 위해 거기서 몇 줄 더 내려와서 '가이 삼십이상 견여래부(可以 三十二相 見如來不)'라는 내용을 살펴보자. 과연 부처님의 외모에서 나타나는 즉, 코가 잘 생겼다, 눈이 크고 멋있다, 살결이 희고 곱다, 이마가 반듯하다 등등 이렇게 따지는 서른 두 가지 외형적 모습에서 부처님의 사상 내지는 철학적 내면의 세계를 보았다고 평가할 수 있는가 하는 물음이다. 다시 '여래설 삼십이상 즉시비상(如來說 三十二相 卽是非相)'에서는 좀더 구체적으로 표현하고 있다. 여래가 말한 서른 두 가지 모양은 다만 뼈와 살과 기타로 집합된 평범한 인간의 몸뚱이며 껍데기에 불과하다는 것이다.

따라서 앞에 언급된 금강반야바라밀이 이름뿐인 종이 쪽지에 불과한 경전이 안 되기 위해서는 어떻게 해야 할까? 비록 책표지가 화려한 황금으로 장식 되었거나 형편없는 종이로 제본 되어 있거나 글 자체가 비록 삐뚤어져 있다 해도 그것이 금강반야바라밀의 깊은 뜻을 이해하는 데는 전혀 장해되거나 문제될 것이 없다는 의미다.

끝 부분에 가면 '등신명보시(等身命布施)'라는 구절이 나온다. 이 목숨을 다 바쳐 아무 조건 없이 누군가를 위해 헌신하고 봉사한다 해도 이 경전의 참뜻을 이웃에게 전하는데 노력하는 이의 수고만큼은 비교될 수 없다는 말이다.

〈여법수지분〉에서 강조하는 가르침은 부처님의 진리를 제대로 받아 가지는 방법은 전법(傳法)에 있다는 말씀이다. 전법이라 하면 중국불교와 한국불교 그리고 일본불교에 있어서 막대한 영향을 미친 삼장 현장 법사를 빼 놓을 수 없다. 현장 법사 이야기보다 요술 막대기 하나를 가지고 잔재주를 부리는 원숭이 손오공 이야기가 우리에게 더 친근하다. 여러 종류의 만화책이나 애니메이션 영화로 널리 소개 되어 누구나 한 번쯤은 접해본 내용이다. 만화책 제목은 손오공으로 나오지만 중국의 원작명은 〈서유기(西遊記)〉로 중국의 명나라 때 이름난 소설가 오승은이라는 사람이 지은 작품이다.

이 서유기에 나오는 실재 주인공은 당나라 태종 황제 시대에 실존했던 고승 삼장 현장 법사이다. 〈대당서역기〉는 현장 법사가 부처님 나라 인도를 찾아가는 순례의 긴 여행길을 꼼꼼히 기록한 내용이다. 이른바 여행 일기인 셈이다. 정작 주인공 현장 법사의 구법기에 얽힌 내용보다는 조연급 원숭이 손오공과 돼지 모습의 저팔계 그리고 멍텅구리 같은 사오정 등의 등장인물에 더 관심을 가지고 있다. 사실 현장 법사가 활약하는 모습을 그린다는 것은 독자들에게는 그렇게 흥미롭지가 않을 것이다. 왜냐하면 오로지 부처님의 법을 얻기 위해 구법의 여행을 떠나는 현장 법사의 모습이 대중에게는 그렇게 매력적이지 않기 때문이다.

현장 법사는 서기 627년 당나라를 대표하는 학승이다. 당나라 태종 황제의 존경을 받았던 현장 법사는 국사의 지위를 마다하고 당시에는 천축국이라 불리는 부처님 나라 인도를 향해 진리를 구하는 여행길을 떠나게 되었다.

중국의 장안(지금의 서안)에서 인도까지의 거리는 6,000km가 넘는 먼 길일 뿐만 아니라  오 년은 걸려야 도착할 수 있는 거리였다. 요즈음처럼 교통수단이 발달하였다면 비행기 편으로 하루만에 달려갈 수 있는 거리지만 그 시대는 목숨을 담보로 하지 않고는 도전할 수 없는 여행길이었다. 이동 수단이라고는 소들이 끄는 달구지 정도가 아니면 사막을 건너는 낙타가 짐을 싣거나 탈 것의 전부였다.

흔히들 비단길이라고 알려진 실크로드는 세 갈래 길이 있다. 첫째는 천산산맥 북쪽을 따라 가는 천산북도가 있고, 두 번째는 천산산맥 아래쪽으로 가는 천산남도 길이 있다. 마지막으로 현장 법사가 간 서역남도 길이 있다. 이 길은 돈황과 양관을 지나 곤륜산맥을 거치는 길이다. 고비사막과 타클라마칸사막도 지나야 했다.

사막을 건너는 동안 대다수가 목적지에 이르지 못하고 혹독한 사막의 모래바람에 묻혀 목숨을 잃었다. 한낮의 뜨거운 열기는 70도를 웃돌고 가끔씩 모래바람이 세차게 불어올 때면 시속 150㎞가 넘는다. 생명체가 존재하기에는 불가능한 최악의 조건을 가진 사막 여행길이다. 이따금씩 모래 언덕을 넘어가다 보면 죽은 사람의 시체가 황량하게 널려 있기도 했다. 수없이 많은 죽을 고비를 넘기고 반복되는 고통스러운 사건들이 있었지만 현장 법사의 구법의지를 꺾어 놓지는 못했다. 불굴의 의지로 부처님 나라를 향하는 동안 반야심경에 얽힌 특이한 사건이 있어 소개한다. 현장 법사가 인도로 가는 도

중에 맨 처음 만나게 되는 원어로 된 반야심경 이야기다.

현장 법사 일행이 산을 넘고 물을 건너 6,000km의 먼 여정 끝에 어느 강가에 이르렀다. 일행은 강을 건너기 위해 배를 찾아보았지만 강가에는 배가 한 척도 없었다. 그렇게 한참 동안 강가를 헤매는데 때마침 강 상류에서 큰 나무토막 하나가 둥둥 떠내려 오는 것이었다. 현장 법사는 강 상류를 거슬러 올라가면 민가를 만날 것 같은 생각이 들었다. 일행을 데리고 강둑을 따라 위로 한참을 올라갔다.

그렇게 올라가서 보니 멀지 않은 곳에 곧 쓰러질 것 같은 암자가 하나 있었다. 안으로 들어가 보니 마당에는 잡풀이 우거져 있고 법당은 여기저기 허물어진 채로 거미줄만 쳐져 있었다. 암자라고 할 것도 없는 폐가였다. 바로 그때 일행을 놀라게 하는 인기척이 들리는 것이었다. 돌아보니 언제 왔는지 알 수 없는 병색이 완연한 노인 한 분이 다 헤진 거적을 두르고 서 있었다. 노인은 묻지도 않았는데 혼잣말처럼 중얼거렸다.

"여기 살던 스님들은 절 살림이 어려워 모두 떠나고 한센병이 들어 민가에도 갈 수 없는 나 혼자만 남았다오."

사정이 딱한 노인을 바라보던 현장 법사는 서둘러 가야될 여행길을 잠시 멈추고 일행들과 함께 이곳에서 쉬어가기로 했다. 여행길에서 위급할 때 쓰려고 가지고 간 상비약재가 조금 있어 노인을 위해 일부 약재를 꺼내 달여 드리며 한동안 간호해 주었다. 그렇게 노인을 돌보며 지낸 시간이 육 개월이 넘었다. 삼 년이 넘는 세월을 목숨을 내던지고 걸어온 구법 여행길에서 자신의 목적을 잠시 접고 이름 모를 노인을 간호하는 현장 법사의 자비행은 존재 구원의 실상이었다.

하루는 노인에게 "노인장, 이제는 어느 정도 병이 완쾌된 것 같으니 우리 일행은 천축국을 향해 떠날까 합니다."하고 말하니 노인은 미리 예상이나 한 듯이 "그동안 친절히 보살펴준 은혜에 감사드립니다. 내가 드릴 것은 없고 고마운 마음에 이 책이나 한 권 선물로 드리리다."하고 그동안 품에 고이 간직하고 있던 낡은 경전 한 권을 꺼내주는 것이었다. 길을 가면서 쉬지 말고 반복해서 읽으면 좋은 일이 있을 거라는 당부까지 해주었다. 그 책은 다름 아닌 산스크리트어로 된 반야심경이었다.

여행의 목적을 접고 생면부지의 노인을 간호해 주던 현장 법사의 자비심이 돋보이는 대목이다. 오늘날 목적을 위해서 수단이 다소 비겁해도 좋다는 생각을 하는 추악한 인간성의 혼재를 보면 현장 법사의 자비 실천행은 만인의 거울이 된다.

마지막으로 현장 법사 일행은 목적지에 거의 가까운 인도의 국경지역 어느 작은 마을을 지나게 되었다. 그러나 뜻하지 않게 또다시 불행한 사건이 그들을 기다리고 있었다. 그곳 변방의 원주민들에게 사로잡히게 되었다. 영문도 모르는 채 꼼짝없이 잡히게 된 현장 법사 일행은 "도대체 무엇을 잘못한 것인가?"하고 물었다. 그러자 마을 촌장이 말하기를, “매년 이맘때만 되면 강물의 신에게 산 사람을 한 명씩 제물로 바쳐야한다.”고 했다. 그렇게 하면 홍수도 나지 않고 농사도 잘 되고 물고기도 잘 잡힌다는 것이 이유였다. 어처구니 없게도 그렇게 오매불망하던 부처님 나라를 목전에 두고 죽음을 맞게 된 것이다.

그래서 현장 법사는 마을 촌장에게 “당신들의 뜻대로 우리는 기꺼이 강물신의 제물이 되어 드리겠소. 그러나 단 한 가지 조건이 있소.”하고 말했다. 마을 촌장은 그 조건을 말해보라고 했다. 묶여 있는 손을 약간 풀어주면 자신이 가지고 있던 반야심경 경전을 세 번만 읽고 물속으로 스스로 들어가겠노라고 했다. 그러자 그들은 현장 법사의 손목을 풀어주고 반야심경을 독송하도록 자리를 마련해 주었다.

일행은 온 정신을 집중하여 반야심경을 큰소리로 세 번을 염송하였다. 세 번째 마지막 구절의 독송이 끝나기도 전에 하늘에서 천둥번개가 내리치면서 토네이도급 폭풍우가 거칠게 불어왔다. 이 광경을 바라보고 있던 마을 사람들은 너무 놀라 혼비백산하였다. 그리고는 현장 법사를 하늘에서 내려온 범천의 신일 것이라고 말하면서 당장 일행들을 풀어주고 살려달라며 머리를 조아리는 것이었다.

신비한 반야심경의 위력을 체험한 현장 법사 일행은 조용히 그 자리를 떠나 최종 목적지인 인도의 나란다대학에 무사히 도착했다. 스님들만 모여서 공부하는 곳으로 알려진 나란다대학은 요즈음 같이 기숙사가 딸려 있는 종합대학이다. 나란다대학에서 시라바드라는 스승님을 만나 본격적으로 부처님의 사상과 철학적 세계관, 우주관, 종교관 등 수준 높은 수업을 받게 되었다.

현장 법사는 그렇게 17년간 나란다대학의 유학생활을 마치고 고국인 당나라로 돌아가게 되었다. 돌아오는 길에 잊지 못할 노인과 인연을 떠올리며 처음에 찾아갔던 강 언덕의 암자로 가 보았지만 그곳에는 암자는 커녕 사람이 살았던 흔적조차 없었다. 그래서 현장 법사는 반야심경을 하늘이 내려준 경전이라고까지 찬탄했다고 한다.

현장 법사는 시련과 고통의 유학기를 끝내고 당당히 고국 당나라로 돌아와 삼장 법사라는 칭호를 받게 되고, 당나라로 가지고 온 657부의 부처님 경전을 화려한 문체로 번역하였다. 그 가운데 600부 반야경의 핵심이 오늘날 우리가 염송하는 260자 반야바라밀다심경이다.

물론 현장 법사 이전에 구마라집, 법월, 자신, 의정 등 번역의 대가가 없었던 것은 아니다. 그러나 현장 법사 이전의 번역을 구역이라 하고, 현장 법사 때부터 번역된 모든 경전을 신역이라고 분류한다. 현재 불자들이 공부하고 있는 경전의 절반은 현장 법사의 번역본이다. 한 사람의 위대한 수행자가 목숨을 걸고 던지는 전법(傳法) 포교 원력이 후세에 끼치는 영향은 필설로는 불가능하다고 할 것이다.

## 14. 이상적멸분(離相寂滅分)을 노래하다

한결같이 진실되게 말하며
두 가지 말은 하지 않네
이러한 님의 말씀 듣고
감동의 눈물 흘리는
저들의 맑고 깨끗한
믿음의 결정체를 나는 보았다
실상은 고요한데
먼 훗날에도 님의 말씀을 듣고
감격의 눈물 흘리는 사람들이
있을지 모를 일이다
나는 들었다
인욕선인의 처참한 인욕바라밀
아상 · 인상 · 중생상 · 수자상
이 같은 네 단어만
내 마음 안에서 지워버린다면
칠흙 같이 어두운 밤에도
님의 환한 미소를
볼 수 있다 말한다
제일 인욕바라밀

그 때 수보리가 이 경을 설하심을 듣고 그 깊은 뜻을 깨달아 알고 눈물을 흘리며 슬피 울면서 부처님께 말씀드리기를 "참으로 희유하시옵니다. 세존이시여! 부처님께서 이와 같이 뜻깊은 경전을 설하시는 것은 처음이시옵니다.

제가 예전에 얻은 바 지혜의 눈으로도 일찍이 이 경을 듣지 못하였습니다.

세존이시여! 만일 어떤 사람이 이 경을 듣고 믿는 마음이 맑고 깨끗하여 곧 실상이 생기면 마땅히 이 사람은 제일 희유 공덕을 성취하였음을 알겠나이다.

세존이시여! 이 실상이라는 것은 곧 실상이 아니며 여래께서는 그 이름을 실상이라 하셨나이다.

세존이시여! 제가 이제 이와 같은 경전을 듣고 믿으며 알고 받아 지니는 것은 어렵지 않사오나 만약 오는 세상에 오백 년 후에 어떤 중생이 이 경을 듣고 믿으며 이해하여 받아 지닌다면 이 사람이야 말로 제일 희유하겠나이다."

# 인욕선인 빌 포터 이야기

〈이상적멸분(離相寂滅分)〉의 의미를 알기 위해서는 우선 아상 · 인상 · 중생상 · 수자상에 대한 이해가 있어야 한다. 〈이상적멸분〉을 직역하면 '위의 네 가지 상과 이별하고 나니 고요하고 평화로운 마음만 가득하다'는 뜻이다. 특히 〈이상적멸분〉은 금강경 가운데 가장 긴 문장에 속한다. 그 대강을 요약해 보자.

정말 드라마 같은 내용이 첫머리에서부터 시작된다. '문설시경 심해의취 체루비읍(聞說是經 深解義趣 涕淚悲泣)'이라는 첫 구절은 깊고도 오묘한 금강경의 진리 말씀을 듣고 너무나 기쁜 나머지 감동의 눈물을 흘린다는 내용이다. 과연 오늘날 어떤 불교인이 이처럼 간절한 목마름으로 부처님 말씀을 듣고 감격할까 하는 의문이 든다.

그 다음에 나오는 문장에서 '득문시경 신심청정 즉생실상(得聞是

經 信心淸淨 卽生實相)'이라는 것은 수보리 존자가 한 말씀으로 이 금강경의 진리를 듣고 바르게 알게 되는 이는 믿음이 맑고 깨끗하여 마침내 마음의 실상을 보게 될 것이라는 자신의 견해를 말한 것이다.

금강경은 전체를 이어가는 장면 장면마다 부처님과 제자 수보리 존자가 서로 묻고 화답하는 대화체로 되어 있다. 때로는 수보리 존자의 대답이 부처님 말씀을 보충해 주는 방식으로 진행되는데 이 구절은 바로 수보리 존자의 보충 설명이 곁들인 내용이다.

그 다음 중간쯤에서 수보리의 명쾌한 대답은 많은 금강경의 진정한 가르침이 무엇인지 명쾌하게 나타내고 있다. '이일체제상 즉명제불(離一切諸相 卽名諸佛)' 곧 아상 · 인상 · 중생상 · 수자상 등 일체의 상을 버리면 바로 그 모든 이들을 부처님이라 이름하여도 무방하지 않을까 하고 부처님께 질문하는 내용이다. 그때 부처님께서 답하기를, '여시여시(如是如是)'라 하여 수보리 존자의 대답이 한 치의 어긋남이 없다고 절대 긍정하면서 계속해서 대화를 이어간다.

계속해서 〈이상적멸분〉의 아래쪽으로 내려오면 '중생 즉비중생(衆生 卽非衆生)'이라는 구절이 나온다. 중생이 곧 중생이 아니라는 말인데 이 부분에 대한 의미를 잘 이해해야 한다. 중생과 부처는 반대 개념이다. 하지만 여기서 중생을 중생이 아니라고 하는 말이 무슨 말인지 잘 알아야 한다. 부처가 중생의 탈을 쓰고 있을 뿐 그 탈을 벗어버리면 그가 곧 부처라고 주장한다. 다시 말하면 중생이 곧 부처님임을 자각하라는 뜻이다.

이어서 '시진어자 실어자 여어자 불광어자 불이어자(是眞語者 實語者 如語者 不誑語者 不異語者)'의 구절을 살펴보자. 내가 주장한 말들은 모두가 진실이며, 변함없는 말이며, 속이려고 하는 말도 아니요, 오로지 그대들을 위한 말이며, 다른 뜻은 전혀 담고 있지 않으니 믿어 의심치 말라는 주문이다.

또한 금강경 말씀대로 믿고 수행의 완성도에 이른다면 그것은 마치 '여인입암 즉무소견(如人入闇 卽無所見) 여인유목 일광명조 견종종색(如人有目 日光明照 見種種色)'과 같다는 것이다. 다시 말해 어두운 곳에 들어간 사람의 눈은 아무것도 볼 수 없지만 햇빛이 비추는 곳에서 눈을 뜨면 갖가지 사물의 형체를 또렷이 볼 수 있는 것과 같은 이치라고 힘주어 말하고 있다.

〈이상적멸분〉에서 계속 반복되는 아상 · 인상 · 중생상 · 수자상을 한꺼번에 버리는 방법을 비유를 들어 일러주고 있다. 그 방법은 결국 인욕에 있다고 설명한다. '여아 석위가리왕 할절신체(如我昔爲 歌利王 割截身體)' 즉, 오랜 과거 전생에 억울하게도 가리왕의 오해로 인하여 몸이 두 팔과 두 다리를 찢기는 형벌을 받았을 때도 원망도 미움도 복수심도 없는 인욕(忍辱) 수행자였다고 이야기 하고 있다.

여기에 등장하는 인욕(忍辱) 수행자와 가리왕의 전설을 살펴보자.

과거생 부처님이 인욕선인으로 살고 있을 때다. 인욕선인은 어느 따스한 봄날 고요한 호숫가 숲 속에 홀로 앉아서 깊은 명상에 잠겨 있었다. 그때 마침 가리왕이라는 사람이 궁녀들과 함께 그 호숫가 정자에 소풍을 나온 것이다. 가리왕은 궁녀들과 함께 술과 노래로 여흥을 즐기다 잠깐 낮잠이 들었다.

얼마 후 가리왕이 잠에서 깨어나 주변을 둘러보았다. 하지만 그의 곁에는 궁녀들이 하나도 없었다. 옆에 서 있던 호위무사에게 궁녀들이 모두 어디로 갔느냐고 물어 보았다. 그러자 시종이 대답하기를, 가까운 숲 속에 덕 높은 수행자가 있어서 그곳으로 경배를 드리러 갔다고 대답했다.

가리왕은 몹시 화가 났다. 감히 일개 수행자 따위가 왕의 궁녀들에게 예배를 받는 행위는 왕의 권위에 도전하는 역적이라며 당장 쫓아가 잡아오라고 호위 무사들을 보냈다. 아무것도 모르는 인욕선인(忍辱仙人)은 자신을 중심으로 빙 둘러 앉은 궁녀들에게 법을 설하고 있었다. 그때 호위 무사들이 달려와 무작정 인욕선인을 포박하여 가리왕 앞으로 끌고 갔다.

무슨 영문인지도 모르고 잡혀온 인욕선인을 향해 가리왕이 조롱 섞인 눈빛으로 "그대가 그렇게 대단한 도승이라는데 그렇다면 내가 보는 앞에서 한 가지 도술을 보여 주시지 않겠는가?"하고 말을 건냈다. 그러자 인욕선인은, "대왕이시여, 수행자는 도술을 부리기 위함이 아닙니다. 오로지 생로병사 윤회의 고리를 끊고 해탈을 얻고자 기도하고 있을 뿐입니다."하고 말했다. 순간 가리왕은 버럭 화를 내며 "아무것도 할 줄 모르는 주제에 요망스러운 말로 사람들을 혹세무민하고 빈둥빈둥 놀고 먹으며 백성들의 피를 빨아 먹는 기생충 같은 놈이구나. 당장 저 놈을 네 마리의 말 꼬리에 묶어서 사지를 찢어버려라."하고 명령했다. 이 순간 인욕선인은 '내가 바른 수행자라면 저 어리석은 왕을 티끌만큼도 미워하거나 원망하지 말아야한다' 하고 자신에게 간절히 기도한다.

이것이 바로 아상(我相) · 인상(人相) · 중생상(衆生相) · 수자상(壽者相)을 극복해 내는 드라마다. 인욕선인의 상징성으로 나타내 듯이 어떤 조건에서도 말과 행동, 일상의 삶에서 참아내는 것 만큼 자신의 내면을 성숙시키는 일은 없다는 가르침이다.

전설 속 인욕선인이 아니라 실제 미국에서 살았던 현실 속에서의 인욕선인과 꼭 닮은 인물이 있다. 그는 바로 오늘날까지 전설처럼 전해지는 위대한 장애인 빌 포터(Bill Porter)이다.

우리들 주변을 조금만 주의 깊게 돌아보면 장애인을 쉽게 만날 수 있다. 태어날 때부터 선천적으로 신체 장애를 가진 사람도 있고, 또는 살면서 불의의 사고로 얻은 장애자도 많이 있다. 이처럼 안타까운 신체 장애자들의 삶이란 신체 건강하게 정상적으로 살고 있는 사람들에 비할 바가 아니다. 살아 있다는 생존 자체가 고통으로 점철된 비극적 삶이라 할 것이다. 그나마 국가 재정이 넉넉한 나라에서는 장애인 복지제도와 사회 시스템이 잘 되어 있어서 일정 부분 도움을 주고 있다. 재정 형편이 그렇지 못한 경우에는 완전한 장애인 복지를 기대하기란 어렵다.

빌 포터는 1932년 7월 미국 샌프란시스코에서 태어났다. 이 사나이의 기구한 인생역정은 2002년 한 편의 휴먼드라마로 만들어져서 화제가 되기도 했다. 그는 불행하게도 태어날 때 산부인과 의사의 실수로 인하여 뇌성마비 장애를 안고 세상에 나온 것이다. 일반적으로 뇌성마비 장애를 가진 사람들의 특징인 안면 근육마비라던가 신체 일부를 마음대로 쓸 수 없는 사지 근육마비 등 절망적인 모습을 하게 된다. 빌 포터 역시 예외는 아니었다.

어머니 아이린(Irene) 여사는 갓 태어난 빌 포터를 안고 한없이 울었다. 대부분 장애인 어머니들이 그러하듯이 그녀 또한 마음속으로 정상적인 아이들보다 더 사랑하고 더 똑똑한 아이로 성장하도록 혼신을 다 할 것이라고 굳은 다짐을 한다. 가까운 곳에 장애인 전문학교가 있었지만 아이린 여사는 굳이 일반학교를 고집했다.

그렇게 하여 정상적인 교육을 다 이수하는 동안 빌 포터는 자신이 신체 장애인이기 때문에 열등감을 가지거나 그것을 핸디캡이라고 여기지 않았다. 아버지가 일찍 돌아가셔서 어머니가 홀로 빌 포터의 뒷바라지를 해 주었다. 어머니의 정성스러운 보살핌에 보답하고자 빌 포터는 자신도 당당한 직장을 가져서 하루 빨리 어머니를 도와야겠다고 마음먹었다.

드디어 청년 빌 포터의 사회생활이 시작된 것이다. 하지만 말할 때마다 일그러지는 표정과 한 걸음씩 걸을 때마다 중심을 잡지 못해 넘어질 듯 비틀거리는 뇌성마비 장애자를 쉽게 받아주는 회사는 한 곳도 없었다. 그렇지만 좌절의 순간에도 용기를 잃지 않도록 옆에서 격려해주는 어머니 아이린 여사가 있어 행복했다.

매일 이력서를 들고 이 회사 저 회사를 찾아다녀 보았지만 모두가 헛수고였다. 그러던 어느 날 신문을 뒤적이다가 일반 생활용품을 파는 왓킨스(Watkins)라는 회사에서 외판원을 모집하는 것이었다. 빌 포터는 다시 용기를 내어 왓킨스사를 찾아 갔다. 하지만 왓킨스사 역시 빌 포터를 거절하고 말았다. 이에 굴하지 않고 몇 번을 다시 찾아간 빌 포터는 "나는 월급도 필요 없고 판매 수당만 요구할 것입니다. 뿐만 아니라 이 회사에서 가장 판매 실적이 나쁜 지역을 내가 담당하겠소."하고 말했다.

이 같은 제안을 하는 빌 포터의 용기에 왓킨스사 간부 한 사람이 하다가 지치면 중도에 포기할 것이라는 생각을 하며 외판원을 허락했다. 일단 왓킨스사에 합격한 사실이 빌 포터에게는 무척 기쁜 일이었다. 하지만 세일즈맨이라는 직업이 그렇게 호락호락한 것이 아니었다. 세일즈맨은 우선 첫 인상부터 깔끔하고 단정한 외모와 예의 바르고 조리 있는 말솜씨로 고객에게 신뢰를 줄 수 있어야 한다.

빌 포터에게는 세일즈맨이 되기에는 너무나 나쁜 장애 조건을 가지고 있었다. 사지 근육마비로 인하여 뒤틀린 한 쪽 팔을 뒤로 감추고 나머지 한 쪽 팔로 계약서 서류가방을 들고 다녔다. 일그러진 얼굴과 어눌하게 전달되는 더듬거리는 말투까지 이 같은 신체적 결함으로 외판원이라는 직업에 도전한다는 것이 다들 무모하다고 했지만 빌 포터는 좌절하거나 절망하지 않았다.

가장 판매 실적이 저조한 미국의 서북부 포틀랜드(Portland) 지방을 비틀비틀 누비며 외판원을 시작했다. 빌 포터는 매일 하루에 15㎞ 이상을 걸으며 100집의 문을 두드렸다. 때로는 문전박대를 당하기도 하고, 사나운 개들의 공격을 받는 경우도 다반사였다. 어느 집에서는 초인종을 누르면 아이들이 나와서 놀려대기도 했다. 인심 좋은 어느 댁을 방문하면 1달러짜리 지폐를 한 장 건네며 불쌍하다고 적선을 했다. 동정하는 사람의 마음은 받았지만 돈은 정중히 사양했다.

이 같은 모욕과 동정과 멸시를 받았지만 빌 포터는 이에 굴하지 않았다. 그때마다 사랑하는 어머니 아이린 여사가 정성껏 싸 준 점심 도시락을 꺼내 먹었다. 그 도시락 앞면에는 '인내(Patience)'라고 쓰여 있고, 뒷면에는 '끝까지 인내(Persistence)'라고 쓰여 있었다. 빌 포터는 그것을 보고 또다시 새로운 용기를 얻었다. 가는 곳마다 모멸감을 주고 거절하고 문전박대 하였지만 어머니에게서 배운 긍정의 힘은 곧 인내의 원천이 되었다.

오늘 방문한 집에서 거절하는 이유는 더 좋은 상품을 가지고 다시 와 달라는 요청이라고 생각했다. 찌는 듯한 32도의 더운 날씨는 35

도까지 올라가지 않은 것을 감사하게 생각했다. 눈이 내려서 빙판이 된 길을 비틀거리면서도 약속한 고객과의 시간을 꼭 지키는 성실함이 점점 사람들에게 호감을 주었다.

그러나 불행하게도 그가 인내하며 꿋꿋하게 살 수 있도록 용기와 희망을 주었던 삶의 스승이자 등불인 어머니 아이린 여사에게 치매가 찾아왔다. 이제는 누구에게도 의지할 곳이 없어진 빌 포터는 스스로 홀로서기를 해야 했다. 꺼져가는 등불 같이 초라하기만 한 빌 포터의 인생역정에 있어서 큰 버팀목이 되어주던 아이린 여사의 치매는 절망이 아닐 수 없었다.

이제는 반대로 하루 종일 불편한 육신을 이끌고 외판원 일을 하고 돌아온 빌 포터가 치매 어머니를 보살펴야 했다. 한 집안에 두 명의 장애인이 서로를 의지하며 산다는 것이 어쩌면 처절한 삶의 기적일 수도 있다. 세상에 어떤 사람의 인생살이가 치열하지 않은 삶이 있겠는가? 하지만 빌 포터의 위대한 정신력은 자신의 처지를 비관하거나 비굴하게 여기지 않았다는 사실이다.

우리의 영웅 빌 포터는 24년간 왓킨스사의 판매왕에 등극하게 되었다. 현재도 빌 포터의 자랑스러운 판매왕 기록은 깨어지지 않고 있다. 빌 포터의 인내, 인욕은 아상과 교만도 없었고 인상과 욕심도 없었다. 게다가 중생상과 시기하는 마음도 없었다. 게다가 수자상과 화를 내는 마음도 없었다. 참을 수 없는 고통의 연속을 이겨낸 빌 포터의 아름다운 삶이 주는 의미는 무엇일까? 작은 일에도 화를 참지 못하는 현대인들의 사표(師表)가 되어준 게 아닐까.

일부 장애자들은 자신이 사회적 약자이기 때문에 당연히 보호 받고 보살핌 받아야 하는 마땅한 권리를 가진 것처럼 억지스러운 행동을 보이기도 한다. 물론 틀린 말은 아니다. 그러나 스스로 비굴하지 않고 어떻게든 떳떳하게 일어서려는 자립 의지마저도 없는 장애인들에게는 빌 포터의 삶은 큰 가르침으로 다가올 것이다.

우리 주위에는 의무를 다하지 않고 권리만 주장하며 보호 받기를 원하는 장애인이 얼마나 많은가. 어떤 사람들은 건강하고 튼튼한 육신을 가지고 있어도 강인한 정신력이 부재한 사람들도 흔히 보게 된다. 자칫 게을러지기 위해 거짓 이유를 대거나 조금만 힘들고 지치면 쉽게 포기하거나 스스로 맡은 일을 미련 없이 팽개쳐버리는 무책임한 행동을 하는 경우도 종종 있다. 쉽게 인내심의 한계가 왔다는 핑계를 대기도 한다.

인내 혹은 인욕은 한계의 문제가 아니다. 참아내지 못한 사람들의 성급함은 그저 후회할 일만 만들어낼 뿐이다. '능인최보(能忍最寶)', 참고 인내하는 자만이 마지막 승리의 보배 잔을 거머쥐게 된다는 사실을 새겨야 할 것이다.

## 15. 지경공덕분(持經功德分)을 노래하다

누군가 이 아침
예쁜 꽃바구니 한 아름
님에게 올린다면
또 누군가 오후 한나절
님에게 꽃으로 장식된
가마를 가져다 바친다면
다시 누군가 저녁나절
아름다운 꽃과 향을
님에게 드리고자
문밖을 서성인다면
그의 지극한 사랑을
어찌 의심하리요
하지만 님께서 원하시는 것은
사랑이 아니라 자비인 것을
언젠가 시들어버릴
꽃이 아니라
영원히 함께 할 수 있는
차경수지독송(此經受持讀誦)

“수보리야, 어떤 선남자 선여인들이 오전에 항하의 모래와 같은 몸으로 보시하고, 또한 낮에 항하의 모래수와 같이 많은 몸으로 보시하며, 또 다시 저녁에 항하의 모래수와 같이 많은 몸으로 보시한다면 이와 같이 헤아릴 수 없는 백천만억 겁을 몸으로 보시하고 만일 또 어떤 사람은 이 경전을 듣고 믿는 마음이 거슬리지 않는다면 그 복이 항하의 모래수와 같이 많은 몸으로 보시하는 것보다도 수승하리니 하물며 이 경을 베끼고 수지 독송하여 남을 위하여 해설해 주면 그 복은 어떠하겠느냐? 수보리야, 요긴하게 말하면 이 경은 생각할 수도 없고 헤아릴 수 없는 아주 한없는 공덕이 있나니 여래가 대승에 발심한 이를 위하여 이 경을 말하는 것이니 최상승의 발심한 이를 위하여 이 경을 설하느니라.”

# 불자의 표본으로 살다간 송 선덕화

〈지경공덕분(持經功德分)〉은 이 경전을 바탕으로 얼마나 철저한 믿음을 가지고 기도하고 수행하느냐에 따라 상상도 할 수 없는 엄청난 결과물을 얻게 된다는 내용을 담고 있다. 첫 줄에 나오는 '초일분이 항하사 등신 보시(初日分以 恒河沙 等身 布施)'는 보시의 의미가 무엇인지를 깨닫게 해 준다. 그 뜻을 있는 그대로 풀이하면, 아침에 일어나 갠지스강 모래알 숫자만큼 많은 몸을 불태우는 그 고통의 대가로 받은 물건이 있어 이웃에게 나누고 베푸는 일을 한다면, 또 그 다음 중일분(中日分)인 점심 때와 후일분(後日分)인 저녁 때도 같은 방법으로 하루 종일 누군가를 위해 나누고 베풀고 봉사하는 사람은 세상에 둘도 없이 자비롭고 훌륭한 사람임에 틀림이 없다는 뜻이다.

보시의 공덕이 이렇게 크지만 금강경을 읽고 외우고 사경하는 일인 '서사수지독송(書寫受持讀誦)'의 공덕은 '불가칭량무변공덕(不可稱量無邊功德)'이라고 말한다. 즉, 금강경을 읽고 외우고 사경하는 일과 비교한다면 저울로 달거나 거리를 재거나 인위적 계산법으로 측정하기 불가능하다는 것이다. 다시 말해서 금강경을 칭송하는 공덕은 끝이 없으며 인간이 할 수 있는 일 중 최고의 가치를 가지는 일이라는 뜻이다. 계속해서 그 공덕은 '여시인등 즉위 하담여래(如是人等 卽爲 荷擔如來)'라 하여 이와 같이 수행하는 사람들은 부처님께서 어여삐 여겨 친히 업고 다닐 만하다고 극찬하고 있다.

어떻게 부처님이 업고 다닌다는 표현을 쓸 수 있을까. 참으로 벌어진 입이 다물어지지 않을 만큼 금강경 수행 공덕의 위대함을 잘 표현하고 있다. 금강경은 경전이 아니라 마치 이야기 책 같은 친근함마저 든다. '재재처처 약유차경(在在處處 若有此經)'이라고 다시 한번 강조하면서 그곳이 어디든 이 금강경이 있는 곳이면 모두 가능하다는 것이다.

〈지경공덕분(持經功德分)〉의 마지막 부분에서는 세상에 있는 모든 이들이 부처님 탑처럼 공경할 것이요, 그곳에는 향과 꽃을 다투어 바칠 것이라고 하면서 결론을 맺고 있다.

여기서 우리가 깨달아야 할 것은 반드시 금강경이 아니라도 자신이 불자가 되었다면, 적어도 어떻게 기도하고 어떻게 공부하면 부처님의 말씀대로 살아갈 수 있을 것인가를 고민해야 한다. 무늬만 불자이고 아무런 수행도 없이 그저 시간만 보낸다면 그릇된 업만 쌓을 뿐이다. 비워야 채울 수 있듯이 번뇌 망상의 찌꺼기를 말끔히 닦고 비워서 진리 세계의 표본인 부처님을 닮으려는 정진 노력을 게을리하지 말아야 할 것이다. 그것이 진정한 불자의 도리이고 의무가 아닐까.

흔히 인연이라는 말을 하는데, 인연에도 크게 나누어 두 가지가 있다. 작인(作因)과 요인(了因)이다. 중생들이 짓는 것은 작인이고, 부처님께서 짓는 인연은 요인이라고 한다. 작인이란 새로운 업을 쌓는다는 의미이다. 작인은 다른 말로 바꾸면 나쁜 버릇, 못난 습관을 끊어내지 못하고 계속하고 있다는 뜻이다. 그래서 거듭 지을 '작(作)' 자에 원인 '인(因)' 자를 써서 작인이라고 말한다.

요인은 마칠 '요(了)' 자에 인연 '인(因)' 자를 합하여 요인이라고 한다. 요인은 더 이상 불필요한 관계들을 끌고 가지 않고 가지런히 정리해 버린 상태를 말한다. 중생놀음이라 할 수 있는 유 · 무형의 습관들, 그것이 선업이든 악업이든 반복되지 않게 하는 것이 요인(了因)이다.

현재 인간 세상에 사는 동안 자의든 타의든 필연적으로 벌어지고 있는 다양다종의 인연들을 계속 이어갈 것이냐, 말 것이냐가 요인과 작인의 선택지점이라고 할 수 있다. 작인을 짓게 되는 가장 큰 원인을 살펴보면 자신의 본질적 문제로 귀결된다. 불자들은 작인의 연속으로 살기보다 요인을 향해 나아가는 삶을 추구해야 할 것이다.

경남 진주에서 살다 간 훌륭한 어느 불자의 발자취를 더듬어 보면 불자로서의 삶이 어떤 것인지 귀한 사표가 될 것이다. 청담 큰 스님께서 펴낸 〈금강경 강의〉에 보면 진주 연화사 송 선덕화 보살 이야기가 나온다. 송 보살은 다음과 같은 내용의 유언을 남겼다.

"이제는 그대들의 일을 해야지. 맨 날 제 몸뚱이에게 맛있는 것 먹이고 좋은 옷 입히고 좋은 집에서 살게 해주어도 다 헛수고다. 갈 때는 인사도 안하고 나를 배신하고 가는 놈이 바로 이 몸뚱이다. 그런 무정한 놈을 위해 몸종처럼 살지 말거라."

유언의 내용을 잘 들여다보면 이 노 보살은 작인을 그만두고 요인의 삶을 살도록 권하고 있는 것 같다.

여기서 잠깐 치열한 보살도 정신으로 일생을 살다간 송 선덕화 보살의 일화를 살펴보자.

진주 시내 옥봉동에 가면 해인사 진주 포교당 연화사가 있다. 보통 사찰에서는 부처님의 사리가 모셔진 탑을 세우거나 덕 높으신 큰스님의 탑이 모셔지는 것이 일반적인 모습이다. 진주 연화사에는 특별히 부처님 사리가 모셔진 탑이 아니라 재가자인 송 선덕화 보살의 사리탑이 모셔져 있다.

선덕화 보살은 가난한 민 씨 집안으로 시집을 가서 가정 형편이 매우 어려워 하루하루 남의 집 품팔이로 연명해 가며 아이들을 키웠다. 하지만 부처님을 향한 지극한 불심은 남달랐다. 비록 자식들과 하루 끼니를 걱정해야할 만큼 어려운 살림살이였지만 절에서 하는 일이라면 몸으로라도 꼭 시주를 하는 보살이었다. 사찰이 어떤 행사로 분주하게 바쁜 때에는 부엌에 들어가서 손수 공양주 역할을 하기도 했다. 또 절에서 큰 불사를 하고 있어서 재정적으로 곤란을 당하면 자신은 형편이 어려워 시주를 하지 못하면 진주 지역을 돌아다니며 집집마다 화주나 권선(勸善)을 마다하지 않는 열의를 보였다.

그러면서도 한편으로는 일상생활 속에서 나무아미타불 관세음보살 정근을 빼놓지 않고 계속하였다. 이 보살의 기도는 특별히 자리를 펴고 앉아서 편안하게 하는 기도가 아니었다. 그런 기도를 할 수 있는 여건이 되지 못했다. 날만 새면 남의 집 품팔이를 나가야 하기에 절박한 기도 생활은 일상에서 이루어지고 있었다. 길을 가면서 또는 일을 하면서 이른바 행(行)·주(住)·좌(坐)·와(臥)·어(語)·묵(默)·동(動)·정(靜), 앉으나 서나 잠잘 때나 말할 때나 계속 나무아미타불 관세음보살 명호를 부르는 게 기도의 전부였다.

점차 세월이 흘러 수십 년간의 기도생활은 정점에 이르렀다. 그렇게 하여 기도가 완성된 송 선덕화 보살은 식(識)이 맑아지면서 앞일을 내다보는 혜안이 열리게 된 것이다. 청담 큰 스님이 20대 젊은 나이에 보았던 선덕화 보살은 별다른 특징도 없는 그저 평범한 60대 시골 할머니였다고 한다. 아마도 일제 강점기 말기 그 시대 여인들이 대부분 그러하듯이 선덕화 보살도 특별히 정규학교를 다니거나 교육을 받지 못했다. 최소한의 한글 독해 정도의 실력이 공부의 전부였다고 한다. 일반적으로 불교의 수행자나 기도하는 불자들이 세속적으로 높은 학문을 익히고 배워야 성불할 수 있다고 생각하는 것은 잘못된 고정관념이다. 이것을 완전히 뒤엎은 표본적 사례가 바로 선덕화 보살의 기도 성취 모습이다.

보살은 82세 되던 어느 날, 동네마다 돌아다니면서 그동안 은혜 입은 이웃들에게 감사 인사를 전했다.

"사람들아, 나는 삼 일 뒤에 아미타불이 계시는 극락정토로 갈 것이네. 그리들 알고 잘들 있게나. 마지막 부탁은 하루도 쉬지 말고 기도들 하소. 그리해야 극락정토에서 다시 만날 것 아니겠는가."

이렇게 자신의 죽는 날을 예언하고 다녔다. 정확하게 자신이 죽는 날을 예언하고 그 시간에 열반에 드는 경우는 수행력이 높은 스님들이 아니고는 좀처럼 일어나지 않는 일이다. 처음에는 연화사 신도들 사이에서 할머니가 치매가 와서 헛소리를 하고 다닌다고 소문이 났지만 혹시나 하는 반신반의의 마음으로 죽음을 예고한 날 사람들이 모여들었다. 정말 자신이 예언한 날 자녀들에게 자리를 펴줄 것을 부탁하고 편안히 잠든 상태로 열반에 들었다.

그를 아끼던 많은 이웃과 연화사 신도들이 돈을 모아 화장을 해주었다. 그런데 화장터에 불이 다 꺼진 새벽녘에 갑자기 하늘에서 큰 서광이 비추며 주변이 환하게 밝아지는 것이었다. 일설에 의하면 그곳에 불이 난 줄 알고 소방대원들이 달려 왔다는 이야기가 전해지기도 한다. 보살의 시신이 다 타고 나서 재가 된 자리를 뒤적이니 영롱한 구슬이 일곱 개가 나왔다. 사리 7과가 나온 것이다. 청정한 계율을 지키며 평생을 수행한 스님들께서 열반에 드신 뒤에도 좀처럼 쉽게 나오지 않는 것이 사리이다.

송 선덕화 보살은 기도 수행자의 모습을 사후 사리로서 증명해 보인 것이다. 그 자리에 함께 있던 연화사 신도님들과 이웃 사람들 모두를 놀라게 하는 이적을 보여준 것이다. 당시 연화사 주지 스님과 신도들은 위대한 수행자 송 선덕화 보살의 사리를 연화사 마당에 탑을 세워 봉안하기로 뜻을 모았다. 연화사는 오늘날까지 출가하지 않고 재가에 살면서 지극히 기도 정진한 보살님의 사리탑을 모시게 된 최초의 사찰로 알려지게 되었다.

금강경 〈지경공덕분〉에 보면 금강경을 읽는 소리가 나는 곳이나 아니면 금강경을 모셔둔 서재에는 마땅히 부처님이 살아계시는 곳과 동일하다고 하였다. 그곳에 향과 꽃 등의 공양을 올리고 예배하거나 부처님 사리가 모셔진 탑과 같이 합장을 하고 주변을 세 번 돌아야 한다고 하였다. 그런 의미에서 연화사 송 선덕화 보살의 수행공덕을 기리는 사리탑 경배는 당연한 것이다.

여기서 꼭 명심해야 할 것은 잘 생겼거나 못 생겼거나 많이 배웠거나 적게 배웠거나 부자이거나 가난하거나 누구나 차별 없이 부처님과 똑같은 존경과 예경을 받을 대상이라는 사실이다. 그렇지만 거기에는 단서가 붙는다. 자신이 얼마나 부처님의 진리 말씀에 부합하는 삶을 살았는가 하는 차이가 있음은 주지의 사실이다.

언젠가 범룡 큰 스님을 친견하고 "큰 스님, 어떻게 사는 것이 스님답게 사는 길입니까?"하고 여쭈어 본 적이 있다. 스님께서는 "젊은이, 아주 쉽고도 간단한 것을 물으시네. 더 잘할 것도 없고 더 못할 것도 없어. 오로지 부처님 가르침대로만 사시면 되는 것을."하고 말씀하셨다. 참으로 우문현답이다.

지나치게 수행 정진 한다고 몸뚱아리를 마구 굴리고 학대하는 것도 맞지 않고, 더하여 적당히 수행한답시고 게으름 피우는 것도 그르단 말씀이다. 가야금 소리를 내는 현(絃)처럼 너무 느슨하면 소리가 멍텅구리 같을 것이고, 너무 꽉 조이면 줄이 터져 버릴 것이다. 가야금의 본래 소리처럼 경쾌한 음을 얻으려면 알맞은 줄 조임이 필요하다는 부처님 말씀을 상기해야 할 것이다.

## 16. 능정업장분(能淨業障分)을 노래하다

본디 호수처럼 잔잔한
그대의 마음을
흔들어 놓고 있는 것은
그대 자신인 것을
어떤 사람이 그대를 혹독하게
비난하는 업연도
수없이 반복되던 지난날의 아픈 추억이
그 이유가 될 것이다
하지만 이제는 아니다
본래 잔잔했던 그대의 마음자리로
새삼 돌아와 보면
지난했던 순간들이 소멸의 의미가 되어
어떤 것과도 비교될 수 없는 평화의 나라로
나 없는 나에게로
그대의 지극한 믿음이
자비보다 더 귀한
귀의(歸依) 안에 살게 될 그러한 까닭을

"또한 수보리야, 선남자 선여인들이 이 경을 받아 지니고 독송하다가 만일 남에게 업신여김을 당한다면 이 사람은 이전 세상의 죄업으로 마땅히 악한 세상에 떨어질 것이지만 지금 이 세상에 남에게 업신여김을 받음으로써 곧 이전 세상의 죄업이 소멸되며 마땅히 아뇩다라삼먁삼보리를 얻게 되느니라.

수보리야, 내가 한량없는 아승지겁 전에 과거를 생각하노니 연등부처님 앞에서 팔백사천만억 나유타 수의 모든 부처님을 만나 뵙고 모두 공양하였으며 받들어 섬기기를 헛되이 지냄이 없었느니라."

# 기도하는 마음과 마음

〈능정업장분(能淨業障分)〉의 주제는 맑고 깨끗한 수행자의 삶을 지향해 가는데 있어서 장애 요인들은 언제나 발생함을 가르치고 있다. 내용을 한번 살펴보자.

'수지독송차경 약위인경천(受持讀誦此經 若爲人輕賤)'은 이 금강경을 언제나 가지고 다니며 쓰고 읽고 외우는 수행을 게을리 하지 않았는 데도 다른 사람들로부터 천대와 멸시를 받는다는 것이다. 앞에서 거듭 주장해온 금강경을 중심으로 수행하고 기도한 사람의 정신적 지위는 비교 불가할 만큼 높고 크며 존중 받는다고 강조 했는데 천대와 멸시를 받는 것은 그 까닭이 있다는 것이다.

그 원인은 바로 '선세죄업 응타악도(先世罪業 應墮惡道)', 즉 오늘의 문제가 아니고 전생에 잘못된 행동의 결과물이라는 것이다. 전생의 죄업으로 인하여 지옥구덩이에 떨어질 과보(果報)를 약간의 업신여김을 당하는 것으로 상쇄된다고 위로하고 있다. 좌절하지 말고 꾸준한 기도와 수행을 해나간다면 마침내 '경천고 선세죄업 즉위소멸(輕賤苦 先世罪業 卽爲消滅)' 전생의 죄업으로 받는 멸시와 천대의 고통으로부터 자유로운 시간이 열릴 것이라고 한다. 이 같은 내용은 종교를 믿지 않거나 불심이 없는 비불자들이 들으면 비논리적이라 할 것이다. 어떤 이는 반신반의할 수도 있다. 부처님 말씀대로 실천 실행하되 관념의 유희에 빠지지 않기를 바라는 마음도 함께 적시(摘示)하고 있다.

그러면 그것을 어떻게 확신할 수 있을까? 확고한 믿음이 담보되지 않는 종교생활이란 시간을 낭비하는 헛수고일 수도 있다. 또 말씀하기를, '천만억분 내지산수비유 소불능급(千萬億分 乃至算數譬喩 所不能及)', 즉 금강경 수행자의 공덕은 천만억 산술적 가치로는 비교 불가능할 만큼 어머어마한 문제라고 강조하고 있다. 무엇과 비교하느냐 하는 것인데 앞 줄에서 생략된 석가모니 부처님이 과거 수행자 시절 수천만 명의 부처님께 공양물을 가져다 바친 공로와 비교해서 그렇다는 이야기다.

'혹유인문 심즉광란 호의불신(或有人聞 心卽狂亂 狐疑不信)', 혹자는 어떤 사람이 이 금강경을 외우는 소리만 듣고도 마음이 혼란스러울 수도 있으며, 믿지 않는 정도를 넘어 격하게 의심하는 지경에 이르는 사람도 충분히 있을 수 있다는 것이다. 그러나 분명한 것은

'당지 시경의 불가사의 과보(當知 是經義 不可思議 果報)'라고 설명하고 있다. 그 뜻을 살펴보면, '그대여, 마땅히 알라. 이 경전의 깊은 의의(意義)는 사람의 상상으로 평가할 성질이 아니다. 말과 뜻으로 하늘의 은하수 건너 세상을 설명할 수 있을까'라고 반문하고 있다.

이 가르침에서 보듯이 기도자의 자세는 무소의 뿔처럼 무조건 앞으로 나아가는 방법 외에는 다른 대안은 없다. 왜 그처럼 목숨을 걸고 기도해야 하느냐는 질문에 명쾌한 답을 준 티벳의 유명한 스승 한 분이 있다. 그 분이 말씀하기를, "불자들이여, 명심하라. 오늘 그대들의 삶의 내용이 건강하고 풍요롭기 위해서도 기도가 필요하며, 다시 죽어서 저 세상에 갈 때도 동일하다. 사후 아무것도 가지고 갈 수 없지만 오직 한 가지 나쁜 습관만은 꼭 가지고 가게 되어 있느니라."고 했다. 돈도 명예도 그렇게 사랑하던 자식도 심지어 평생을 함께 해온 몸뚱이까지 다 버리고 빈손으로 간다. 그러나 마지막 업은 버릴 수 없다는 것이다.

이렇게 결론이 나면 허무주의에 빠지기 쉽지만 그것은 부처님께서 전하는 진리의 본질이 아니다. 지금 이 순간순간 자기 앞에 놓인 삶이 얼마나 값진 것인가, 얼마나 소중히 아끼며 사랑할 것인가의 문제이다. 자신을 진정 사랑하지 않는다면 아름답게 꾸려갈 삶이 있을 턱이 없다. 오늘이 괴로운데 어찌 내일이 즐거울 수 있겠는가. 금생이 아름답지 못한데 돌아올 내생이 행복할 수 있다는 말은 어불성설(語不成說)이다.

나쁜 습관으로 축약된 오늘의 악업과 더불어 기도와 수행으로 쌓은 공덕도 함께 자연스럽게 그림자처럼 우리의 영혼을 따라나서게 되어 있다. 아무리 만나고 싶지 않다고 몸부림치고 발버둥쳐봐도 소용없다. 다음 생에는 후회스럽고 그릇된 자신의 못난 모습은 먼저 도착해서 또 다른 고통으로 펼쳐지게 되어 있다.

어떻게 하면 산처럼 높이 쌓아 놓은 나쁜 습관을 허물고, 좋은 습관으로 바꿀 수 있을까? 그것은 오직 지조 있는 신심, 철저한 믿음으로 쉬지 않고 기도하고 또 기도하는 자세를 가져야 할 뿐이다. 그렇게 계속해 나간다면 마침내 자신이 구태여 내세우지 않아도 남들이 알아서 훌륭한 불자라고 명예로운 훈장을 달아줄 것이 분명하다.

그런데 왜 그렇게 안 되는가? 신(信)이 문제다. 잘못된 믿음은 자칫 미신이나 맹신으로 빠질 위험이 있다. 현대인에게 있어서 주의해야 할 점은 우선 독선적 자아를 버리는 일이다. 중요한 종교 생활은 냉철한 이성과 무한 자비심이 뒷받침 되어야 한다. 간곡한 기도와 수행은 자기중심적 현세 이익을 얻으려는 얄팍한 노림수가 아니다. 믿음, 오직 이것이다. 얼마나 확신을 가진 믿음으로 신앙생활을 하느냐에 달려 있다.

경전에 보면 '능생신심 생정신자(能生信心 生淨信者)'라 했다. 곧 부처님이 하신 말씀을 믿는 마음이 티끌 하나 없이 깨끗해야 된다는 말이다. 화엄경에 나오는 '신심불역(信心不逆)'도 마찬가지다. 부처님의 가르침에 조금의 의심도 두지 않고 부처님 말씀을 거역하지 않아야 한다. 진정으로 믿는 마음이 강하다면 번뇌도 녹이고 나쁜 업도 녹이고 모든 것을 봄눈 녹이듯이 녹여버리는 엄청난 에너지가 그대 안에 있다고 주장하고 있다.

옛날에 큰 스님들께서는 낙숫물 효과를 예를 들어 말씀하셨다. 비록 한 방울의 물은 바위를 뚫을 수 없어도 그 보잘 것 없는 한 방울씩 떨어지는 물이 수십 년 계속 되면 바위는 구멍이 나고 만다고 했다. 최소한 기도자의 마음은 이와 같아야 한다. 조금 기도하다가 싫증이 나고 뭔가 핑계거리가 생기면 함께 하던 도반과 갈등도 빚고, 쓸데없이 남의 말을 곱게 하지 못하고 버럭 화를 내는 성정이 나타난다. 또 필요 이상의 자기 과시욕에 사로잡혀 자기 형편에 어울리지 않는 보시 행위도 못난 중생심의 모습이다. 뿐만 아니라 뜻하지 않게 억울한 말을 듣게 되거나 이웃에게 미움을 받는 경우도 더러 있다.

기도하는 사람은 기도에만 집중해야 한다. 다른 어떠한 것에도 신경이 무뎌야 한다. 기도하기 바쁜 시간에 사소한 것들에 신경을 곤두세우며 쓸데없이 시시비비나 하면서 세월을 허비할 필요가 없다. 기도가 깊어지면 장애도 생기는 법이다. 그래서 옛 성인들은 '도고마성(道高魔盛)'이라고 했다. 기도를 열심히 하는 사람에게는 당연히 그 기도를 방해하려는 사건들이 줄줄이 생긴다는 말이다.

이 모든 현상들이 〈능정업장분〉의 내용이다. 처절한 삶을 극복하지 못한 자는 원망의 대상을 찾을 뿐 완성된 자아를 꿈꾸지는 못한다고 했다. 믿음이 약하거나 의지가 박약한 사람이라도 시작은 중요한 것이다. 내일로 미루지 말고 바로 오늘 간절한 마음으로 기도를 시작하자. 마치 어린아이가 어머니 젖을 찾듯이, 어머니가 잃어버린 외아들을 찾듯이, 사막에서 물을 찾듯이, 즐거움에도 따라가지 말고 괴로움에도 집착하지 말고 오로지 간곡하게 절박한 마음으로 기도에 집중하고 몰입해야 한다. 적어도 불자다운 불자라면 굳센 믿음으로 거듭 다시 태어나야 하는 것이다. 누구나 기도에서 얻어진 엄청난 힘을 가지기를 축원한다. 온전한 믿음, 이것만이 마지막 남은 인생의 꽃이 되어야 하는 것이다.

천수경에 '옴마니반메훔'이라는 주문이 있다. '오! 연꽃 속의 보석이여' 이렇게 해석하기도 한다. 누가 보석인가? 바로 개개인이 그 연꽃 속의 보석이다. 이제 보석을 발견했으니 수행으로 그 아름다운 보석을 보다 빛이 나게 멋있게 찬란하게 하면 되는 것이다. 이것이 우리에게 주어진 과제이며 절호의 찬스이다. 자신의 일상에서 더하는 나쁜 습관들을 하나 둘씩 덜어내는 기도를 해야 한다.

깨끗하고 가벼운 영혼으로 가는 작업을 게을리 하지 말자. 그래야 다음 생에 영적인 진화를 기대할 수 있다. 비본질적 삶의 태도를 바꾸려면 '언젠가 떠나야 할 지구에서 지금까지 무엇을 하고 살아왔는가?', '무엇을 하며 살 것인가?'하는 문제를 심각하게 되짚어 보아야한다. 지금 이 순간이 바로 자신을 차분하게 정리해보는 시간이며, 매순간 올바른 기도자의 출발점이라고 각오를 다져야 한다.

# 3부

17. 구경무아분(究竟無我分)

18. 일체동관분(一體同觀分)

19. 법계통화분(法界通化分)

20. 이색이상분(離色離相分)

21. 비설소설분(非說所說分)

22. 무법가득분(無法可得分)

23. 정심행선분(淨心行善分)

24. 복지무비분(福智無比分)

## 17. 구경무아분(究竟無我分)을 노래하다

벗이여!

방황하지 말게나

저 혼자 몸부림치는 무진한 번뇌를

여기에 놓아버리게

한 생각 돌이켜

저 넓고 넓은 창공으로 비상하세

무엇이 두려운가

나도 없고 너도 없는

연등불소(燃燈佛所)

몰아의 땅을 찾아

함께 떠나 보세나

실체도 없는 다툼이

조금은 유치하지 않은가

완전한 자유와 평등

그곳 그곳으로

불 장엄정토(佛 莊嚴淨土)

한 걸음만 더 앞으로 나서는

거룩한 용기를

주문해야겠네

그 때 수보리가 부처님께 말씀드리기를 “세존이시여, 선남자 선여인들이 아뇩다라삼먁삼보리심을 일으킨 이는 응당히 어떻게 머물며 그 마음을 어떻게 항복 받아야 하나이까?”

부처님께서 수보리에게 말씀하시되 “만일 선남자 선여인들이 아뇩다라삼먁삼보리심을 일으킨다면 마땅히 이와 같은 마음을 낼 것이니라.

내가 마땅히 일체 중생을 제도하리라. 그리하여 일체 중생을 제도하지만 실로 한 중생도 제도된 바가 없느니라.”

# 입이 큰 개구리 우화

〈구경무아분(究竟無我分)〉은 다양하게 해석할 수 있다. 여기서는 궁극적으로 금강경 수행자가 목적하는 것은 무아에 있음을 강조한다. 곧 몰입에서 삼매로, 삼매에서 최종 무아까지 도달하면 바로 깨달음의 정점에 이른다는 뜻이다.

여기서는 부처가 되기 위한 수행자의 마음가짐을 이야기하고 있다. '발아뇩다라삼먁삼보리심(發阿耨多羅三藐三菩提心) 운하응주 운하항복기심(云何應住 云何降伏其心)', 즉 수보리 존자가 보리심을 가지려면 그 마음은 어떻게 반응해야 하며, 어떻게 자신의 마음을 자유자재로 다스릴 수 있을지 일러 달라고 부처님께 여쭙는 장면이다.

'당생 여시심(當生 如是心)', 즉 마땅히 아상, 인상, 중생상, 수자상이 없는 마음이어야 한다는 것이다. 저 많은 중생들을 한 사람도 남김없이 깨달음의 세계로 안내하였다고 하여도 단 한 사람도 구제한 흔적이 남지 않아야 한다고 부처님께서는 말씀 하신다. 특히 '실무유법(實無有法)', 참으로 실다운 진리의 세계가 존재한다거나 존재하지 않는다거나 하는 두 가지로 보았다. 더욱 네 가지의 마음이 없어야 한다는 것이다.

부처님 자신의 수행 역사를 예로 들어 가며 친절히 금강경 수도자의 나아갈 길을 안내하고 있다. '연등불 여아수기(燃燈佛 與我授記)', 즉 전생 연등 부처님 계신 곳에서 수행할 때 나를 불러 머리를 쓰다듬으시며 자비롭게 말씀하시기를, "그대는 먼 훗날 석가모니 부처님이라는 이름으로 중생을 구제하는 역할을 맡게 될 것이다." 라고 예언을 주지 않았을 것이다.

다시 강조해 말씀하기를, '무실무허(無實無虛) 구경무아(究竟無我)', 즉 완전한 진리의 세계에 서면 존재의 실체도 의미 없는 것이다. 그렇다고 텅 빈 세계라 고집하는 것도 맞지 않다고 하였다.

마지막 끝 문장에서 구경무아의 정의를 알기 쉽게 설명한다. '통달무아법자 여래설 명진시보살(通達無我法者 如來說 名眞是菩薩)', 수행자가 완벽한 무아의 진리를 통달하였을 때 비로소 그 사람을 일러 진정한 깨달음을 성취한 사람이라고 결론을 내린다.

우리네 중생살이에 있어서도 때에 따라 어떠한 것이 바른 길이며, 정답이라고 정의할 수 없다. 그러나 나보다 남을 우선 배려하는 삶이면 스스로에게 극도의 피로감을 주지는 않을 것임을 확신한다.

그런 의미에서 한번쯤 새겨볼만한 우화가 있다.

해마다 동짓날 즈음이 되면 팥죽을 쑤어서 먹기도 하고, 집 안팎 여기 저기 뿌리기도 했다. 농가 주택에서나 가능한 일이다. 요즈음 같이 고급스럽고 깔끔하게 변해버린 주거환경 시대에는 벽에 팥죽을 뿌렸다가는 경찰 신세지기 딱 맞춤일 것이다. 이 같은 세시 풍속도가 서서히 잊혀져간다는 사실이 조금은 안타까울 뿐이다. 동지는 순수한 우리 전래 민간 신앙에서 비롯된 것이라고도 하고, 다른 한편에서는 중국 진나라 때 전해 내려오는 전설이라고도 한다. 전설의 대강은 이러하다.

진나라 어느 고을에 공이라는 사람이 살았다. 그의 아들은 동네에서 너무나 말썽쟁이로 살다가 젊은 나이에 죽었다. 그런데 죽은 그의 아들이 또 문제를 일으킨 것이다. 이 고약한 인사가 죽어서도 남을 괴롭히는 나쁜 습관을 버리지 못하고 온 동네를 헤집고 다니며 해코지를 해대는 것이었다. 이른바 괴질(전염병)을 퍼트리는 것이었다.

그의 아버지는 살아서도 죽어서도 악행을 멈추지 않는 아들을 그대로 두고만 볼 수 없었다. 아버지 공공이 가만히 생각하니 아들 녀석이 살아있을 때 가장 두려워하고 싫어한 음식이 팥과 팥죽이라는 것을 알았다. 그래서 괴질에 걸린 이웃들에게 팥죽을 쑤어서 문간에 뿌리도록 권했다고 한다. 공공의 못된 아들 귀신은 한동안 마을을 배회하며 아버지를 원망하다가 어디론가 사라지고 말았다고 한다. 그 후 마을에는 모든 전염병들이 사라졌다는 이야기다.

전해오는 이야기는 차치하고 동짓날 행사는 불교도들에게 있어서 해마다 연례적으로 치르는 중요한 행사로 자리잡았다. 동지를 기점으로 소한, 대한, 입춘, 우수, 경칩, 춘분, 청명, 곡우, 입하 등 이렇게 절기를 나열하다 보면 24절기에서 그 중 22절기에 해당하는 것이 동짓날이다. 일 년 중 밤 시간이 가장 길기도 하거니와 반대로 낮 시간이 제일 짧기도 하다.

동짓날 밤은 유난히 날씨가 추워서 호랑이 장가가는 날이라고 한다. 한 해가 끝나고 새해를 맞이하는 의미도 있지만 그보다 절기상 이 날이 음의 기운이 가장 왕성한 날이다. 음의 기운에 속하는 종류들이 여러 가지 있지만 특히 귀신들의 활동이 넘치는 날이다. 그 때문에 음의 반대 개념인 양의 기운을 가진 붉은 팥죽을 쑤어서 귀신을 몰아내고자 한 것이다.

팥죽의 신묘한 에너지는 바로 정화효과가 있다고 한다. 그러므로 씻어낸다는 의미를 담고 있다. 그 같은 세척 효과를 가지고 지난해 묵혀둔 좋지 않은 기억들과 나쁜 습관들을 깨끗이 씻어내고 새로운 기운, 새로운 기분으로 새해를 맞이하자는 의미다. 잡귀신을 쫓을

때 꼭 팥을 던지는 이유도 온 집안을 완전히 대청소를 하여 나쁜 기운이나 잡귀들을 몰아내고 가족 모두의 건강과 안녕을 비는 의식이기도 한 것이다. 실제로 우리 몸에 염증이 있으면 민간요법으로 팥물을 마시고 건강을 회복한 경우도 더러 있다.

한 해를 보내는 마지막 날과도 같은 동지를 맞이하여 새해에는 좀 더 희망적이며 보람된 삶으로의 전환을 꿈꾸어야 한다. 그렇게 살고 싶다는 각오와 다짐을 하고 나면 곧 실현가능한 일들부터 하나하나 챙겨야 한다.

삶의 지혜를 얻기 위한 한 편의 우화를 더 살펴보자.

어느 연못에 개구리 한 마리와 청둥오리가 사이좋게 이웃하고 살았다. 그런데 둘에게는 걱정이 하나 있었다. 너무나 오랜 동안 가뭄이 들어 전혀 비가 오지 않았다. 개구리들이 살던 연못이 점차 말라가고 있었다. 그러자 개구리는 "연못이 마르면 청둥오리 너는 날개가 있어 물이 많은 연못으로 날아가서 살 수 있지만, 나는 날개가 없으니 이 연못이 마르면 그대로 죽고 말 것이다. 어찌하면 좋으냐?" 하고 말했다.

걱정하는 개구리에게 오리가 자비롭게 말하기를 "그럼 내 등에 올라타고 있으면 내가 다른 연못으로 데려다 줄게."하고 대답했다. 그러나 아쉽게도 개구리가 청둥오리 등에 올라타 보려고 땀을 뻘뻘 흘리며 몇 번을 시도해 보았지만 정작 오리 등이 너무 미끄러워서 그만 뚝 떨어지고 말았다. 그 후 얼마의 시간이 지나서 그들이 우려했던 대로 차츰차츰 연못이 다 말라버렸다. 그러자 다급해진 개구리가 아이디어를 하나 생각해 냈다.

"청둥오리야, 여기 있는 나무막대를 네가 한 쪽을 물고 나머지 한 쪽은 내가 물고 그렇게 날아가면 너와 내가 함께 가까운 연못으로 이사 갈 수 있겠다."

기발한 꾀를 낸 것이다. 청둥오리도 기뻐하며 "그거 참 좋은 생각이다."하고 말했다. 그리하여 청둥오리와 개구리는 나무막대를 한쪽씩 나누어 물고 높이 날아갔다. 그때 마침 아래쪽에 농부 한 사람이 서 있었다. 청둥오리와 개구리가 서로 나무막대의 끝부분을 물고 날아가는 신기한 장면을 목격했다. 농부는 혼잣말처럼 "누가 저런 기발한 생각을 해 냈을까"하고  칭찬을 했다. 그러자 개구리는 자신이 그 같은 생각을 해냈노라고 자랑하고 싶어 "아저씨 제 아이디어가 멋있지요?"하고 입을 여는 순간 입에 물고 있던 나무막대를 놓쳐서 안타깝게도 땅에 떨어져 죽고 말았다.

이 이야기 속에는 근심 걱정과 그리고 어려움을 함께 하려는 청둥오리, 이웃의 자비로운 마음씨, 작은 지혜를 자랑하려는 못난이 개구리 이야기 등 여러 가지 의미를 내포하고 있다. 우리 역시 중생심을 버리지 못한 업보, 즉 습관 때문에 꼭 좋은 일을 많이 해 놓고도 입방정 때문에 지어놓은 복을 날려버리는 우를 범하고 있다.

부처님께서 말씀하시길, "몸 밖에 있는 것이 사람 입속으로 들어가 사람을 더럽게 하지는 못한다. 오히려 사람 속에서 나오는 것이 더 더러운 법이다. 사람의 마음속에 들어 있던 생각을 입을 통해 전하려 한다면 더 깊이 생각해보고 자비롭게 웃으며 말하는 습관을 길러라. 대개의 사람들은 먼저 뜻으로 생각하고 그 다음 입으로 나오는 법이다. 그것들은 악한 생각, 도둑질, 살인, 간음, 탐욕, 악의, 거짓, 방탕, 질투, 교만 등등이다."고 가르치셨다.

나쁜 습관을 덜어내고 순수 이성의 자리, 본래 자비로운 모습으로 돌아가자. 죽음 앞에 이르러서 정말 가지고 갈 수 있는 품목을 적어보면 단 한 가지도 기록할 게 없다. 그러나 딱 한 가지, 다생겁래로 익혀온 나쁜 습관만은 꼭 짊어지고 간다는 것이다. 그대가 짊어진 무거운 짐, 제발 내려놓고 홀가분한 마음으로 떠나간다면 새보다 자유로울 것이다.

## 18. 일체동관분(一體同觀分)을 노래하다

우리가 그토록 애써 추구하는 세상
행복 !
육안으로 보려는가
우리가 그토록 절실하게 갈구하는 사랑
지혜의 눈으로
다 부질없는 몸짓이다
허공에 그려진 그림처럼
자신이 자신을
보지 못하는 어리석음
시간이 지나고 나면
두고두고 개위비심(皆爲非心)이지
진정한 삶이란 놓쳐버린 뒤에라도
다시 한 번 용기가 필요하지 않겠는가
어느 곳 어느 길에서라도
흘러간 과거와 다가올 또 다른 무엇과
타협하지 말지니
이 순간의 뜨거운 열정
그것이면 족하지 않겠는가

수보리야, 그대는 어떻게 생각하느냐? 여래가 육안이 있다고 생각하느냐?"

"그러하옵니다. 세존이시여, 여래께서는 육안이 있으시옵니다."

"수보리야, 그대는 어떻게 생각하느냐? 여래가 천안이 있다고 생각하느냐?"

"그러하옵니다. 세존이시여, 여래께서는 천안이 있으시옵니다."

"수보리야, 그대는 어떻게 생각하느냐? 여래가 혜안이 있다고 생각하느냐?"

"그러하옵니다. 세존이시여, 여래께서는 혜안이 있으시옵니다."

"수보리야, 그대는 어떻게 생각하느냐? 여래가 법안이 있다고 생각하느냐?"

"그러하옵니다. 세존이시여, 여래께서는 법안이 있으시옵니다."

# 비극의 주인공이 된 여인

〈일체동관분(一體同觀分)〉에서는 어떤 사물을 두고 동일하게 보느냐, 전혀 다른 각도에서 또 다른 의미로 보느냐의 해석에 따라서 같은 마음과 동일한 생각을 하고 있는가에 대한 문제와 질문에 관한 내용을 담고 있다. 특히 '관(觀)' 자와 '견(見)' 자는 어떤 피사체를 본다는 뜻은 같지만 마음으로 보는 '관' 자와 눈으로 보는 '견' 자의 혼동을 구분할 필요가 있다.

본문에서 계속해서 부처님과 수보리 존자와의 질문과 대답이 반복된다. '여래유육안부(如來有肉眼不)', 부처님께서는 육신의 눈으로 볼 수 있겠느냐, 못 보겠느냐? '여래유천안부(如來有天眼不)', 부처님께서는 시간과 공간을 뛰어 넘는 천안으로 볼 수 있겠느냐, 못 보겠느냐? '여래유혜안부(如來有慧眼不)', 부처님께서는 지혜의 눈으로 보겠느냐, 못 보겠느냐? '여래유법안부(如來有法眼不)', 부처님께서는 진리의 눈으로 볼 수 있겠느냐, 못 보겠느냐? '여래유불안부(如來有佛眼不)', 부처님은 깨달은 이의 눈으로 보겠느냐, 못 보겠느냐?

이런 식으로 계속해서 질문을 하고 있다. 왜 이 같은 장면이 연출되느냐 하면 다음 연에서 그 해답이 나온다. '이소국토중 소유중생 약간종심 여래실지(爾所國土中 所有衆生 若干種心 如來實知)', 즉 이 땅 어디 있든 그가 흑인이든 백인이든 황색 인종이든 무슨 직업을 가진 사람이건 남녀노소를 불문하고 그 많은 종류의 중생들의 마음을 모두 보고 알고 있다고 주장한다. 그 까닭은 마음의 눈으로 볼 때 중생의 마음과 부처의 마음이 동관(同觀)한 것도 다르지 않다는 뜻이다.

'개위비심 시명위심(皆爲非心 是名爲心)', 즉 마음이라고 이름하는 것조차 다만 약속의 부호에 지나지 않는 이름만 마음이라는 것이다. 우리가 온갖 상상력을 동원해서 한 번 마음의 모양을 그려보자. 마음은 고체(固體)인가, 기체(氣體)인가? 아니면 정신과 의사들이 주장하는 뇌(腦)의 작용물인가? 어떤 것도 마음이라는 이름에 맞는 명쾌한 답은 아니다.

그러므로 과거심(過去心) 현재심(現在心) 미래심(未來心)이다. 과거에도 있었고 현재에도 있고 또 미래에도 있는 이 마음이라는 물건은 불가득(不可得), 즉 실체를 규명할 수 없는 것이다. 실재하면서도 형체조차 없는 너무나 쉽게 변하는 마음이란 이름의 노예가 되는 것을 철저히 경계하라는 뜻이 담겨 있다. 마음의 눈에 관한 금강경의 이 대목에서 사랑하는 사람을 마음의 눈으로 보지 못해 불행한 일생을 살다 간 한 예술가의 이야기를 전하려 한다.

세계의 음악팬들로부터 아낌없는 찬사를 받았던 여인이 있었다. 하지만 지나간 사랑에 얽매여 마음의 상처를 이기지 못하고 초라한 죽음을 맞이한 오페라의 전설, 마리아 칼라스(Maria Callas)의 사랑 이야기다. 푸치니의 오페라 토스카 중에서 유명 아리아 '노래에 살고 사랑에 살고'는 그녀의 불행한 사랑을 노래한 것처럼 너무나 많이 알려진 곡이다.

맑고 고운 그녀의 목소리는 소프라노 장르에서 감당할 수 있는 전 옥타브 콜로라투라(Coloratura : 가장 높은 음역에 속하는 소프라노로 장식적 기교적으로 화려한 선율을 노래), 리리코(Lirico : 달콤하고 서정적인 음색으로 안정감 있는 소리), 스핀토(Spinto : 찌르다, 날카롭다, 쨍쨍하다는 뜻으로 리리코보다는 다소 무거운 소프라노), 드라마티코(Drammatico : 넓은 음역과 풍부한 음량을 지니며 내면적인 감정 표현에 적합) 등을 완벽하게 소화해 냈다. 풍부한 성량과 음색을 자랑하는 그녀는 타의 추종을 불허하는 천부적 소질을 가지고 있었다. 뿐만 아니라 그가 가진 아름다운 용모와 연극적 요소의 삶이 더해진 것도 마리아 칼라스를 '오페라의 디바'라고 칭송하는 이유가 되었을 것이다.

진정으로 그녀를 아끼고 후원해 주었던 첫 남편 지오반니 바티스타 메네기니(Giovanni Battista Meneghini)의 사랑을 배신하고 다른 남자를 선택한 것이 불행의 시작이었다. 그녀 역시 또 다른 사랑의 상대였던 오나시스(Aristotle Onassis)로부터 철저히 배신당하고 만다. 사랑을 주고 사랑을 받는다고 하지만 그것은 마음 나눔 외의 다른 어떤 것으로도 화가의 그림처럼 형상화하여 설명될 수 있는 것은 아니다. 남녀의 사랑이란 일체동관(一切同觀)하는 것이다. 곧 두 사람이 한 마음으로 한 곳을 바라보고 있을 때 완성된다.

비극의 주인공 마리아 칼라스는 1923년 그리스계 미국인 부모에게서 태어났다. 유년시절 그녀는 정말 보잘 것 없는 아이였다. 눈이 잘 보이지 않아서 두꺼운 근시 안경을 착용했고 자기 또래 아이들의 몸무게 두 배나 되는 뚱뚱보였다. 상상만 해도 우스꽝스러운 모습이다. 양 볼에는 주근깨가 더덕더덕 붙은 근시 안경잡이 뚱보 소녀의 양 갈래 머리는 만화 주인공의 캐릭터 같았을 것으로 추측된다. 그랬던 그녀가 처음으로 음악적 소질을 보이게 된 것은 12세 되던 해였다.

우연히 라디오 방송국에서 개최한 아마추어 노래경연대회에 나가게 되었다. 거기서 뜻밖에도 노래경연대회 최우수상을 받게 된다. 그러나 그 같은 행운도 잠시뿐이었다. 어느 날 갑자기 부모님의 이혼사건으로 인하여 어머니의 손에 이끌려 그리스로 돌아왔다. 마리아 칼라스가 18세 되었을 때 그녀의 음악적 재능을 키워주기 위한 어머니의 노력으로 아테네에 있는 국립음악원에 입학하게 된다.

여기에서 그녀는 엘비라 데 이달고(Elvira De Hidalgo)라는 훌륭한 지도자를 만나 양질의 교육을 받았다. 그리고 얼마 지나지 않아 또 다시 미국으로 건너갔다. 뉴욕에 있는 오페라단을 전전하며 오디션을 보았지만 번번이 탈락하고 만다. 그때는 이미 마리아 칼라스는 몸무게가 무려 95킬로그램를 넘는 거구인 성숙한 처녀가 되어 있었다. 제 아무리 노래를 잘하는 소프라노 가수라 하지만 지나치게 비대한 그녀의 모습을 보고 심사위원들은 대부분 거부반응을 보였다. 자신이 태어난 미국 땅에서 오페라 가수로 성공해 보고 싶은 꿈은 실망으로 끝났다.

다시 이탈리아로 돌아온 칼라스는 평소 그녀의 팬이 되어 주었고 조건 없는 후원을 아끼지 않았던 메네기니라는 남자와 결혼하게 된다. 그리고 얼마 후 남편 메네기니의 전폭적인 후원을 받아 트리스탄과 이졸데, 투란도트 등 수많은 작품과 공연무대를 누비며 이탈리아 최고의 소프라노 가수가 된다.

그렇게 성공한 그녀지만 늘 만족스럽지 못한 구석이 있었다. 자신의 아버지 나이 또래의 남편 메네기니의 사랑이 따뜻하고 고맙고 현실적이기는 하지만 정열과 낭만을 기대했던 사랑은 아니었다. 그러던 가운데 젊고 멋있는 남자가 나타났다. 그는 다름 아닌 자신이 출연하고 있는 극장의 연출자 루치아노 비스콘티(Luchino Visconti)

였다. 젊고 잘 생긴 루치아노 비스콘티에게 마음을 빼앗긴 칼라스는 한동안 짝사랑의 열병을 앓게 된다.

루치아노는 동성연애자였기에 마리아 칼라스에게 전혀 관심이 없었다. 칼라스의 은근한 접근이 부담스러웠던 루치아노 비스콘티는 투덜거리듯 "만약에 마리아 칼라스가 로마의 휴일에 나오는 오드리 헵번 같은 날씬한 몸매를 가진다면 그녀와 연애할 용기가 있는데 말이야."하고 말했다.

이 같은 말을 전해들은 마리아 칼라스는 심한 모욕감을 느끼게 되었다. 그 후 그녀는 자신의 신체적 콤플렉스를 극복하기 위해 일 년 동안 지독한 다이어트를 했다. 그리하여 마침내 95킬로의 몸무게를 36킬로까지 감량하게 된다. 빼어난 목소리에 아름다운 얼굴과 늘씬한 몸매까지 완벽하게 다 갖춘 마리아 칼라스는 이탈리아 사회의 디바, 즉 여신이었다. 그녀의 오페라 공연 티켓은 매회 매진이었다. 그녀의 명성은 이탈리아, 프랑스, 영국, 브라질, 아르헨티나 등에 널리 알려지게 되었다.

프리마돈나 마리아 칼라스는 사교계의 여왕으로 등극하였다. 하지만 그녀의 운명은 키 165cm 밖에 안 되는 세계적 바람둥이 선박재벌 오나시스와 사랑에 빠지면서 불행이 시작된다. 그리스계 터키 출생인 오나시스는 처음에 담배장사를 해서 돈을 좀 모았다. 그리고 2차 대전 당시 대서양을 누비며 전쟁 물자를 운반해주는 화물선을 몇 척 가지고 있었다. 이를 계기로 사업 수완을 발휘한 결과 선박

왕이라는 타이틀을 거머쥐게 된다.

이 사람의 이름을 들어보면 정신 감정이 필요한 괴짜 인물이다. 이름이 너무 길어서 다 외우기조차 힘든 '아리스토텔레스 소크라테스 오나시스'라는 이름을 쓴다. 비록 철학자 이름을 빌려다 쓰고는 있지만 사생활은 엉터리였다. 반복되는 이혼과 숱한 여자들과의 염문을 뿌리고 다니는 오나시스가 마리아 칼라스를 처음 만나게 된 것은 부부동반 선상파티에서라고 한다. 칼라스와 남편 메네기니가 함께 찾아간 그곳 파티에서 바람기 많은 오나시스의 달콤한 유혹이 시작된 것이다. 오나시스의 값비싼 선물 공세와 뜨거운 사랑 고백은 마리아 칼라스의 마음을 사로잡기에 충분했다.

마침내 마리아 칼라스는 오나시스와 사랑에 빠지면서 모든 것을 포기한다. 남편도 버리고 그녀가 그렇게 사랑하던 노래도 무대도 버리고 심지어는 미국 국적까지 포기한다. 날마다 오나시스가 제공하는 화려한 파티에 젖은 마리아 칼라스는 10년 동안 정식결혼도 하지 않은 채 오나시스와 동거하면서 애인으로도 충분히 만족했다. 하지만 바람둥이 오나시스는 한 여자에게 정착하거나 만족하지 못하는 사람이다.

미국 대통령 존 에프 케네디(John F. Kennedy)가 암살당한 후 미망인 신세가 된 재클린(Jacqueline) 여사와 또 다시 사랑에 빠진다. 그리고 얼마 뒤 1968년, 오나시스와 미합중국 영부인이었던 재클린이 요란스러운 결혼을 발표하게 된다. 그렇지만 오나시스와 마리아 칼라스의 관계도 아직은 말끔히 정리된 것은 아니었다. 심지어는 재클린과 신혼여행을 하는 중에도 마리아 칼라스에게 전화를 걸어 사랑한다고 하였다는 이야기는 일반적인 상식으로는 상상하기 힘든 내용이다.

이렇게 해서 드라마 같은 마리아 칼라스와 오나시스의 10년 동안의 사랑은 물거품처럼 꺼져버린다. 너무나 사랑했던 오나시스의 배신을 잊지 못한 마리아 칼라스는 한동안 우울증을 앓으며 몇 번 자살을 시도했다. 헝클어진 자신의 삶을 추스르고 재기를 꾀해보지만 다시 돌아온 그녀의 무대는 초라하였다. 왕년의 디바가 아니라는 혹

평까지 받는다. 1970년대부터 줄리어드 음악학교에서 학생들을 가르쳐 보지만 역시 그녀가 설 자리는 무대였다. 마지막 은퇴 무대는 1974년 일본 삿뽀로에서의 공연을 끝으로 막을 내린다.

이듬해 1975년에 사랑의 배신자 오나시스도 죽음을 맞는다. 엉터리 오나시스도 죽는 순간에는 마음속 깊이 사랑했던 마리아 칼라스가 선물해 준 비단 수건을 손에 꼭 쥐고 있었다고 한다. 한편으로 허무한 인생을 경험한 마리아 칼라스는 그녀를 진심으로 사랑해 주었던 첫 남편 메네기니에게로 돌아가고 싶어했다. 하지만 메네기니는 끝내 그녀를 용서하지도 받아들이지도 않았다. 메네기니 역시 마리아 칼라스가 남기고 간 물건들이 시중에 나돌면 하나 둘씩 수집하는 알 수 없는 이중적 모습을 보였다.

이제 사랑에 지친 오페라의 영원한 디바 마리아 칼라스는 1977년 55세의 나이로 화려했던 무대 뒤로 퇴장하여 영면에 들었다. 그가 부리던 하녀 부르나가 지켜보는 가운데 홀로 쓸쓸히 생을 마감하였다. 그녀의 시신은 파리의 그리스 정교회로 운구된 뒤 근처 공동묘지에 안장되었다.

사람의 마음이란 영원하지도 않고 영원할 수도 없는 고정불변이 아니기 때문에 믿을 수 없는 것이다. 상황에 따라 오기도 하고 가기도 하고 흔들리기도 하는 마음은 한 곳에 절대로 머물지 않는다는 사실이다. 인간의 마음이란 시시각각 변하므로 본래 무상한 것이라

하였다. 지나간 시간에 두고 온 후회스러운 마음도 집착이다. 오늘 누군가와 함께 했던 순박한 인연의 고리도 얼마쯤 시간이 지나면 슬그머니 사라지는 것이 마음의 방향이다.

아직 오지 않은 미래의 불안함과 어떤 두려움도 지나고 나면 의미 없는 몸부림이다. 누구나 진심으로 마음을 나누는 사람이 가장 가까이 있을 때는 모른다. 그가 떠난 뒤에야 비로소 그의 가치가 얼마나 소중한가를 뒤늦게 알아챈다. 사람들은 왜 그처럼 후회스럽고 바보 같은 실수를 반복하는지 모를 일이다.

동관, 동지, 동업, 동참, 동거, 동창 등의 말은 '더불어 함께 한다'는 의미다. 이 같이 좋은 뜻을 가진 단어가 있음에도 불구하고 요즈음 대다수의 사람들은 함께 하자가 아닌 개인의 이기주의로 변질되었다. 그리하면 씻을 수 없는 갈등 관계만 남게 된다. 물질보다 소중한 벗을 잃는 불행한 인생은 슬픈 것이다. 순간의  잘못된 선택이 멍청하고 고립된 삶으로 타락하고 마는 것이다.

## 19. 법계통화분(法界通化分)을 노래하다

때때로 찾아오는 외로움이걸랑
따뜻하게 안아주세요
어쩌면 그렇게라도 해서
고독과 친구 되는 길이
덜 외롭지 않겠는지요
때때로 찾아오는 슬픔이거들랑
말없이 다독여주세요
어쩌면 그렇게라도 해서 고통과 친해지면
조금은 위안이 될지도 모릅니다
겉으로 행복해 보이는 사람도
어쩌면 외로움의 고통을
감추려는 헛웃음일지도
모를 일입니다
행복 아니면 불행
이들은 잠시 머물다 갈 나그네 같은 것입니다
그리 오래지 않아 모두 떠나갈 것들입니다
애써 붙들지도 말고
애써 쫓아버리려 하지도 마세요
저절로 그러할 것입니다

“수보리야, 그대는 어떻게 생각하느냐? 만약 어떤 사람이 삼천대천세계에 가득찬 칠보를 가지고 널리 보시한다면, 이 사람은 이 인연으로 얻는 복덕이 많겠느냐?”

“그러하옵니다. 세존이시여, 이 사람은 이 인연으로 아주 많은 복을 얻사옵니다.”

“수보리야, 만약 복덕이 실로 있는 것이라면 여래는 복덕을 많이 얻는다고 말하지 않을 것이니라. 복덕이 없다고 함으로 여래는 복덕을 많이 얻는다고 하느니라.”

# 차별 없이 오고 가는 세계

〈법계통화분(法界通化分)〉이란 직역하면 그것이 어떠한 성질의 것이든 상관없이 하나로 귀결되거나 소통 가능하다는 뜻이다. 물질계와 정신세계의 개념이 반대되는 듯하지만 어쩌면 둘은 하나의 뿌리에서 나온 꽃과 꽃잎처럼 서로의 통로가 열려 있다는 말이다.

본문으로 들어가면 '만삼천대천세계 칠보이용보시(滿三千大千世界 七寶以用布施)', 즉 가정하여 불교에서 주장하는 우주세계인 삼천대천세계에 가득찬 일곱 가지 보물을 이웃들에게 조건 없이 나누고 베풀어 그들을 기쁘게 한다면 이 같은 인연을 지은 사람은 얼마나 고귀한 사람으로 존경 받겠느냐? 이렇게 질문 한다. 그리고는 곧바로 '이복덕무고(以福德無故) 법계통화(法界通化)', 즉 이런 나눔 행위는 권장할 일이며 아름답고 친절한 사건이기는 하지만 진정한 법의 세계로 가는 지름길은 아니라는 말씀이다.

그것은 벌써 보시라는 전제가 마음에 흔적을 남기고 있기 때문이다. 다시 말하면 그 같은 일곱 가지 보물은 닭이 알을 낳는 것처럼 스스로 생산한 물질이 아니라는 사실이다. 자신의 소유를 남에게 양도하는 것처럼 보이지만 실재는 소유자가 태어나기 이전부터 본래 있었던 물건을 잠시 보관하고 있다가 그들에게 전달해 주는 수고가 있을 뿐이라는 주장이다.

어떻게 보면 냉담한 반응일 수도 있다. 그러나 그 같은 나눔의 보시 행위도 낮은 단계의 수행방편이라는 사실이다. 때문에 전혀 통화(通化) 불능 상태는 아니라는 점이다. 마음의 문을 활짝 열어 놓고 보면 극단의 대립이나 갈등을 유발해야할 변명이 궁색할 수밖에 없다는 이야기가 된다. 그 통화가 어디까지 가능한 것일까?

전염병에 관한 옛 선인들의 지혜로운 대처를 엿보자.

고려시대 고승인 혜린(慧璘) 선사라는 분이 있었다. 순천 송광사를 창건한 덕 높은 고승이다. 어느 날 제자 10여 명과 함께 길을 가다가 갑자기 일행 중에 두 명의 스님이 괴질에 전염되어서 쓰러지게 되었다. 모든 고을이 유행병이 급격히 번져 사람들이 하나 둘씩 죽어 나가는 엄청난 사태가 벌어지고 있었다.

혜린 선사와 그의 일행들 역시 그곳을 지나가지 않을 수 없었다. 될 수만 있다면 괴질이 퍼져 있는 마을을 피해보고자 산길로 산길로 돌아가 보았지만 그들 역시 괴질에 걸리고 말았다. 그러자 혜린 선사는 제자들을 모아놓고 말했다.

"우리는 출가 사문이다. 출가한 부처님 제자들이 백성들의 괴질을 남의 일처럼 피해 달아나는 모습이 얼마나 비겁하고 어리석은 일이냐? 이것은 출가 사문의 양심이 아니다. 그렇다고 저토록 고통 받는 백성들을 구제할 어떤 의약이나 비법을 가지고 있지도 않다. 하지만 우리에게는 부처님이 계신다. 그러므로 오늘부터 7일간 한 사람도 빠짐없이 용맹기도를 하자. 오로지 부처님에게 매달려 기도하는 수밖에 없다."

그렇게 말하고 주변을 둘러보았다. 그리고 기도에 적당한 장소를 찾았다. 마침 가까운 곳에 연못과 연꽃이 피어 있었고 못 중앙에는 관세음보살님 석상이 모셔져 있었다. 혜린 선사와 제자들은 그곳에 자리를 펴고 앉아 7일 밤낮을 가리지 않고 혼신을 다해 기도를 올렸다. 전염병에 신음하며 죽어가고 있는 마을 사람들을 위해 정성을 다해 기도한 것이다.

기도가 끝나가는 날 밤에 선사의 꿈에 관세음보살님이 나타나 "그대의 지극한 기도에 모든 이웃들의 병통을 낫게 해 주었노라."라고 하면서 미소를 짓고 사라졌다. 잠시 졸다가 한순간에 관세음보살님을 친견한 혜린 선사는 깜짝 놀라 옆을 돌아보았다. 함께 왔던 스님들 가운데 괴질에 걸려 신음하던 2명의 제자들도 거짓말처럼 병마를 털고 일어나는 기적을 보게 되었다. 제자들과 함께 기도의 신비한 힘을 직접 체험하게 된 선사는 무척 기뻐하였다. 그런데 어디서 나타났는지 알 수 없는 허름한 차림의 노승이 보따리 하나를 건네주며 이렇게 말했다.

“이제 그대는 간절한 기도로 인하여 부처님 가피를 입었으니 더 많은 사람들에게 부처님 정법을 전해야 하네. 그러기 위해서는 이 부처님 가사를 가지고 남쪽으로 내려가게나. 그리고 송광산이라는 곳에서 발이 멈추거든 그곳에 절을 세우고 길상사라고 이름 하게.”

그렇게 말을 전하고 노승은 연기처럼 홀연히 사라졌다. 지금은 조계산 송광사라고 부르지만 처음 송광사를 창건할 때는 산 이름은 송광산이라 하고 절 이름은 길상사라고 하였다. 길상이란 부처님 모습을 상징적으로 의미하기도 하고 또 다른 의미는 행운을 뜻하기도 한다.

이 행운이 법계 두루 통화되기를 기도하자. 법계란 특정한 곳이 아니다. 생명이 존재하는 곳이면 어디라도 좋다. 통화란 단어는 나눔과 소통을 의미한다. 그래서 〈법계통화분〉이라 하는 것이다. 따라서 전염병으로 죽어갔던 많은 영혼들에게도 법계통화를 전달하는 의미에서 49재 때 영가에게 다음과 같은 게송으로 설법한다.

수아차법식(受我此法食)
하이아란찬(何異阿難饌)

기장함포만(飢腸咸飽滿)

제가 드리는 이 진리의 공양물을 받아 드십시오.

위대한 성인들이 드시는 공양물과 다르지 않습니다.

그동안 굶주렸던 배를 채우시고 포만하소서.

우리는 무엇에 굶주렸을까? 단순한 음식물에 굶주렸을까? 아니면 부처님의 진리의 말씀에 굶주렸을까? 음식물에 굶주렸다면 귀신의 족속들이거나 그렇지 않으면 거지 근성을 버리지 못한 사람일 것이다. 오늘날 우리들의 기도는 탐욕과 허영에 굶주리고, 그 욕심을 채우려는 기도만 있을 뿐이다. 부처님, 무엇을 도와주세요, 무엇이 되게 해 주십시오, 이렇게 달라고만 하는 기도는 기도가 아니라 몰염치한 짓이다.

'부처님, 저는 지금 이 순간부터 제가 알지 못하는 이웃을 위해 나누고 그들과 고통을 함께 하며 오로지 저들을 위한 기도만 하겠습니다.' 이처럼 진정한 불자라면 부처님 말씀을 좀 더 가까이 하고자 하는 간절함이 묻어나는 수행의 굶주림이 담보되어야 하는 것이다. 부처님 말씀대로 살겠다는 서원과 타인을 위한 기도를 단 한 번이라도 제대로 해 본 적이 있는가 스스로 자문해 볼 일이다.

돈사탐진치(頓捨貪瞋癡) 상귀불법승(常歸佛法僧)

염념보리심(念念菩提心) 처처안락국(處處安樂國)

그리하여 욕심내고 화내고 어리석은 마음을 한 순간에 모두 청산해 버리는 용기를 내소서.

언제 어느 장소에서건 부처님과 부처님 법과 부처님 제자들의 가르침대로 살기를 발원 하소서.

생각을 생각할 때마다 지혜의 마음을 유지 하소서.

그렇게만 된다면 그대들이 가는 곳곳마다 행복의 나라 아닌 곳이 없으리다.

이 게송의 요지는 두 가지로 요약할 수 있다.

첫째, 오로지 부처님만 생각하며 진리를 더 익히지 못한 것에 대하여 배고픈 사람이 먹을 것을 구하는 심정으로 간절해야 한다는 말이다.

둘째, 자신의 기도 목적이 물리적 허영이나 욕심보다 타인을 위해 얼마나 절실하게 기도하고 있는가 하는 것이다.

'꽃이 아름다운 것은 벌에게 꿀을 바치는 일을 행복해하기 때문이다'라는 명언처럼 이렇게만 된다면 비종교인이라 해도 참으로 멋있고 아름다운 삶이 아닐까 생각한다.

## 20. 이색이상분(離色離相分)을 노래하다

세상에 온전한 사랑은 없습니다
세상에 완벽한 사랑도 없습니다
시작도 끝도 없이
사랑이라 부르는 형상의 그림자를
따라가는 바보 같은
몸부림만 있을 뿐이지요
그러면 그럴 것입니다
사랑에 대하여 함부로 말하는 자가
사랑에 대하여 아무것도 모르는 자가
사랑의 치욕을 경험해 보았느냐고
그 마음속에 사랑을 가득 담는 순간
아름답던 예감은
벌써 형편없이
일그러져 있다는 사실을
사랑이 소유나 구속이면
지옥이거나 극락 둘 중 하나일 것입니다
세상에 온전한 사랑은
속아 주는 일일 것입니다

"수보리야, 그대는 어떻게 생각하느냐? 가히 구족한 색신으로 부처님을 볼 수 있다고 생각하느냐?"

"아니옵니다. 세존이시여, 가히 구족한 색신으로는 여래를 볼 수 없사옵니다. 왜냐하면 여래께서 말씀하시는 구족한 색신이라 함은 곧 구족한 색신이 아니옵고 그 이름이 구족한 색신이기 때문이 옵니다."

"수보리야, 그대는 어떻게 생각하느냐? 가히 구족한 상으로 여래를 볼 수 있다고 생각하느냐?"

"아니옵니다. 세존이시여, 구족한 모든 상으로는 여래를 볼 수 없사옵니다.
왜냐하면 여래께서 말씀하시는 모든 구족한 상은 곧 구족한 상이 아니라 그 이름이 모든 구족한 상이기 때문입니다."

# 빈센트 반 고흐에게

〈이색이상분(離色離相分)〉이란 간단한 것 같은데 해석하기 난해한 주제다. 겉으로 나타난 형체나 색상을 버리고 그 대상의 본질을 볼 수 있는 눈이 열려야 한다는 뜻이라고 풀이할 수 있다.

부처님께서 수보리 존자에게 질문한다. '불 가이구족색신 견부(佛可以具足色身 見不)', 즉 부처님의 육신을 볼 때 부처님의 몸은 저렇게 완벽한 모습이어야 된다고 정형화된 모델이 따로 정해져 있다고 보는가? 수보리 존자가 대답하기를, '불야(不也)', 그렇게 생각하지는 않다고 대답한다.

계속해서 '여래설 제상구족 즉비구족(如來說 諸相具足 卽非具足)', 여래께서 말씀하신 바 부처님의 모습은 외형으로 드러난 완전한 모습을 의미하는 것이 아니라고 사료된다는 것이다. 그러므로 어떤 부처님 모습이든 형체를 보고 하나도 빠지는 것 없이 다 구족(具足)한 부처님이라고 평가할 수는 없는 일이다. 맞는 말이다. 흔히 일반적 시각으로 볼 때 겉으로 보기에 잘 생기거나 예쁜 남자나 여자를 선호하는 것은 자연스러운 일이다.

젊은이들 사이에서는 무식한 여자는 용서되지만 얼굴 못 생긴 여자는 봐줄 수가 없다고 한다. 외모 지상주의는 문제가 있다. 용모가 준수하고 멋진 남성의 정신세계가 남들에게 사기 치고 피해 주는 일을 즐기는 형이라고 가정하면 또는 아름다운 미모를 자랑하는 여성이 남의 가정을 파탄 내는 꽃뱀이라면 이야기는 달라지지 않을까.

큰 스님들은 눈에 속고 귀에 속는 바보 같은 수행자는 되지 말라고 당부 하신다. 일상에서 누구를 만나던 차별심을 놓아버려야 한다. 허름한 옷차림은 가난한 사람이라고 얕잡아보는 교만심도 버려야 하고, 좋은 고급 승용차를 타고 가는 사람과 자신을 비교하며 부러워하는 비굴함도 버려야 할 것 중 하나다. 밖으로 보이는 포장의 화려함 보다 내용의 충실함을 눈 여겨 보려는 마음의 문을 열어야 한다.

지구촌에는 다양한 직업이 있다. 뉴욕 월가에는 수백억의 고액 연봉을 받는 금융전문가가 있다. 그런가 하면 중국에서는 인민폐 단돈 오십 원(우리 돈으로 환산하면 약 7,500원)을 받는 일용직도 있다. 직업인의 수입도 천차만별이지만 업종마다 일의 종류도 다양하다. 하루 종일 술만 마셔야 하는 주정평가사에서부터 매일 작은 봇짐을 지고 끙끙대며 산 정상에 있는 호텔까지 일용품을 운반해 주는 짐꾼까지, 이 세상에는 수도 없는 직업군이 있다. 그 가운데 예술가라는 직업은 직업이라 말하기보다 삶 그 자체라고 해야 할 것이다.

어떤 연극인의 이야기를 빌리면 한 달 수입이 수입이랄 것도 없지만 고작 30만원이 안 된다고 한다. 이 정도의 한 달 수입을 가지고는 결혼생활이나 정상적인 가정을 꿈꾸는 것은 불가능하다는 것이다. 그나마 자신의 경우는 조금 나은 편이라고 했다. 이제 막 연극을 배우려고 지망한 연극 초년생들은 교통비도 없어서 극장 무대 뒤쪽에 있는 배우 분장실 의자가 그들의 잠자리라고 한다. 겨우 라면 한 그릇으로 하루 끼니를 때우는 처참한 생활은 경험해 보지 않은 사람은 모른다고 했다.

물론 스스로 선택한 가난이기는 하다. 여기 저기 초대 되어 바쁜 일정을 소화하는 속칭 잘 나간다는 주인공 배우들이야 예외일 것이다. 인기와 부를 얻은 상위 그룹은 손에 꼽을 만큼 몇 명 되지 않는다. 이리도 척박한 현실에서 이름도 알려지지 않은 수 천 명의 무명 연극인의 삶이란 한마디로 고난의 연속이 아닐까 싶다. 물론 물질적 풍요를 누리기 위해 예술을 선택하고 시작하는 사람은 없을 것이다. 그것은 비단 연극인뿐만 아니라 소설이나 희곡을 쓰는 작가나 음악가, 화가도 마찬가지다.

극단적인 경우 얼마 전에 뉴스를 보고 알게 된 이름 없는 시나리

오 작가가 굶어 죽은 충격적인 사건이 떠오른다. 무명 시절의 멸시와 가난 그리고 현실과 이상의 괴리 등 자기 내면의 끝없는 갈등을 극복한다는 것은 어쩌면 천형을 받은 사람의 길처럼, 아니면 묵묵히 걸어가는 수도자의 길처럼 정신적 육체적 고통의 연속일 것이다.

이색이상(離色離相)과 연관하여 반대되는 색(色)과 상(相)을 집착하는 사람들은 그림을 그리는 화가가 아닐까.

유럽의 예술가 중에서도 가장 불행하게 살다간 네덜란드 출신 가난한 화가 빈센트 반 고흐(Vincent van Gogh)의 파란만장한 인생 역정은 한 편의 드라마였다. 고흐는 1853년 네덜란드 남부의 작은 도시에서 목사의 아들로 태어났다. 특별히 뛰어난 재주가 없었던 고흐는 동생 테오(Theo)의 도움을 받아 28세의 늦은 나이에 그림을 그리기 시작했다.

그의 대표적인 그림 가운데 '밤의 카페' '별이 빛나는 밤에' '감자 먹는 사람들' 등 많은 작품이 있다. 그 중에서도 특이하게 우리의 눈을 사로잡는 작품이 있다. 그가 그린 36가지의 자화상 가운데 가장 인상적인 것은 하얀 붕대로 귀를 싸맨 고흐의 우수에 찬 모습일 것이다. 고흐의 작품은 색채의 개념을 파괴하고 거친 화풍으로 그림을 그렸다.

생전에 그의 천재적 소질을 알아봐 주는 사람은 없었다. 어디 화랑에 내놓아도 그림 한 점 쉽게 팔리지 않는 가난한 무명화가에 불과했다. 대개 그가 살았던 시대의 화풍은 사실주의에 가까운 그림들이 대세를 이루고 있었기 때문이다. 마치 요즈음 카메라가 찍은 사진처럼 정밀하게 그려진 그림만을 선호하던 시대였다.

고흐는 1886년 고향을 떠나 파리 근교로 이사 가게 되었다. 그는 예술가들의 본향인 프랑스 파리를 찾았지만 이렇다 할 친구나 직업이 따로 있었던 것도 아니었다. 고독한 고흐의 일상은 그림을 그리는 일보다 찌들은 가난으로부터 도피하고자 때로는 싸구려 카페의 술집을 전전했다. 그러다 돈이 떨어지면 동생 테오에게 편지를 보냈다.

아무리 테오가 스폰서를 자처하지만 돈을 보내달라는 말이 쉽게 나오지는 않았을 것이다. 형이 아니고 동생인 아랫 사람에게 무엇을 부탁한다는 것이 정말 비굴하고 자존심 상하는 일이기 때문이다. 그가 자주 다니던 라가르 카페(Cafe' de la Gare)의 마음씨 좋은 지누(Marie Ginoux) 부인으로부터 외상술도 많이 얻어 마셨다. 빈센트 반 고흐의 다른 이름은 알콜 중독자, 술주정뱅이, 외톨이, 미치광이다.

예술가는 영혼을 뜯어 먹고 사는 직업이라 했던가. 고흐 역시 예외는 아니었다. 타향의 외로움과 가난한 현실을 극복하지 못한 고흐는 마침내 정신분열증을 앓게 된다. 그의 가난이 얼마나 비참했는가 하면 심지어 그림을 그리기 위해 필요로 하는 화구조차 살 돈이 없었다. 어쩔 수 없이 색채 물감과 화구를 파는 탕귀 영감(Père

Tanguy)에게 달려가 숱한 외상을 지기도 한다. 그의 평생 동안 도움을 준 사람 가운데 대표적인 네 명의 인물이 등장한다. 그 첫째가 동생 테오이고, 물감을 파는 탕귀 영감, 술집 카페 지누 부인, 그리고 생폴드모솔(Saint-Paul de Mausole) 요양병원 간병인 트라부 부인(Madame Trabuc)이다. 이들의 따뜻한 고마움을 잊지 못하여 이들을 모델로 그려진 그림들이 훗날 엄청난 가격을 호가하는 고흐의 작품 중 하나가 된다.

물론 그의 예술세계를 이해해 주며 함께 그림을 그리던 폴 고갱(Paul Gauguin)이라는 친구가 있었다. 하지만 이 두 사람은 함께 지내는 동안 서로의 주장이 너무 강한 나머지 항상 의견이 충돌했다. 폴 고갱은 반 고흐보다 나이가 다섯 살이나 많은 사람이다. 게다가 강한 성격과 냉소적인 인간형이기 때문에 모든 것을 비판적으로 보는 것이다. 반면 고흐는 남부 네덜란드 사람 특유의 성격으로 조금 거칠기는 하지만 내성적이고 순박했다.

어느 날 밤 고흐의 친구 중에 우체부로 일하는 조셉 룰랭(Joseph Roulin)의 이야기를 하게 되었다. 고갱이 말하기를, 매일 술이나 먹고 매춘부들과 놀아나는 조셉 룰랭은 형편없는 녀석이라고 평가절하 했다. 이에 격분한 반 고흐는 친구를 그런 식으로 험담하는 고갱의 멱살을 잡고 심하게 다투었다.

이 사건이 있은 후 폴 고갱은 반 고흐의 곁을 떠나게 된다. 친구가 떠나버린 빈자리를 메우지 못한 고흐는 술에 취한 채 거리의 매춘부를 찾아 간다. 거기서 만난 매춘부가 농담처럼 "당신의 귀가 참 잘 생겼군요."하고 한마디 던졌다. 순간 빈센트 반 고흐는 한 치의 망설임도 없이 한 쪽 귀를 예리한 면도칼로 잘라 버렸다. 칼로 도려낸 한 쪽 귀를 하얀 종이에 싸서 매춘부에게 던져 주며 "이것은 그대에게 드리는 크리스마스 선물이오."라고 말했다. 그리하여 저 유명한 빈센트 반 고흐의 귀를 싸맨 초상화가 그려지게 된 것이다.

외롭고 가난한 화가 반 고흐는 점차 정신분열증이 심해지면서 정신요양원에 네 차례 입원을 반복하는 형편이 되었다. 때로는 광기어린 눈빛으로 물감이 들어있는 튜브를 치약처럼 빨아먹는 이상한 행동을 보이기도 했다. 어쩌면 예술가들의 특이한 기행들이 보편적 상식을 넘을 때도 있다. 하지만 고흐는 정신분열증을 겪고 있는 정신병 환자였던 것이다. 동생 테오의 후원을 받아서 생폴드모솔 요양병원에 다시 입원하게 된 고흐는 얼마동안 그곳에서 지내면서도 작품 활동을 계속하려는 노력도 해 보았다.

그렇게 자신을 가누려는 그의 몸부림은 오히려 고흐의 정신세계를 더 황폐하게 만들어 버렸다. 프랑스 화단을 깜짝 놀라게 해줄 수 있는 변변한 작품 하나 없다는 사실이 못 견디게 비참했을 것이다. 일류 화가를 꿈꾸며 버텨온 파리의 거리는 반 고흐에게 있어서 너무나 쓸쓸하고 고독한 거리였다. 술주정뱅이 미치광이로 전락한 자신의 현실이 구차하다고 느꼈을 것이다.

반 고흐를 지극히 간호해 주던 트라부 부인과 마지막 작별인사를 건네고 집으로 돌아왔다. 그리고 얼마 후 예술가의 배고픈 삶과 지독히 가난에 찌든 현실을 극복하지 못한 빈센트 반 고흐는 자신의 비루하고 지친 영혼을 쉬게 하고 싶었다. 불행하게도 37세의 젊은 나이에 권총자살을 선택하여 파란 많은 생을 마감하고 말았다.

역설적으로 오늘날 빈센트 반 고흐의 작품 가격은 천문학적인 금액이다. 그가 생존해 있을 때 악몽처럼 저주했던 가난한 삶을 사는 사람들에게는 감히 쳐다볼 수조차 없는 귀하신 몸이 되었다. 과연 프랑스 화단의 평론가들이 빈센트 반 고흐를 평가함에 있어서 그의 작품세계나 정신세계를 충분히 이해하고 있는 것일까 의문이 든다.

색과 상만으로 세상을 바라보고 평가하는 그릇된 인식을 벗어나 대상의 본질에 대한 시선과 통찰이 있어야 한다. 본질에 충실한 삶의 기준을 세우고 있다면 흔들릴 때마다 자신을 바로 세우는 길잡이가 될 것이다.

## 21. 비설소설분(非說所說分)을 노래하다

누군가 말했다
그렇게 말하지 말라고
당신은 중생이고
나는 나라고
이 같은 생각이
절제되지 않는다면
머지않아 다가올
또 다른 진실들이
왜곡되어질 수 있다고
누군가 당신의 말을
믿으려 하지 않을 때
혹자는
당신을 혹독하게
비방하려는 음모가
저잣거리에 난무하면
다만
한마디 말도 하지 않았다고
그리 전하면 되는 것을

"수보리야, 그대는 여래가 법을 설한 바 있다고 생각하지 말아야 하느니라. 왜냐하면 만일 어떤 사람이 말하기를 여래가 법을 설한 바 있다고 한다면 이는 곧 여래를 비방하는 것이니, 내가 말한 바를 알지 못하기 때문이니라.

수보리야, 법을 설한다는 것은 법 없음을 설하며 그 이름이 법을 설하는 것이기 때문이니라."

# 환생한 나의 아들아

〈비설소설분(非說所說分)〉이라 함은 부처님께서 설법을 하였지만 한 말씀도 설한 바가 없다는 뜻이다. 이 금강경에서 뿐만 아니라 열반하기 직전 설하신 열반경에서도 석가모니 부처님은 제자들에게 말씀하시기를, "나는 49년 동안 일평생 한마디의 설법도 한 적이 없다."라고 전해지고 있다. 학문적 언어로 그대들의 삶을 변화시킨 것이 아니라는 것이다. 사상과 철학적 사유의 세계가 그대들의 정신세계의 중심이 될 수 있어야 하고 언어에 집착하지 말라는 뜻을 내포하고 있다.

다시 본문으로 들어가 보자. '아당 유소설법 막작시념(我當 有所說法 莫作是念)', 즉 내가 그대들에게 당연히 설법을 한 적이 있다고 생각하지 말아 주었으면 한다는 뜻이다. '하이고 즉위방불(何以

故 卽爲謗佛)', 즉 왜냐하면 그렇게 말하는 사람이 있다면 그것은 곧 나를 모욕하는 행위이며, 그들은 또한 나의 깊은 진리를 이해하지 못한 것이기 때문이라고 말씀하신다.

'설법자 무법가설(說法者 無法可說)', 즉 설법이라고 하는 것 역시 본디 따로 있는 것이 아니라 가정설일 뿐이라는 것이다. 그러므로 '시명설법(是名說法)', 곧 설법이라는 껍데기만 남게 되는 것을 원치 않는다는 것이다.

다시 수보리 존자가 질문하기를, '어미래세 문설시법 생신심부(於未來世 聞說是法 生信心不)', '먼 훗날 부처님의 진리 말씀을 듣는 사람들에게 어떤 방법으로 굳건하게 믿는 마음을 내서 수행하라 할까요?' 라고 말한다. 다시 부처님의 친절한 안내는 계속된다. 내가 말한 중생이라고 하는 것도 어떻게 보면 '시명중생(是名衆生)', 즉 껍데기만 중생이라는 것이다. 이렇게 답하고 끝이다.

도대체 무슨 말인지 쉽게 이해가 가지 않을 것 같아 부연하자면, 껍데기 중생을 벗어 버리고 나면 중생의 마음 안에 있던 부처가 환하게 나타나는데 다시 무슨 부처가 되고자 수행이 필요하겠는가 하는 뜻이다. 이 내용을 비유하자면 '캄캄한 밤중에 등불을 밝혀 어둠을 모두 몰아냈는데 다시 무슨 등불이 또 필요할까?'라는 뜻이다.

동 · 서양을 막론하고 많은 철학자들이 전하는 합리적이고 논리적인 말씀들은 오늘을 사는 우리들 삶의 질에 대하여 지혜의 눈을 뜨게 했다. 하지만 그들의 지식은 단편적 철학의 세계관과 인생관을 논하고 있을 뿐이다. 종교적 사상이나 종교적 철학의 사유세계와는 조금 거리가 있다. 어느 소설가의 말을 빌리면 "지식은 머리에 머물러 있고, 지성은 가슴에 있으며, 지혜는 사랑을 가득 담은 마음 안에 있다."고 했다. 적절한 표현인 것 같다.

몇 해 전에 선종한 가톨릭 신부 김수환 추기경도 이 같은 내용을 언급한 바가 있다. "참사랑의 실천을 머리에서 가슴으로 이해하고 실천하는데 소요된 시간이 70년이라는 세월이 필요했다."는 겸손의 말씀이었다. 이처럼 자기 삶의 존중감과 정결함을 나타내는 말은 없을 것이다.

불교에서 요구하는 궁극적 지향점은 앞에서 말한 선민의 순수이성에 의한 삶의 지혜가 아니고 수행자의 지혜가 필요한 것이다. 이를 일러 반야지혜라고 한다. 반야지혜의 최정상에 앉은 이가 바로 6년 고행의 수행자 고타마 싯다르타이다.

부처님의 깨달음으로 인한 사유의 세계관과 우주관이 불교의 중심사상이다. 정신세계의 수준 높은 대반야의 지혜는 어떤 특정한 사람의 전유물이 아니라는 사실이다. 누구나 곧고 바른 수행법을 실천하면 대반야 지혜의 경지에 오를 수 있다. 그동안 2,500년 불교 역사 속에서 깨달음에 이르신 덕 높은 수행자의 배출은 수없이 많았다. 그 중에서 임제종맥을 이어 갔던 귀종선(歸宗宣) 큰 스님의 이야기를 들어보자.

중국의 송나라 시대 황우 4년 1052년 경에 정부의 관료로서 상당히 높은 지위를 누리던 곽공보라는 인물이 있었다. 이 사람은 대 문장가이기도 하지만 시를 잘 짓는다고 하여 혹자는 이태백이 다시 환생한 것이 아니냐고 하는 극찬을 받았던 사람이다.

한 가지 특이한 점은 여느 시인이나 문장가와는 달리 술과 여흥을 즐기는 것을 극도로 삼가하고 오로지 불교공부에만 몰두했다고 한다. 그의 열성은 단순한 불교신자가 아니었다. 사찰의 불사가 있거나 큰 스님 초청법회가 열리는 곳이면 원근을 마다하지 않고 달려가 사재를 시주하고 적극 참여하는 독실한 재가불자였다. 곽공보가 각별히 존경하고 섬기던 스승이 한 분 계셨는데 바로 귀종선 큰 스님이다. 귀종선 큰 스님은 승속을 막론하고 교우를 가지며 폭넓은 인간관계를 맺었다.

하루는 그 시대의 엘리트 집단이라고 하는 몇몇 사람들과 강주 자사로 있던 백사인 그리고 시인 이만권이 귀종선 큰 스님을 찾아 갔다. 이들은 내심 송나라에서 최고로 지혜가 높은 스님이라니 장난삼아 어려운 질문을 한번 던져보고 답을 못하면 망신을 줄 요량이었다. 심술쟁이 이만권이 실눈 웃음을 띠면서 질문하기를, "대사! 부처님 말씀에는 말이요. 저렇게 높고 큰 산이 작은 콩 한 쪽에 들어갈 수 있다고 들었습니다. 그게 현실적으로 가능한 일이요? 내가 보기에는 말장난 같소이다."하고 말했다.

그러자 귀종선 큰 스님은 한 치의 망설임도 없이 다시 이만권에게 되묻기를 "이만권 씨! 소승도 한마디 물어 보겠소. 당신은 살면서 이만 권의 책을 다 읽으셨다고 들었습니다. 그 소문이 사실이라면 대단히 학문이 높으신 학자이십니다. 그런데 당신의 그 작은 머리통에 이만 권이나 되는 책을 어디에다 쌓아 놓으셨소? 무겁지 않으신지 걱정됩니다."하고 대답했다. 통쾌한 한방을 먹은 그들 일행은 한마디 말도 꺼내지 못하고 오금을 저리며 줄행랑을 치고 말았다.

이와 같이 타의 추종을 불허하는 호탕한 성품의 귀종선 큰 스님은 곽공보를 특별히 아끼고 자식처럼 여겼다. 곽공보가 불교공부를 하다가 막히거나 질문할 것이 있으면 편지글을 통해 지도 받기도 하고, 가끔씩은 귀종선 큰 스님을 자기 집에 모셔다 놓고 개인지도를 받기도 했다. 비록 거리는 멀리 떨어져 있었지만 언제나 재가불자로서 스승님의 안부를 챙기고 극진히 모시는 모습은 이 시대의 불자들이 본받아야 할 귀감이다.

귀종선 큰 스님의 유명한 일화 한 가지를 소개한다.

어느 날 귀종선 큰 스님께서 곽공보에게 편지를 보냈다. 내용을 살펴보니 특별히 다른 말씀은 없었고 "앞으로 열흘 뒤에 귀공의 집을 방문할까 하네."하는 단문의 글을 보내온 것이다. 평소처럼 자신의 집을 찾아주신다니 감사할 따름이었다. 그때부터 곽공보는 가족들 모두에게 당부하였다. 큰 스님이 열흘 뒤에 오신다니 손님 맞을 준비를 잘하고 청소나 또는 큰 스님이 머무시는 동안 잘 잡수시는 음식 장만에도 각별히 신경을 써 줄 것을 명했다.

그렇게 시간이 흘러 열흘이 되었다. 온다고 약속하던 날 아랫 사람들과 함께 하루 종일 문밖에서 기다렸지만 해가 지고 땅거미가 지는 그 시간까지 귀종선 큰 스님은 나타나지 않았다. 곽공보는 생각하기를, '오늘은 스승님께서 다른 바쁜 일이 있어 못 오시는 것 같다'고 여기며 아랫 사람들을 시켜 준비한 것들을 모두 치우게 했다. 다음날 다시 오실 것이라는 기대를 가지고 밤늦게 잠자리에 들었다. 그리고 깊은 잠에 빠졌다.

그런데 이상한 일이 벌어진 것이다. 옆자리에 깊이 잠들어 있던 곽공보의 아내가 땀을 흘리며 헛소리를 하고 있었다. 그것도 아주 큰 소리로 "큰 스님, 여기 들어오시면 안 됩니다. 들어오시면 안 됩니다."하고 손을 허공에 허우적거리며 자꾸만 안으로 들어오려는 누군가를 막아서는 시늉을 하는 것이었다. 그러자 곽공보는 심하게 잠꼬대를 하는 아내를 흔들어 깨웠다. 잠에서 깨어난 아내는 꿈에서 일어난 상황이라 하면서 "글쎄 망측하게도 큰 스님께서 당신과 내가 사랑을 나누는 침대 속으로 들어오시려는 겁니다."하고 설명해 주었다. 너무나 부끄럽고 민망하여 막아서려는 자신과 들어오려는 귀종선 큰 스님과 한참 동안 실랑이가 벌어진 것이라고 말했다.

이상한 꿈을 꾸게 된 이들 내외는 다시 잠자리에 들었다. 다음날에도 기다리던 귀종선 큰 스님은 오지 않았다. 그렇게 삼일 동안 기다리고 있었는데 전에 편지를 가지고 왔던 그 사람이 다시 찾아와서 갑자기 귀종선 큰 스님이 열반에 들었다는 소식을 전했다. 비보를 받은 곽공보는 스님이 주석하던 사찰에 찾아가서 장례를 치르고 집으로 돌아 왔다.

그런데 그날 밤 곽공보의 꿈에 귀종선 큰 스님이 나타나 "이제 나는 그대의 아들로 태어날 것이네. 그리 알고 내가 12세까지 성장한 후에는 다시 사문의 길로 보내 주시게."하고 부탁하였다. 그때서야 곽공보 내외는 귀종선 큰 스님이 자신의 집을 방문하겠다던 약속이 환생을 뜻하는 것인 줄 알게 되었다.

얼마쯤 시간이 지난 뒤 곽공보의 아내는 아기를 잉태하기에는 조금 늦은 나이인 데도 불구하고 임신을 하였고, 열 달이 되어 남자 아이를 출산하였다. 비록 곽공보의 아들로 환생하기는 했지만 전생에는 자신의 큰 스승이었던 아이를 어떻게 대해야 할지 또 이름을 무엇이라 부를지 고민을 하다가 귀종선 큰 스님의 마지막 글자 '선' 자를 따고 노승이라는 '노' 자를 붙여서 선노(宣老)라고 지었다. 그리고 곽공보 내외는 매번 아이를 대할 때마다 자신들의 자식으로 여기지 않았다. 옛날에 스승님을 대하듯 꼭 예를 갖추고 존댓말을 했다.

이 같이 경이로운 환생 이야기를 하면서 드는 생각은 부처님의 가르침의 실천이 여기쯤 이르러서야 완성도를 이루었다 할 수 있겠다는 것이다. 인류의 어떤 철학자나 사상가라고 하여도 존재적 근원인 우주적 대자유의 자리에 오르지는 못한다. 완벽한 마음의 자유,

즉 심자재(心自在)의 자리를 말하는 것이다. 심자재는 죽고 싶으면 죽고, 살고 싶으면 살고, 그것도 아니면 다시 인간으로 환생하겠다면 환생하는 것이다.

누구라서 감히 죽은 뒤에 어디에서 무엇으로 태어나고자 계획하고 실행하겠는가. 소위 4대 성인으로 추앙 받는 공자님 같은 분은 제자가 질문하기를 "선생님은 죽은 후에 어디로 가십니까?"하고 물으니 공자님 대답은 너무나 실망스럽게 "우리네 오늘의 삶도 다 모르는데 죽은 뒤의 일을 어찌 알겠느냐?"하고 성인다운 진솔한 대답을 하였다.

환생을 꿈꾸는 이가 있다면 부처님의 참 수행법에 관심을 가져볼 일이다. 하지만 환생에만 집착하여 오늘 자신의 삶의 가치가 의미없는 것이라 여기는 가벼운 생각도 위험하다. 모든 것을 희생하고 고통을 감내하며 수행자 흉내를 내라는 것도 아니다. 오로지 현재에 충실하며 유쾌한 삶의 질서를 유지하는 한편, 불교적 세계관을 이해하려는 노력과 합리적 이성을 기반으로 하는 불교적 사유세계를 경험해 보라는 것이다.

잘못 이해된 종교생활은 교조주의나 신비주의에 빠지기 쉽다. 그러나 정법에 들면 자연스럽게 마음의 심연에서 우러나오는 잊어버린 자신과 만나게 될 것이다. 언젠가 어디선가 잊어버린 자신과 다시 만난다는 상상을 해보면 더없이 행복한 일이 아닐까. 이를 일러 자아완성(自我完成)이라 한다.

## 22. 무법가득분(無法可得分)을 노래하다

처음에 불씨는
누구도 얻은 바가 없었다
온 산을 태우고도 남을
상상조차 두려운
불씨 하나가
어디서 왔는지 모른다
그렇지만 산은 뜨겁게 뜨겁게
불타오르고 있었다
처음부터 불씨는
산불의 원인이었다
그러나
아무도 불씨를
받은 자도 얻은 자도
없었다는 사실이다
불타오르는 산
변명의 흔적조차
깨끗이 태우고
마지막 한 점까지도
바람에 날려 보냈다

수보리가 부처님께 말씀드리기를 "세존이시여, 부처님께서 아뇩다라삼먁삼보리를 얻으신 것은 얻은 바 없음을 말씀하시나이까?"

부처님께서 말씀하시되 "그러하니라. 수보리야, 내가 아뇩다라삼먁삼보리에 법이 조금도 있지 않음을 가히 얻음이니, 그 이름을 아뇩다라삼먁삼보리라 하느니라."

# 천일의 앤을 보면서

〈무법가득분(無法可得分)〉은 한 법도 얻은 바가 없다는 뜻이다. 이렇게 해석해 놓고 보면 앞뒤가 없는 황당한 소리로 들릴 수도 있다. 그러나 본문으로 들어가 보면 그 뜻을 이해할 수 있다. 제자 수보리 존자가 부처님께 '불 아뇩다라샴막삼보리 위무소득야(佛 阿耨多羅三藐三菩提 爲無所得耶)', 즉 지금까지 설법한 금강경 내용을 살펴보면 부처님께서는 부처가 되는 법을 특별히 취득하거나 얻은 바가 없다는 말씀이 되는데 그것이 무슨 뜻인지 질문한다.

부처님께서 답하기를, '여시여시(如是如是)', 그렇다, 그렇다라고 말씀하신다. 계속해서 '아어 아뇩다라샴막삼보리(我於 阿耨多羅三藐三菩提)', 즉 내가 깨달음을 이루어 부처가 되었다고 하는 것도 어떻게 보면 부처라는 이름표만 달고 있을 뿐 그대들과 비교해서 다른 것이 무엇이냐는 말이다. 배 고프면 밥 먹고, 잠 오면 잠 자고 실상의 모습은 '있는 그대로' 라는 것이다. 정신세계의 완벽한 인격체가 완성되면 우리들의 일상과 조금도 다르지 않다는 의미이다.

이것은 '평상심시도(平常心是道)', 즉 평상심이 곧 진리라는 뜻이다. 다시 말하면 부처가 되는데 있어서 자격증이나 면허증처럼 별도의 자격 요건을 갖추어야 한다는 생각은 잘못된 것이다. 처음부터 부처될 자질 있는 사람만 부처된다는 차별심도 경계의 대상이라는 말이다. 모든 현상을 있는 그대로 보며 자기 생각을 더하지 않는 부처의 눈에는 특별히 얻을 것도 잃을 것도 없다는 것이다.

〈무법가득분〉의 기승전결이 생략된 짧은 문장 안에서 해석할 것도 없는 무엇을 풀어서 설명해 보려는 의도조차 부질없는 것인지도 모른다. 맛을 경험해 보지 못했는데 짠 것이다, 싱거운 것이다 하고 아무리 설명한다고 한들 언어 표현의 한계는 진짜 그 맛을 온전히 전달하기는 불가능한 일이다. 상대에게 참 맛을 알게 하는 방법은 하나뿐이다. 소금의 짠 맛은 그냥 한입 털어 넣어 주는 수밖에 없다.

〈무법가득분(無法可得分)〉을 현실로 돌아와 중생계에서 조명해 보면 재미있는 이야기들이 많다. 사람들이 그렇게 아등바등 쌓아온 사랑과 돈과 명예와 권력도 마지막 죽음 앞에서는 무법가득이다. 이 가운데 단 하나도 무덤까지 나와 함께 해줄 대상은 없다는 말이다. 누구나 그렇다는 사실을 알고는 있지만 다만 업식(業識)에 의해 윤회의 바퀴를 탈출하지 못할 뿐이다.

다음에 출현하는 주인공들의 업의 인연들, 즉 업연(業緣)을 보며 기도와 수행하는데 도움이 되었으면 한다.

영국의 공상 소설가 토마스 모어(Thomas More)가 지은 소설 '유토피아(Utopia)'는 현실세계에서는 존재하지 않는 가상의 섬나라다. 유토피아란 단어 역시 '존재하지 않는 곳'이라는 뜻을 가지고 있다. 간략히 보면 이상적 정치체제를 지닌 토마스 모어의 머릿속에서만 그려진 상상의 섬이다. 가공인물인 휴트로에우스가 듣고 기록하는 형식으로 되어 있다.

첫 시작은 세계 여러 나라를 여행하고 돌아온 뱃사람 히스로디가 그 섬에서 체험하고 경험했다고 주장하는 내용으로 전개된다. 이상향의 섬나라 유토피아의 풍속도와 사회 · 환경 · 정치 · 제도 등의 이야기 형식으로 꾸며져 있다. 참된 공공성과 공동생산 공동분배가 그 섬나라의 정의였으며, 노동력에 있어서도 지위 고하가 막론된 나라다. 힘 있는 소수가 힘 없는 다수 위에서 군림하며 부당한 노동력을 착취당하는 일이 없는 나라이다. 이른바 무산계급주의를 실현하는 평화로운 나라로 그려져 있다. 어쩌면 실패한 공산주의 체제와 비슷한 정치 구도가 아닌가 싶기도 하다.

책의 저자 토마스 모어가 이 소설을 쓰게 된 배경을 살펴보면, 중세 유럽사회의 불안정한 정치 상황을 비꼬는 작품이라고도 할 수 있다. 당시 유럽의 정치 현실은 그리스도인들과 소수의 기득권 세력인 영주들에 의해 사회정의나 질서가 완전히 붕괴되어 갔다. 오로지 돈의 맛에 취해서 재산과 영토를 넓히는네 혈안이 된 폭압정치의 극에 달해 있었다. 가난하고 못가진 자들에게는 아비지옥과도 같았을 것이다.

이 같은 피폐하고 비참한 민중의 생활을 지켜보았던 토마스 모어는 역설적이게도 유럽의 대표적인 상류사회의 부유한 가정에서 태어났다. 영국 황실의 기사 작위를 받은 대법원 판사 존 모어경이 그의 아버지였다. 그 역시 정식 엘리트 과정인 옥스퍼드 대학을 졸업하고 변호사로 출발하여 당시 잉글랜드 국왕이었던 헨리 8세(Henry Ⅷ of England)의 보좌관과 비서 역을 맡으며 출세가도를 달렸다. 하지만 시민사회는 자본과 권력, 심지어는 법률적 권리마저도 소수에 의해 독점되었고 절대 다수의 빈곤층은 절망에 빠진 상태에 놓여 있었다. 뿐만 아니었다. 국왕 헨리 8세는 자신의 형인 헨리 7세 왕이 사망하자 형의 부인인 형수 캐서린(Catherine of Aragon)과 결혼을 하게 된다.

그렇게 얼마의 시간이 지난 뒤 또 다른 여자를 정부로 두고 임신까지 시킨다. 이 여자가 앤 볼린의 동생 메리 볼린이다. 바람둥이 헨리 8세는 드디어 형수이자 자신의 아내인 캐서린 왕비의 몸종으로 일하던 앤 볼린(Anne Boleyn)에게서도 사랑을 느끼게 된다. 헨리 8세 왕이 그녀에게 자신의 애인이 되어 달라고 사랑을 고백한다. 하지만 동생 메리 볼린을 농락하고 장난감처럼 가지고 놀다가 그것도

임신까지 시켜 놓은 뒤에 가차 없이 버린 것을 알고 있었다.

앤 볼린은 어릴 때부터 프랑스 궁정에서 수준 높은 교육을 받은 교양과 멋을 함께 지닌 무척 영리한 여자였다. 앤은 헨리 8세를 믿지 않았다. 정식으로 결혼할 생각이 아니라면 당신의 사랑을 받아 줄 수 없다고 단호히 거절한다. 이 장면은 영화로도 유명한 '천일의 앤' 내용이다.

온갖 감언이설과 선물공세를 펼쳐 봐도 헨리 8세의 마음을 절대 받아주지 않는 고집 센 여자가 앤 볼린이었다. 헨리 8세의 마음 같아서는 당장 사랑하는 앤 볼린과 결혼하고 싶지만 그 시대에 대다수 유럽 국왕들은 가톨릭 교리에 따라 한번 결혼하면 정실 왕비가 죽기 전에는 이혼이 불가능한 제도였다.

어쩌다 앤 볼린의 매력에 빠진 헨리 8세는 가톨릭 교황청에 현재 왕비가 아이를 낳지 못한다는 핑계를 대며 이혼을 허락해 달라고 한다. 하지만 가톨릭 교황청의 교회주의 세력들은 완강히 거절한다. 그러자 헨리 8세는 끝내 사고를 치고 만다. 가톨릭 교리에 묶여 결혼할 수 없다면 잉글랜드에 맞는 새로운 종교를 만들어 종교를 개혁해 버리겠다고 호기를 부린다. 그리하여 탄생한 것이 성공회다. 마침내 가톨릭 교황청의 반대를 무릅쓰고 1533년 1월 잉글랜드 국왕 헨리 8세와 왕비 캐서린의 몸종 신분이었던 앤 볼린과의 결혼식을 거행하게 된다.

이처럼 억지스러운 결혼식으로 태어난 엘리자베스 1세 영국 여왕의 모후가 앤 볼린이다. 수 많은 충신들과 가톨릭 교황청의 극한 반대의 파장을 일으키며 성공한 결혼이었지만 유감스럽게도 앤 볼린 왕비는 1000일, 즉 3년이 채 안 되는 짧은 기간 동안 왕비 자리를 누리다가 죽었다. 그 후의 궁중 비사는 알 수 없지만 다른 남자와 정을 통한 죄목과 가톨릭 교리의 이단자로 몰려 단두대에 목이 잘리는 죽임을 당하고 만다. 인간들의 사랑 놀음이라는 것이 참으로 덧

없는 것이 아닌가 싶다. 앤 볼린이라는 한 여자의 일생에 있어서 그가 얻은 것은 무엇이며 잃은 것은 무엇일까?

무법가득(無法可得)이다. 얻었다 할 것도 없고 잃었다고 정의할 것도 없는 사람의 한 평생은 생멸의 단두대가 언제나 그 자리에서 우리를 기다리고 있다. 그녀가 죽은 지 11일 만에, 아직 죽은 사람의 체온이 채 식기도 전에 대단한 국왕 헨리 8세의 사랑놀이는 계속된다. 앤 볼린의 비서격인 상궁 제인 시모어(Jane Seymour)와 재혼을 한 것이다.

이처럼 국왕에서부터 말단 공무원까지 부패와 비리로 얼룩져 있는 추잡한 국가질서를 보면서 절망에 빠졌을 토마스 모어를 떠올리게 된다. 그 역시 헨리 8세와 캐서린과의 이혼은 가톨릭 교리에 반하는 것이라는 소신을 굽히지 않고 판결을 보류한다. 그러기 위해서는 영국 대심원장 자리를 물러나야 했다.

그래서 미련 없이 사표를 던진다. 그러자 헨리 8세는 참을 수 없는 배신감을 느낀다. 그동안 비서로서 특별보좌관으로서 자신의 마음을 누구보다 이해해 줄 것이라 생각했던 토마스 모어가 자신의 재혼을 단호히 반대하는 것이었다. 이에 격분한 헨리 8세는 왕명을 거역한 죄목을 달아서 감옥에 구금하였다가 얼마 후 참수형으로 죽이고 말았다.

이처럼 정치무상 권력무상의 1500년대 영국 사회에서 토마스 모어는 법률가로 저술가로 또는 사상가로서 존경 받게 된다. 게다가

로마 가톨릭 교회에서는 그의 고집스러운 교회주의 사상을 높이 평가하여 마침내 성인으로 추서한다. 서민 대중의 핍박 정치를 안타까워했던 토마스 모어의 순수이성이 빚어낸 작품이 바로 '유토피아'다.

현실에서 잃어버린 자신의 정체성을 구현하려는 사람들에게는 자비로운 삶이 가장 적절한 답이다. 아무리 영화로운 삶을 영위하는 사람이라고 해도 정신세계가 망상으로 가득 차 있다면 그는 불행한 사람이다.

오늘날 우리나라의 현주소는 어떠한가? 천민자본주의에 중독된 일부 젊은 세력들은 돈이라면 못할 짓이 없는 극단적 말초적 현상으로 치닫고 있다. 돈과 행복은 비례한다는 그릇된 사조가 얼마나 무서운 결과를 가져올지 알 수 없다. 왜냐하면 사회 전반에 걸쳐서 한탕주의 요행주의에 찌들어 무질서와 혼돈의 사회로 가고 있기 때문이다. 어른 아이 구별도 남녀의 유별도 없다. 죽고 죽이는 살벌한 게임만 난무하는 위험한 지경에 내몰리고 있다. 건강한 조국의 미래를 위해 청년들의 정서 함양에 관심을 가질 때다.

## 23. 정심행선분(淨心行善分)을 노래하다

맑고 깨끗한 마음자리가
우리들의 소중한 삶의 가치이다
그런데도 불구하고
세상의 모든 선행들이 비켜서 있다
너무나 비겁하다
남루한 변명이다
다른 무엇으로도 대체할 수 없는
일체의 선행
그것 하나면 된다
오늘도 우리는 해가 뜨는 날에
해를 보면 된다
새로운 희망의 문을 열려는 강한 의지
그것이면 된다
자꾸만 위대해지지 마라
선행 존중 시대를
당신과 나의 두 손으로
열어 가면 되는 것이다

"또한 수보리야, 이 법은 평등하여 높고 낮음이 없음이니, 이것을 이름하여 아뇩다라삼먁삼보리라 하느니라.
나도 없고, 남도 없으며, 중생도 없고, 오래 산다는 것도 없음으로 일체의 좋은 법을 닦으면 곧 아뇩다라삼먁삼보리를 얻느니라.
수보리야, 이르되 좋은 법이라고 말하는 것은 곧 좋은 법이 아니라고 여래는 말하나니, 왜냐하면 그 이름을 좋은 법이라고 하기 때문이니라."

# 착한 수행법이란 따로 있지 않다

〈정심행선분(淨心行善分)〉은 착하고 아름다운 행동을 하는 자는 본디 마음이 투명하고 깨끗한 법임을 말하고 있다. 연결하여 본문으로 들어 가보자. '시법평등(是法平等)' 이 진리의 세계는  차별이 없이 평등하므로 높고 낮다고 자랑할 것도 아니며, 없다고 기죽을 일도 아니라는 것이다. 또한 높이 있다고 모양낼 일도 아니며, 낮다고 비굴할 것은 더더욱 없다는 것이다.

여기에는 '무아상(無我相)', 나 혼자 제일 잘 났다고 착각하는 모습도 버려야 한다. '무인상(無人相)', 인간만이 이 세상 모든 사물을 함부로 대해도 된다는 특권의식도 버려야한다. '무중생상(無衆生相)', 스스로 자신이 가진 얄팍한 재주나 수행력을 뽐내려는 못난 모습도 없어야 한다. '무수자상(無壽者相)', 현재 자신이 누리는 수명이나 위상이 영원할 것으로 믿는 근거 없는 자존감도 버려야 한다.

그렇게 하면 곧 '수 일체선법(修 一切善法)', 즉 모든 수행자가 그러했듯이 그대 역시 착하고 아름다운 수행자의 길로 들어서는 길이라는 것이다. 그리하면 마침내 '아뇩다라샴막삼보리'를 얻을 것이라고 주장한다. 다시 말씀하시기를, '여래설 즉비선법 시명선법(如來說 卽非善法 是名善法)', 즉 여래께서 말씀하신 착한 수행법이라 하는 것도 착한 수행법이 아니고 이름만 착한 수행법이라는 것이다.

무슨 뜻인가 하면 선법이라는 단어 자체가 처음부터 없어야 한다는 이야기다. 내가 선법을 수행하고 있다는 의식을 하고 행동한다면 벌써 시작부터 잘못된 출발이라는 말이다. 좀 더 구체적으로 접근하자면 선(善)·악(惡)이라는 상대적 분별의식, 즉 좋은 것 싫은 것 등의 차별심을 가지고 있다면 나의 행동은 언제나 정당하고 상대의 수행은 질 낮은 것으로 보려는 4상의 모습을 조금도 벗어나지 못하는 어리석은 수행자의 모습을 경계하라는 뜻이다.

팔만대장경 목록에서 보면 부처님 말씀이 반야경, 열반경, 화엄경, 법화경, 아함경, 방등경 등등 수 백 가지로 나누어진다. 이를 한마디로 요약해서 설명하는 글은 '열반종요(涅槃宗要)'에서 찾을 수 있다. '화백가지이쟁 귀일미지법해(和百家之異諍 歸一味之法海)' 개울물, 도랑물, 더럽게 오염된 물, 맑은 물, 찬물, 더운 물, 이 물의 본질은 같은 것이다. 마침내 바다로 들어가서는 소금기 머금은 짠맛 하나로 귀결된다는 뜻이다. 이보다 더 간략하게 줄여서 설파한 성철 스님의 법어에서는 마음 '심(心)' 자 하나 설명하는데 이 같이 많은 경전이 소용되었다고 하였다.

젊은 수행자의 깨달음의 경험 이야기 속으로 들어가 보자.

어떤 수행자가 덕이 높은 큰 스님이 살고 있다고 소문난 산을 찾아 나섰다. 하루 종일 이 산 저 산을 헤매고 다녔지만 끝내 찾지 못했다. 그렇게 시간을 보내다가 날이 어두워진 것이다. 때 마침 가까운 곳에 다 허물어진 초막집 하나를 발견했다. 반딧불처럼 희미한 불빛이 새어 나오는 초막집에 이르러서 주인을 찾았다.

그러자 허리가 꼬부라진 노인 한 사람이 나왔다. 얼마나 오랫동안 빨아 입지 않았는지 고약한 냄새가 풀풀 나는 걸레조각 같은 천 조각을 기워 입은 차림새가 마치 거지영감 형색이었다. 이 젊은 수행자는 말하기를 "산을 헤매다가 길을 잃어서 그렇습니다. 하룻밤만 묵어 갈 수 없을런지요?"라고 노인에게 부탁한다. 기거하는 방이 한 칸 뿐이니 함께 잘려면 방안으로 들어오라고 허락해 주었다.

홀아비 영감이 거처하는 특유의 고약한 냄새가 코를 찌르지만 민가가 없는 산속에서는 선택의 여지가 없었다. 방안으로 들어간 젊은 수행자는 온종일 산을 돌아다니며 한 끼의 식사도 하지 못했다. 인심 좋은 초막집 노인은 바가지에 먹다 남은 감자를 건네며 먹으라고 권한다. 허기를 채우고 나니 배는 부르지만 잠자리가 불편해서 쉽게 잠이 오지 않았다.

그러자 노인은 젊은 수행자에게 말을 걸어온다. "어디서 올라온 수좌(스님의 높인 말)인가?" 그러자 젊은 수행자는 자신이 이 산을 올라온 목적은 도력이 높은 도인 스님이 이 산 어디엔가 기거한다는 말을 듣고 특별히 개인지도를 받고자 찾아 나서는 길이라고 말했다. 노인은 수행자의 말을 다 듣고 나서 "그럼 자네는 나를 찾아온 것이구만."하고 말했다. 노인의 말을 들은 젊은 수행자는 깜짝 놀라 자리에서 벌떡 일어났다. 그는 속으로 '설마 저 노인네가 도력 높은 큰 스님이라는 말인가? 도저히 믿을 수가 없다. 형색을 보아하니 영락없는 거지 영감탱이가 도력이 높은 큰 스님이라니'하고 생각하며 자신의 귀를 의심했다.

그러나 몇 가지 이야기를 주고받는 가운데 그 노인이 평소 살았던 사찰 이름이나 현재 그곳에 살고 있는 스님들까지 모두 알고 있었다. 분명 이 노인이 도력 높은 큰 스님이 맞다고 생각한 젊은 수행자는 일어나 삼배의 예를 올리고 "스님께서는 인간이 가질 수 있고 누릴 수 있는 행복한 삶과 평화로운 길로 나가는 비법을 아신다고 하여 찾아 왔습니다. 저에게 그 같은 비밀스러운 법을 전수해 주실 수 있으신지요?"하고 말했다.

노인은 짐짓 딴청을 부리며 "그런 비법을 함부로 전할 수는 없지." 하고 말했다. 당황한 젊은 수행자는 어떻게 하면 당신의 비법을 전수받을 수 있느냐고 간절한 눈빛으로 묻고 있었다. 그러자 스님은 "수좌가 꼭 나와 함께 공부를 하겠다면 조건이 있다네. 내 빨래며

밥이며 땔감이며 잔심부름까지 꼭 10년 동안 시중을 들어주면 내가 기꺼이 자네가 원하는 비상한 비법을 지도해 주겠네. 그리할 수 있겠는가?"하고 말했다.

그렇게 하여 젊은 수행자는 큰 스님이 거주하던 초막집을 수리하고 방을 한 칸 더 늘려서 동거하기 시작했다. 매일 같이 빨래하고 밥하고 산에 올라가 나무를 해다가 시중에 팔아서 식량을 구해오는 일까지 머슴살이 같은 일상이 반복되어 갔다. 그렇게 5년이 지난 뒤 노스님에게 "아니 지금까지 무슨 부처님 경전 한 권도 설법해 주지 않으시고 매일 일만 시키는데 언제쯤 그 비법을 가르쳐 주실 겁니까?"하면서 따지고 물었다.

노스님이 걱정스럽게 바라보며 말하였다.

"5년이라는 세월이 흘렀음에도 불구하고 아직도 화를 내는 나쁜 버릇을 고치지 아니하였다. 네게 정심행선(淨心行善 : 부처님 같이 맑고 깨끗한 마음자리에 들어서려면 그 방법론에 있어서 먼저 자비롭고 순수한 본래 마음으로의 변환이 필요하다는 뜻)을 일러준들 알아나 듣겠느냐, 바보 같은 녀석아. 너와 내가 약속한 10년은 아직도 5년이 더 남았다. 그렇게 억울하면 당장 산을 내려가거라."

지금까지 인자하던 노스님의 모습은 찾아볼 수 없을 정도로 단호했다. 젊은 수행자는 또 다시 노스님과 약속한 나머지 5년의 머슴살이를 살아가기가 막막했다. 차라리 산을 내려가 버릴까 혼자서 갈등하였다. 그렇지만 지금까지 고생해온 5년이 너무 억울했다. 다시

금 5년을 버티기로 마음먹었다.

그렇게 시간은 흘러 어느덧 노스님과 약속한 10년째 되는 날이 되었다. 젊은 수행자는 노스님을 찾아가 말하기를 "그동안 스승님을 위해 온갖 궂은 일을 마다하지 않고 정성을 다해 10년을 모셨습니다. 그런데도 불구하고 지금까지 단 한 번도 행복으로 가는 비법을 일러주지 않았습니다."하고 말했다. 그러자 노스님은 껄껄 웃으시며 답하기를 "이 답답한 사람아. 그동안 십 년 내내 하루도 빠지지 않고 행복으로 가는 비법을 친절히 일러 주었는데 아직도 배움이 부족하다고 말하는가? 그거 참 안타까운 일이네."하고 말했다.

이 말을 들은 젊은 수행자는 할 말을 잊었다. 다시 노스님을 향해 원망의 눈으로 바라보며 따져 묻기를, "언제 무슨 경전을 설법하고 강의해 주셨는가요? 소승의 기억에는 단 한 번도 없었습니다."하고 말하니 노스님은 지팡이를 들어 부엌을 가리키면서 이렇게 말했다.

"금강경 23분에 보면 수일체선법(修一切善法 : 수행방법이란 특별히 정해진 것은 없다. 행동하고 말하고 일체 모든 것이 자비 중심으로 이루어진다면 이것이 바로 수행법이다)이라 하지 않았나? 자네가 밥을 지을 때는 보리쌀 경을 강의해 주었고, 또 자네가 땔나무를 해올 때는 나무 경을 강설하였지. 잠잘 때는 와선 경을 설하였네. 그뿐인가 밭을 맬 때는 방생 경을 설하지 않았던가?"

이 말을 들은 젊은 수행자는 화가 나서 참을 수가 없었다. 도대체 말도 안 되는 소리를 하고 있다고 여겼다. 그리하여 지금까지 부려

먹은 10년 동안 노력하고 고생한 노동의 대가를 내놓으라고 하였다. 그러자 노스님은 측은한 눈으로 바라보며 이렇게 조용히 말했다.

"나는 말일세. 화 나면 화 내고 웃음 나면 웃고 밥 먹을 때 밥 먹고 밤이 되면 잠자고 화장실 갈 때 되면 화장실 가고 하루도 이 같은 일을 게을리 한 적이 없네. 여기에 무엇을 더해야 행복할 수 있단 말인가? 이렇게 친절히 가르쳐 주었는 데도 나에게 허물이 있다 말하는가?"

순간 젊은 수행자는 큰 충격에 빠진 듯 멍하니 서 있다가 가슴이 따뜻해지고 시야가 넓어지는 느낌을 받는다. 이어 노스님에게 큰 절을 세 번 올렸다. 그리고 크게 한바탕 웃으며 그 자리를 떠났다.

'심즉시불 심외무불(心卽是佛 心外無佛)', 즉 내 마음이 곧 부처이며 내 마음 밖에서 따로 부처를 찾을 수는 없는 일이다. 누구나 스스로의 정신세계 안에는 무엇 하나 부족함 없이 충분히 다 갖추고 있다. 하지만 엉뚱하게도 사람들은 말한다. 산 넘어 저쪽 어딘가에 정토(淨土)의 땅이 있다고 말이다. 그것은 신앙관이 잘못된 관념론적 오류다.

나에게 무엇이 필요한가를 고민하는 부류들이 새 옷, 새 집, 새 차를 구하면서 외적 지향의 가치가 최고라고 여기기 때문이다. 하지만 지혜의 눈이 열린 사람은 자신이 지금 불필요한 것을 너무 많이 가지고 있지는 않은지 살피게 될 것이다. 다시 말하지만 예토(穢土

: 더러운 세상) 또는 정토(淨土 : 맑고 깨끗한 평화의 나라)가 따로 존재하는 것은 아니다.

세상살이가 지치고 힘들어도 오늘 이 순간 숨 쉬고 사는 이것만으로도 충분히 행복을 느낀다면 작은 것에도 감사하고 만족하는 사람이라면 이곳이 곧 정토다. 반대로 언제나 자신의 뜻대로 충족되지 않는다고 늘 불행하게 살고 있다고 느끼거나 자기만 불이익을 당하는 사람처럼 불만 가득한 표정을 짓는다면, 그 사람이 밟고 서 있는 그 자리가 예토라는 사실을 명심해야 할 것이다.

예토(穢土), 즉 더럽고 추악하고 저주받은 땅에 살고 싶지 않다면 어떤 조건이나 환경에서도 무조건 만족한 웃음을 잃지 말아야 한다. 나물 먹고 물 마셔도 넉넉한 인생이 될 수 있다. 웃을 일이 있어서 웃는 것보다 웃다 보면 웃을 일이 생기는 것이다.

## 24. 복지무비분(福智無比分)을 노래하다

허영(虛榮)의 날개를 달고
한평생 춤추고 노래하며
희로애락 허접한 것들에 취하여
살아온 세월이
이제 와서 무슨 소용인가
목숨과 바꾸어도 좋을
그 한마디
수학적 공식으로도 풀어낼 수 없는
어떤 것으로도 비교 불허하는
그 한마디
반야의 노래여
차경독송(此經讀誦)
그 한마디
세상에서 가장 높다는 수미산만큼이나
쌓아 놓은 헌신과 봉사
시간의 소용돌이에
묻혀버릴 의미 없는 것들
오로지 그 한마디

"수보리야, 만약 어떤 사람이 삼천대천세계 중에 수미산 왕 같은 칠보를 취하여 보시하고, 또 다른 사람은 이 반야바라밀경에 사구게만을 수지 독송하여 남을 위하여 설한다면 앞의 복덕으로는 백분의 일에도 미치지 못하며, 백천만억분의 일에도 미치지 못하며, 어떤 숫자를 비유하더라도 능히 미치지 못함이니라."

## 반야의 노래여

〈복지무비분(福智無比分)〉은 일반적 신앙생활에서 자비로운 마음을 내고 이웃에게 나눔을 실천하는 것이 바람직한 것임을 가르치고 있다. 그러나 중단 없이 기도나 수행에 의해 지혜로운 정신세계로 나아가려는 의지력과는 비교 불가라고 선언한다. 다소 과장되기는 하지만 인간이 상상하는 우주에서 가장 높은 수미산(須彌山) 높이만큼 진귀한 보물을 쌓아 놓고 그것이 다 없어질 때까지 누군가에게 나누고 베푸는 행위가 훌륭하다고 한다. 하지만 '이차 반야바라밀경 수지독송 위타인설 백분불급일(以此 般若波羅蜜經 受持讀誦 爲他人說 百分不及一)', 즉 이 금강반야바라밀경을 읽고 쓰고 외우고 실천하며, 다른 사람에게 부처님 법을 친절히 전할 수 있는 수행자의 모습과 비교할 때 백분의 일도 미치지 못한다고 했다.

인간에게는 누구나 자신이 행하는 어떤 행위에 있어서 그 결과물이 기대 이상이기를 바라는 마음이 내재되어 있다. 그렇지만 때로는 소기의 목적한 바를 이루지 못하는 경험을 하게 되기도 한다. 물질의 나눔이란 적어도 수혜자의 감사의 마음이라도 전달되어 오지만 기도생활이나 수행자에게 정진은 눈에 보이는 이렇다 할 결과물이 뚜렷하게 나타나지 않는다. 부단한 자기와의 전쟁은 끝이 없는 길이기에 있는 것을 나누는 것에 비해 없는 것을 찾으려는 공부가 얼마나 어렵고 힘든 일인가를 단적으로 말해 주고 있다.

초기 기독교인들의 성경을 보면 대다수가 복음서 또는 전서로 되어 있다. 고린도전서, 예베소서, 로마서 등 대부분이 편지글들을 모아서 책으로 엮은 것이다. 처음에는 기독교인들을 지독히 미워하였고 또 그들을 탄압하는데 누구보다 앞장섰던 바울이라는 사람이 어느 날 갑자기 회개하고 목사가 되었다. 바로 이 사람이 사도 바울이다. 바울이라는 목사가 로마뿐만 아니라 이웃 여러 나라를 전도하고 다니면서 보내온 편지들이 성경의 기초를 이룬다.

로마시대의 핍박받고 쫓겨 다니던 기독교인들이 지하 땅굴 같은데 모여서 교인들끼리 남들 몰래 예배를 보았다. 예배를 보는 주된 내용은 사도 바울이 전해온 편지를 함께 읽는 일이었다. 자칫 무서운 로마 병정들의 눈에라도 띄는 날에는 그 즉시 목숨을 내놓아야 하는 매우 위험한 종교 의식이었다.

이 같이 하나밖에 없는 생명을 걸고 찾았던 진리의 말씀들이 바울의 편지이며, 이를 성경 구절의 한편이라고 하는 것이다. 로마시대의 지배자와 피지배자의 압제 속에서 한 가닥 희망의 메시지 같은 바울의 편지는 절대적 의미를 가지고 있었다. 그들의 은밀한 편지 돌려보기는 마치 첩보 영화를 방불케 하는 아슬아슬한 장면들이다. 숨고 숨기며 숨바꼭질하듯이 철저한 보안을 유지하면서 몰래몰래 이 사람이 저 사람에게 이쪽에서 저쪽 동네로 바울의 편지는 끊임없이 전달되었다. 한 조각 빵보다 오로지 진리에 목말라했을 초기 예수교인들의 절절한 믿음은 목숨을 담보로 하는 강력한 도전적 행위였을 것이다.

저들에 비하면 모두가 그런 것은 아니지만 일부 불자들의 신심은 너무나 안일하다. 부끄럽지만 간절한 수행인이기보다 적당히 현세와 타협하며 자칫 기복에나 관심을 가지고 안주하는 신앙인들이라고 생각한다. 불교는 어려운 것이라고 단정해 버리면 더는 접근이 불가능한 영역이 될 수도 있다. 불교가 그렇게 어렵지만은 않다는 것을 이해하기 위해서는 조금은 유치한 방법이지만 효과가 있는 처방이 필요하다.

어떤 가수의 노래 부르는 것을 보고 들으면서 노랫말이나 음률이 좋아서 그 노래를 배우고 싶다고 생각한다. 하지만 딱 한 번 듣고 그 노래를 따라 부르는 천재는 이 세상 어디에도 없다. 자신이 좋아하는 그 노래를 멋지게 부를 수 있을 때까지는 수십 번 듣고 외우고 장단을 맞추고 거듭 반복해서 불러야 자기 노래가 되는 것이다.

이처럼 아무리 어렵고 난해한 법문이라도 반복해서 자주 들으면 곧 부처님 원음을 듣는 것처럼 부처님 법설이 어느새 자기 것이 되어서 생활 속에 자연히 녹아 들어가게 된다. 적어도 종교인이라면 진리를 전해 듣는 그 사람의 마음가짐부터 진지하고 정갈해야 한다.

불자들이 법문을 듣는 자세는 두 가지 부류가 있다. 첫째가 현애상(懸崖想)이고, 둘째가 관문상(慣聞想)이다. 현애상은 법문이 너무 어렵다고 생각하는 것이다. 관문상은 너무 쉽고 자주 들어온 법문이라서 지루함을 느낀다는 것이다.

현애상에서 어렵다는 생각이 들게 되는 이유는 법문을 듣는 자세의 문제이다. 법사가 전하려는 내용을 노트하고 이해되지 않는 단어나 문장들을 찾아보고 질문하려는 적극적인 노력이 없다. 부처님 말씀은 한 번 듣고 흘려 버려야 할 잡담이나 산담이 아니다. 어떻게 해서든 듣고 익혀서 자신 또한 이 진리의 말씀을 이웃에게 온전히 전할 수 있을 때까지 반복해서 공부해야 하는 것이다.

그럼에도 불구하고 대다수가 그렇지 못하다. 무엇인가 절실한 문제의식을 가지고 진리의 말씀을 들으려는 태도가 아니라는 것이다. 자칫 부처님 앞에 돈 얼마쯤 가져다 내고 두 손 모아 복을 비는 것이 불교인의 역할이라고 생각한다면 착각이다. 물론 복을 비는 것이 나쁘다거나 비하할 뜻은 없다. 사찰 운영에 있어 불자들이 십시일반으로 도움을 주는 것은 당연한 의무다. 하지만 부처님께서는 분명히 말씀하셨다.

금강경 〈복지무비분〉은 자신의 일신을 위해 복을 짓는 일과 진리의 말씀을 듣고 지혜의 눈이 열리는 것에 대하여 비교가 되는 것을 용납할 수 없다고 했다. 다시금 우리 불자들이 법회 때마다 반복해서 외우는 '마하반야바라밀다심경' 끝 부분을 알기 쉽게 해석해 보자.

'시대신주(是大神呪)', 이 반야심경은 위대하고 신비로운 부처님의 진리의 말씀이다.

'시대명주(是大明呪)', 이 반야심경은 어둡던 내 마음을 환하게 밝혀줄 큰 등불과도 같은 절대 진리의 말씀이다.

'시무상주(是無上呪)', 이 반야심경은 이 세상 무엇과도 비교될 수 없는 가장 수준 높은 진리의 말씀이다.

'시무등등주(是無等等呪)', 이 반야심경은 부처님의 경전 가운데에서도 가장 으뜸가는 진리의 말씀이다.

'능제일체고(能除一切苦)', 인간이 경험하는 어떠한 종류의 고통도 이 반야심경을 외우고 있는 동안에는 능히 극복하고 이겨낼 수 있으며 힘과 용기를 주는 진리의 말씀이다.

'진실불허(眞實不虛)', 그러므로 이 반야심경 안에 담겨 있는 부처님 말씀은 털끝만큼의 거짓되거나 허망한 내용이 없다. 오로지 참된 진리의 말씀이니 의심치 말 것이다.

'고설반야바라밀다주(故說般若波羅蜜多呪)', 다시 말하거니와 반야심경을 외우고 읽고 사경하며 기도하는 그대가 진정한 수행자다.

'즉설주왈(卽說呪曰)', 부처님의 진리의 말씀대로 살고자 서원하고 곧바로 실천하는 것만이 불자들의 옳은 삶의 형태일 것이다.

'아제아제바라아제 바라승아제 모지사바하', 기도하세 기도하세 의심치 말고 기도하세.

(여기서 전통적으로 해석하는 '아제아제 바라아제 바라승아제 모지사바하' 구절은 '가세 가세 어서 가세 저 열반의 언덕으로 나가세' 라고도 한다)

일방적 해석이 불자들에게 혼란을 줄 수도 있다. 하지만 불교의 정의는 하나다. 부처님의 가르침은 오로지 실행하고 실천할 때만이 그 의미를 가지는 것이다. 불교란 미사여구로 말장난이나 하려는 부류들이 믿는 종교가 아니다. 따라서 자비로운 마음을 향상시키고 보다 고상한 인생을 체험하며 행복하게 살기를 추구한다면, 부지런히 기도하고 또 기도하라! 기도가 생활화 되지 않는다면 무엇을 가지고 부처님 진리 안에 사는 사람들이라고 감히 말할 수 있을까.

25. 화무소화분(化無所化分)

26. 법신비상분(法身非相分)

27. 무단무멸분(無斷無滅分)

28. 불수불탐분(不受不貪分)

29. 위의적정분(威儀寂靜分)

30. 일합이상분(一合理相分)

31. 지견불생분(知見不生分)

32. 응화비진분(應化非眞分)

## 25. 화무소화분(化無所化分)을 노래하다

봄날의 한때
이름을 다 외울 수 없는
화려한 치장의 꽃들이 흐드러지게
꽃 웃음을 흘린다
누가 하나하나
무엇이라고 일부러
이름 지어 부르지 않아도
아무런 조건 없이
요염한 꽃향기 늘어놓고
벌들의 입맞춤을 허락하고 있었다
자네도 한잔 나도 한잔
꽃술에 취해 눕는
오늘 하루는 행복하다
그대여 삼가 하라
처음부터 어떤 꽃은 더 예쁘고 덜 예쁘다고
분류된 인연인 것처럼
부자연스러운 언어
다만 그들의 이름은 꽃밭이었다

"수보리야, 그대는 어떻게 생각하느냐? 너희들은 여래가 마땅히 중생을 제도한다고 생각하면 안 되느니라. 왜 그러냐하면 실로 여래는 제도할 중생이 없기 때문이니 만일 여래에게 중생이 있고 제도함이 있다면, 여래는 곧 아상 · 인상 · 중생상 · 수자상이 있기 때문이니라.

수보리야, 여래가 아상이 있다 함은 곧 아상이 있는 것이 아님을 말함인데, 범부들은 아상이 있다고 말하나니, 수보리야, 범부라는 것도 여래는 곧 범부라 하지 않나니 왜냐하면 그 이름을 범부라 하기 때문이니라."

## 모든 악을 끊는 일이란

〈화무소화분(化無所化分)〉은 어떤 무엇을 행했다고 하지만 부처의 자리에서 보면 이미 그렇게 다 되어 있었던 내용이다. 한편으로 중생심에서도 무엇인가 되기를 간절히 원하지만 인위(人爲)적으로는 그렇게 쉽게 되지 않는 것이 오히려 자연스러운 현상이라는 뜻으로 해석할 수 있다.

다시 본문으로 들어가면 '여등물위 여래 작시념 아당도중생(汝等勿謂 如來 作是念 我當度衆生)', 즉 그대들은 함부로 결론 내리지 말고 부처님은 모든 중생을 자신이 제도했다는 자신감으로 만족해할 것 같다는 것이다. 계속해서 '막작시념(莫作是念)'이라고 해서 제발 이 같은 그릇된 생각과 망발은 삼가주기를 간절히 바란다고 강조하고 있다.

'약유중생 여래도자(若有衆生 如來度者)', 즉 만약에 부처님이 저 중생들을 제도했다는 마음이 추호라도 있다고 한다면 그것은 금강경이 그토록 거듭거듭 강조하고 경계하는 아상 · 인상 · 중생상 · 수자상과 모순된 논리가 된다는 것이다. 다시 말하면 상대적으로 부처는 중생을 구제하는 구원의 주체이며, 중생은 구제해야 할 대상으로 너는 나의 종속적 관계에 속하게 된다는 이야기가 아니다.

절대 평등의 부처님 세계에서는 길을 안내해 주는 길잡이는 있을지언정 길잡이와 주종 관계란 있을 수 없다는 결론인 것이다. 그도 언젠가는 숙달된 길잡이가 될 수 있는 충분한 요건을 갖추고 있을 뿐더러 중생 역시 오늘의 주인공임을 주장하고 있다. '여래설즉 비범부 시명범부(如來說卽 非凡夫 是名凡夫)' 즉 부처님이 범부라고 칭하는 것도 정작 범부를 범부라 하는 것이 아니며, 다만 이름만 범부라고 한다고 되어 있다.

끝부분에 나오는 이 부정과 긍정의 문맥을 우리는 쉽게 이해하기 어려운 것도 사실이다. 그러나 '시명범부'란 다만 그들을 중생이다 범부다 부처님이다 다르게 부르는 이유는 현재 처한 입장을 설명하기 위한 부득이한 일시적 명칭일 뿐이다. 깨달은 분상에 돌아가면 영원히 고정불변한 범부란 있을 수 없다. 부처도 깨달아 도를 이루기 전에는 범부였으며, 오늘의 범부도 내일쯤 깨달으면 바로 부처인 것이다. 그래서 시간의 노예가 되지 말고 시간의 주인이 되어 종교 생활에 각자의 시간을 더 많이 할애해야 한다.

불교에서는 스님들이 부처님 말씀을 전하는 의식을 설법 또는 법문이라고 한다. 즉 부처님의 진리 말씀을 듣는 이가 이해하기 쉽게 전달한다는 뜻이다. 대부분 일반 불자들이 사찰의 중요행사에 가면 꼭 덕 높은 스님들의 법문을 듣게 되어 있다.

법문이라는 단어의 중요성을 살펴보자.

한문으로 '법(法)' 자를 파자(破字)하면 갈 '거(去)' 자에 물 '수(水)'를 합한 것이다. 이를 해석하면 물이 흐르는 대로 내버려두면 자연스러운 것이 된다. 이를 법이라고 한다. 그러나 불교 특유의 해석에 따라서 어떠한 경우에도 변하지 않는 인류의 가치 질서에 필요한 절대적 진리라는 뜻에도 '법(法)' 자를 쓴다. 또한 법문할 때 '문' 자는 귀로 듣는다 하여 들을 '문(聞)'으로 쓰기도 하지만 한편으로는 '문(門)' 자를 병행하여 쓰기도 한다. 문이란 글자 그대로 해석하면 사람들이 출입할 때 열고 닫는 대문이다. 그러니까 부처님께서 가르침 주신 참다운 진리의 말씀이 있는 곳으로 문을 활짝 열고 들어갈 수 있도록 간절히 이야기해 주는 것이 법문이다.

그러므로 문을 경계선으로 하여 문밖과 문안이 완전히 다른 세상이라는 뜻이 담겨 있다. 좀 더 구체적으로 설명하자면 대문 안쪽에는 지위 고하도, 부처와 중생도 없다. 부자도 가난한 사람도, 잘난 사람도 못난 사람도 없는 완전한 평등 평화의 세계이다. 반대로 대문 밖의 세상은 지금까지 충분히 경험해온 질투, 시기, 차별, 갈

등 등으로 상처 받아온 물질만능주의 세상이다. 그에 비하면 문안의 세상은 비물질주의, 즉 정신세계의 온전한 자유를 추구하며 성취하는 장이다.

스님들의 법문은 이 대문 안으로 들어올 수 있도록 친절한 안내를 해주는 것이다. 그러나 부처님의 진리를 아무리 세세히 설명하고 이 문안으로 들어올 것을 권해도 소용이 없다. 대다수 의심 많은 사람들은 그 문안으로 들어가면 마치 귀신이나 도깨비라도 나올 것처럼 지레 겁을 먹고 문밖에서만 맴돌다 자신들이 살던 화택으로 돌아들간다. 참으로 안타까운 일이다.

더러는 대문 입구에 와서 기웃거리는 불자들마저도 스님들의 법문을 한낱 이야기꾼의 이야기 정도로 가볍게 받아들이고 있을 뿐이다. 정작 법문을 듣고 있는 사람들의 태도 역시 실망스럽기는 마찬가지다. 절절한 감동도 없고 실천 의지도 없다. 오히려 처음 불교를 접하던 순수한 열정과 용기도 시간이 가면서 점차 엷어지는 경우가 더 많은 것 같다.

이제는 타성에 젖은 불자가 되었거나 불교 교리를 혼자만 다 아는 것처럼 어리석고 교만한 불자로 변질되어 가는 것이 더욱 문제다. 이것저것 핑계와 이유를 대면서 건성건성 기회만 되면 절에 가는 시간조차도 빼먹고 이름만 불자인 사람들이 넘치는 게 신앙심의 현주소다. 이른바 시계불량(視界不良)이다.

법화경에 나오는 '윤회 화택'이라는 주제의 내용을 보면 이 세상은 마치 화재가 난 집과 같다고 하였다. 이른바 불타는 집, 그것은 우리 인간들에게 주어진 시간과 공간적 한계를 인식시키고자 부처님 방식으로 전하는 비유법이다.

불타는 집이란 어서 빨리 더 신속하게 시간과 초를 다투어 피신해야 할 매우 위험한 장소를 특징하는 것이다. 인정하고 싶지 않겠지만 법화경에 나오는 이야기처럼 우리는 지금 어린아이가 장난감 놀이에 정신이 팔려 불에 타죽을지도 모를, 한 시간 뒤 자신의 끔찍한 운명을 의식하지 못하고 있는 상황과 같다는 말이다. 사람의 일생이 마치 화재로 인하여 순식간에 모두 타버리고 형체도 알아볼 수 없이 먼지 같은 흔적만 남기게 되는 너무나도 짧고 허무한 시간 이야기다.

이처럼 위험한 상황 인식도 못하고 오히려 문간방에 살다가 더 들어가 안방으로 그리고 더 넓은 방에 살겠다고 몸부림치고 있다. 화재가 난 집 안방에서 비단이불 덮고 자면 무엇 하겠는가? 곧 다 타버릴 집인데도 말이다. 문제는 어서 빨리 그 위험한 집에서 나오는 방법만이 살아남을 수 있는 길인데도 고집을 피우고 있다. 저들을 구원하고자 아무리 소리치고 손짓해도 이 소리가 이 손짓이 자기와는 전혀 무관한 것처럼 생각하는 사람들에게는 백약이 무효다.

단편적으로 일신의 달콤하고 행복한 꿈을 꾸려는 허망한 탐 · 진 · 치에 빠져 정신이 혼미한 채로 죽는 수밖에 없다. 그렇다고 '허무한 인생사 아등바등 노력하며 살 게 무엇인가. 대충 게으름 피우며 살다 가면 되지'라고 생각하는 사람이 있다면 부처님 말씀을 잘못 이해하고 있는 것이다.

진리 말씀의 핵심은 이러하다. 우리에게 허락된 시간은 그리 길지 않으므로 이렇게 짧은 시간 안에 무엇을 어떻게 하면서 살 것인가? 후회 없이 보람된 한 생을 살고자 한다면 우선 건강한 목표 지향점이 있어야 한다. 그것도 '대충 적당히'가 아니라 좀 더 구체적으로 메뉴얼이 되어 있어야 하는 것이다. 종교 생활을 하면서도 자신이 믿는 종교의 교리에 맞게 자비의 마음 안에서 말하고 행동하며 보다 더 적극적이며 실천적 의미를 담은 삶이어야 한다. 그러나 신앙인들이 오히려 거꾸로 간다는 생각이 들 때가 많다.

이 순간에도 한 걸음씩 생로병사의 길, 죽음을 향해 걸어가는 속도가 점차 빨라지는 진행형 생명체인 인간이 할 수 있는 일은 그리 많지 않다. 그러나 찾아보면  없는 것도 아니다. 인간 본래 이성인 순수성을 기조로 하는 이타행(利他行)이 좋은 방법 중의 하나다. 꼭 특정 종교인이어야만 자격이 있는 것도 아니다. 나보다 남을 이롭게 하는 행위가 이타행이다. 스스로 자신이 가진 무엇이건 이웃을 위한 따뜻한 말 한마디 또는 자신이 가진 기술이건 재물이건 다 좋다. 자비로운 봉사 자비로운 보시 자비로운 나눔의 기부행위 등이다.

그렇지만 여기에는 꼭 지켜 주어야 할 단서 조건이 하나 있다. 바로 삼륜이 청정해야 한다. 즉 세 가지 이유가 건전해야 하는 것이다.

주는 이의 마음도 교만심이 없어 깨끗해야 하고, 받는 이의 마음도 비굴하지 말고 깨끗해야 하고, 주는 물건도 깨끗해야 한다. 도둑질한 물건을 주는 행위는 자비 보시가 아니다.

더러는 봉사나 기부를 해 놓고 자기 만족에 취하거나 누구에게 얼마 정도 보시할까 저울질하고 체면치레로 보시 좀 했다고 우월감에 빠지는 못난 사람은 되지 말아야 한다. 마치 놀부가 억지스럽게 제비 다리 분질러 놓고 복 받겠다고 명주실로 묶어주는 엉터리 이타행은 삼가하는 것이 좋다.

종교인 역시 무엇인가 종교로 인하여 자기 이득을 챙기려는 엉성한 믿음이라면 그만 두는 게 좋다. 시간 낭비해 가면서 종교 생활을 할 필요가 없다. 차라리 그 시간에 집에서 텔레비전이나 보고 오락이나 즐기며 인생을 소비하며 한평생 될 대로 되라고 살다 죽으면 된다.

그렇지 않고 기왕 종교인이 되었다면 좀 더 철저하게 다가가자. 믿음도 간절하게, 기도 역시 간절하게 머리로 따지고 계산기로 두들겨보는 졸렬한 신앙심을 버리고 열정적 뜨거운 가슴으로 다가서는 순수한 수행 근본 믿음자리에서 거듭나야 한다. 이른바 중생들의 집은 지금 불타고 있는 윤회화택(輪回火宅)과 같다. 어서 빨리 부처님이 거주하는 자비 문중으로 들어가야 한다. 그 집은 절대 평화와 안녕이 보장된 집이다. 이 대문 안이 바로 정토의 땅이다.

티벳의 고승이 남긴 말씀 중 다음과 같은 구절이 있다.

법문을 들어서 모든 것을 얻고
법문을 들어서 모든 악을 끊고
법문을 들어서 모든 의미 없는 것을 버리자.
그리하면 마침내 올곧은 부처님 제자가 될 것이다.

이 말씀을 깊이 새겨서 법문을 제대로 볼 줄 알고, 들을 줄 아는 불자가 되자.

## 26. 법신비상분(法身非相分)을 노래하다

약이색견아 이음성구아(若以色見我 以音聲求我)

만약에 말이네 누군가

내 모습을 보고 있다면

만약에 말이네 누군가

내 목소리를 듣고 있다면

그것으로서

온전한 나를 이해한다고

걱정스러운 태도나

엉터리 같은 결론은

사양하겠네

시인행사도 불능견여래(是人行邪道 不能見如來)

이처럼 사람을 보는 방법이

마음의 눈으로 보려하지 않고

그릇되었다면

안타까운 일이기는 하지만

그대의 눈에는

저 평화의 땅이

영원히 보이지 않을 것이네

“수보리야, 그대는 어떻게 생각하느냐? 가히 삼십이상으로 여래를 볼 수 있다고 생각하느냐?”

수보리가 말씀드리기를 “그러하옵니다. 세존이시여! 삼십이상으로 여래를 볼 수 있사옵니다.”

부처님께서 말씀하시되 “수보리야, 만일 삼십이상으로 여래를 볼 수 있다면, 전륜성왕도 여래라 할 수 있겠느냐?”

수보리가 부처님께 말씀드리기를 “세존이시여, 부처님께서 말씀하시는 뜻을 제가 이해하옵기에는 삼십이상으로 응당히 여래를 볼 수 없사옵니다.”

## 슈베르트의 자장가에서

〈법신비상분(法身非相分)〉에 관하여 좀 더 자세히 설명하자면 부처님께서 설하신 진리의 본질은 법당에 모셔진 크거나 작은 또는 거룩하거나 초라한 형상과 같은 고정관념의 틀에 있지 않다는 말이다. 부처님께서 수보리 존자에게 '가이삼십이상관여래부(可以三十二相觀如來不)'라고 질문했다. "그대가 얼굴이 잘 생겼다, 손이 곱다, 살결이 희다, 키가 크다, 목소리가 성우처럼 멋있다 등등 서른 두 가지 모양이 부처님과 비슷하게 갖춘 사람을 보면 저 사람은 부처님이다 아니다를 분별할 수 있겠는가?"하고 물으니 이에 수보리 존자가 "그러합니다. 적어도 부처님 모습이라면 일반 중생들과는 확연히 다르게 32상의 성스럽고 거룩한 모습이 두루두루 완벽하게 갖춘 분이어야 한다고 생각합니다."하고 대답한다.

다시 부처님께서 말씀하기를, "그렇게 외형적 모습을 보고 판단한다면 전륜성왕(轉輪聖王)이라는 나라를 다스리는 국왕의 위엄을 가진 사람도 부처님과 같이 동일한 깨달음을 이룬 사람이라 할 수 있느냐?"고 물으신다.

부처님께서는 마지막으로 시를 한 편 송하면서 이해하지 못하는 대중들을 설득한다. 특히 이 시는 금강경 게송 가운데 핵심이다. '약이색견아 이음성구아 시인행사도 불능견여래(若以色見我 以音聲求我 是人行邪道 不能見如來)', 즉 만약에 그대들이 상상하는 부처님은 특별한 부처님만의 얼굴이 따로 있다고 생각하거나 부처님의 목소리는 어떤 비밀스러운 소리를 낼 것으로 기대하고 있다면 이 같이 삐뚤어진 선입관을 가지고는 참 부처님을 만나기란 평생 불가능한 일이라는 것이다.

보통은 이렇게 해석하지만 다른 한편으로는 수행자나 기도하는 사람이 자아를 발견하기 위해 공부하는 가운데 갑자기 어떤 아름다운 형상이 나타나거나 이상한 천상의 음악소리 같은 것이 들릴 때 그 순간에 현혹되면 자성(自性)을 발견하기는커녕 사도(邪道) 귀신의 소굴에 빠지는 실수를 범할 수도 있음을 경계하는 구절이기도 하다.

진정한 부처의 모습이란 시장에 나가 보면 불특정 다수의 기쁘고 슬프고 웃고 떠드는 희로애락(喜怒愛樂)의 얼굴들이 모두 부처의 모습으로 보일 때 마침내 자신의 부처와 만나는 순간이라 할 것이다. 또한 새소리 바람소리 물소리 그 소리가 부처님의 음성으로 들릴 때 드디어 내면에 잠들어 있던 완전한 자성의 부처와 대화 가능한 경계에 이른다는 말이다.

여기서 '이음성구아(以音聲求我)' 즉 소리로 나를 찾아보는 부분과 연관지어 때로는 수행하는 시간을 잠시 접고 아름다운 음악소리에 젖어 보는 여유도 그렇게 나쁘지는 않을 것이다.

슈베르트(Franz Peter Schubert)의 서정적 음악을 듣고, 슈베르트의 영혼의 소리를 들으며 정서적 안정감을 얻는 것도 나쁘지는 않을 것이다. 음악인들 뿐만 아니라 일반인에게도 자장가라고 하면 모차르트(Wolfgang Amadeus Mozart)의 자장가와 브람스(Johannes Brahms)의 자장가 그리고 슈베르트의 자장가 등이 대표적인 곡이라고 알려져 있다. 슈베르트의 자장가도 세 곡이 있는데 그 중에 두 번째 자장가의 노랫말이다.

잘 자라 잘 자라 노래를 들으며
옥같이 어여쁜 우리 아가야
귀여운 너 잠 잘 적에
하느작 하느작 나비 춤 춘다
잘 자라 잘 자라 노래 들으며
꽃같이 어여쁜 우리 아가야

귀여운 너 잠 잘 적에
하나 둘씩 꽃잎이 떨어진다

이 곡은 처음부터 자장가로 작곡된 것이 아니라고 한다. 사실을 확인할 수는 없다. 사랑하는 어머니 마리아가 죽어간다는 소식을 듣고 달려갔지만 안타깝게도 임종을 지켜주지 못했다. 어머니를 잃은 슈베르트의 슬픔을 노래한 곡으로 알려져 있다.

오페라의 전설 소프라노 마리아 칼라스의 목소리로 듣는 슈베르트의 아베마리아(Ave Maria)는 듣는 순간 마치 온 몸이 솜털 구름 위에 누워 있는 듯한 편안한 느낌을 준다. 원래 이 곡 역시 영국의 시인 월트 스콧(Walter Scott)의 작품인 '호수의 여인'을 주제로 곡을 붙인 것이다. 그러나 이제는 교회에서 부르는 성가 음악이 되었다. 독일의 낭만주의 가곡 왕이라 칭송 받는 프란츠 슈베르트는 어떤 인물일까.

슈베르트는 1797년 오스트리아 빈(Vienna)의 변두리 마을 리히텐탈(Lichtental)에서 태어났다. 아버지 프란츠 테오도르(Franz Theodor Schubert)는 시골학교 교사였고, 어머니 마리아 엘리자벳(Maria Elizabeth)은 방직공장의 여공 출신이다. 슈베르트는 가난한 시골 학교 선생의 다섯 형제 중 넷째로 태어났다. 어릴 적부터 음악적 천재성을 가지고 있었다. 하지만 집안이 너무나 가난해서 정식으로 개인 레슨을 받거나 따로 특별한 음악 교육을 받을 기회가 없

었다. 워낙 음악을 좋아하는 아버지와 누나 덕에 조금씩 독학으로 익혀온 작곡 실력으로 괴테(Johann Wolfgang von Goethe)의 시집에 나오는 마왕을 약관의 18세 나이에 작곡하는 발군의 솜씨를 보였다. 하지만 그것도 이름 없는 시골 출신 작곡가의 음악이기 때문에 초기에는 누구도 알아봐 주는 이가 없었다.

한때는 빈 소년합창단에 들어가기도 했고 국립신학교에 입학하여 살리에리(Antonio Salieri)에게 음악공부를 하기도 했다. 그러나 슈베르트의 천재적 음악성은 누구도 쉽게 인정하지 않았다. 일설에 의하면 그와 동시대 살았던 음악의 거장 베토벤(Ludwig van Beethoven)이 죽기 2년 전에 '슈베르트를 좀 더 일찍 알아보았더라면' 하고 탄식했다는 설이 있기는 하다. 명색이 작곡가지만 피아노 한 대 없는 가난하고 초라하기 그지없는 음악가였다.

여기 저기 음악 선생 자리를 알아보고 이력서도 내 보았지만 모두 거절당하였다. 할 수 없이 아버지 학교에서 조교로 생활하였으나 적성에 맞지 않아 그만두었다. 떠돌이처럼 친구 집을 전전하며 변변한 직업도 없이 작곡가 생활을 했다. 그의 생애에서 가장 좋았던 시절은 헝가리 에스테르(Anton Esterhazy) 백작의 두 딸에게 개인 레슨을 해 주던 때가 아니었나 싶다.

소심한 성격에 외모 콤플렉스까지 있는 슈베르트는 한평생 여성과 정식으로 사랑을 나누지는 못했다. 탈모가 일찍부터 시작되어 젊은 나이에 반 대머리가 되었고 신장이 겨우 1미터 52센티라고 하니 동양인 중에서도 이 정도 키가 작은 남자는 별로 없을 것 같다. 정말 여성들이 호감을 가질만한 외모나 조건이 하나도 없었다. 가난뱅이 난쟁이 대머리를 가진 형편없이 초라한 인상의 슈베르트는 고독한 음악가였다.

그 역시 마음속으로 좋아하는 여인이 없지는 않았다. 소프라노 테

레즈 그로오프(Therese Grob)라는 여인을 한 때 짝사랑하기는 했지만 결혼까지 생각하기에는 너무나 가난한 청년이었다. 1년 수입이 50폴린이 채 안 되었다. 서정성 있는 음악을 하기에는 경제적 여건이 나쁜 그였지만 슈베르트가 생전에 남긴 주옥같은 작품들은 600곡이 넘는다.

슈베르트의 음악적 특징은 비 구축성에 있다. 비록 형식은 소나타라고 하지만 대부분 조용하고 아름다운 선율이 음악 애호가들의 귀를 즐겁고 행복하게 해주었다. 교향곡, 실내악곡, 합창곡, 독창곡 등 수많은 곡을 내놓았다. 마지막으로 남긴 미완성 교향곡도 너무나 잘 알려진 음악이다. 그의 대표작을 꼽으라면 서정성이 짙은 '아름다운 물방앗간 아가씨와 자장가' 그리고 '죽음과 소녀' 등이 있다.

평소에 그의 음악성을 이해하고 후원해 주었던 고마운 친구 레오폴드(Leopold Kupelweiser)가 있었다. 하지만 슈베르트는 나쁜 친구 젠과 사귀면서 본의 아니게 정치범으로 몰려 수용소에 가기도 하고, 결정적으로 질 나쁜 친구 쇼버(F. von Shover)와 사귀면서 가끔씩 매춘부들에게 가서 놀아난 것이 엄청난 화근이 되었다. 그것은 다름 아닌 성병에 걸리게 된 동기가 된 것이다. 불행한 천재 음악가 슈베르트는 대머리에, 작은 키에, 가난뱅이에 성병 환자까지 되었다.

그는 32세의 짧은 생을 살면서 가장 무서운 성병의 고통에 시달려야만 했다. 일정한 수입이 없이 불규칙한 생활 환경 때문에 몸은 점점 쇠약해져만 갔다. 거기에 더하여 유행성 출혈열을 앓게 되면서 떠돌이 슈베르트는 동생 페르난트 집에서 마지막 생을 마감하게 된다. 그가 남긴 유산이 겨우 동전 몇 닢이라고 한다. 그의 삶을 단적으로 보여주는 대목이다.

오늘날 우리는 슈베르트의 음악을 찬양하고 그의 음악을 공부하고 그의 불후의 명곡들을 듣고 있다. 하지만 너무나 불행했던 음악가의 일생을 들여다보면서 그의 고통스러운 삶이 세상을 향한 원망이나 저주로 나타나는 것이 아니라 오히려 결 곱고 아름다운 선율로 승화되었다는 점이다. 아마도 슈베르트가 써 놓은 수많은 명곡들도 중요하지만 그 사람의 한 많은 일생을 차원 높은 선율로 남겨진 것이 가장 위대하다고 할 것이다.

누군가 이 사람의 정신세계를 들여다보았다면 어떠했을까 하는 엉뚱한 상상을 해 보게 된다. 사람마다 그 사람만의 고유한 삶속에 어떤 괴로움과 고통이 숨어 있는지, 즐거움이 있는지 겉으로 나타난 표피적 이해로 평가하는 행위는 매우 위험할 수 있다. 따라서 상대가 누구이건 무조건 따뜻한 시선으로 바라보려는 겸손한 태도부터가 중요하다. 이것이 바로 본래 선하기만 한 인간성 회복의 길이 아닌가 싶다.

## 27. 무단무멸분(無斷無滅分)을 노래하다

어떤 생각이
있다 없다
어떤 생각이
난다 안 난다
망상의 늪에 빠져서
헛발질 하지 마라
특별한 마음이
어디쯤
따로 숨겨져 있는 것처럼
착각하는 습성도 버려 버려라
언제든지
누가 무엇이라고 손짓해도
이거 하나뿐이다
분명한 이것 하나 놓치면
어깃장 길이 여기저기로 흩어져
되돌아오기 힘들다
따라가지 마라
그냥 가만히 내버려두고
이것 하나만 붙잡아라

"수보리야, 그대가 생각하기를 '여래가 구족한 상을 갖추지 않았기 때문에 아뇩다라삼먁삼보리를 얻었다고 하겠느냐?'
수보리야, 이러한 생각을 하면 안 되느니라. 수보리야, 그대가 생각하기를 '아뇩다라삼먁삼보리를 일으킨 이는 모든 법이 끊어졌다고 하는 이러한 생각은 하지 말아야 하느니라.' 왜 그러냐하면 아뇩다라삼먁삼보리를 일으킨 이는 법이 끊겨 없어진 상이라 하지 않기 때문이니라."

# 바리데기 공주의 일생

〈무단무멸분(無斷無滅分)〉은 끊을 것도 없고 멸할 것도 없다는 것이다. 이것을 약간 비틀어서 풀이하자면 부처님이 깨달음에 이른 정신세계는 있다 없다 좋다 나쁘다 끊었다느니 멸했다느니 하는 이분법적 논리로는 접근이 불가하다는 뜻이다.

본문을 살펴보면 바로 이해할 수 있는 내용이다. '막작시념(莫作是念)', 즉 제발 그런 생각일랑 하지 말아주기 바란다는 것이다. 무슨 생각을 삼가하라는 것일까? '여래불이 구족상고(如來不以 具足相故)', 즉 부처님은 남들보다 특별한 용모를 가지고 계시기 때문에 부처가 될 수 있었을 것이라는 엉터리 같은 상상은 하지 말라는 이야기다.

'발 아뇩다라삼막샴보리심자(發 阿耨多羅三莫三菩提心者) 어법

불설단멸상(於法 不說斷滅相)' 즉 부처님처럼 정당한 깨달음을 얻기 위해 수행을 발심한 사람은 진리의 세계가 모양이 있을 것이라거나 그 같은 상상을 끊어야 한다거나, 아니면 아예 처음부터 그 생각을 멸해야 한다는 복잡한 계산법은 수행자에게 아무런 도움이 되지 않는 짓이라고 조언하고 있다.

거듭 말하지만 끊을 것도 없는 것을 끊어야 한다고 생각하고 있는 그 망상심(妄想心) 자체를 박멸하지 않으면 수행한답시고 헛바퀴 돌리고 앉아 있는 것이다. 기도하는 사람이나 수행자의 자리는 절대도 상대도 없는 몰아(沒我)의 경지, 무아(無我)의 거리로 나아가야 한다고 주장한다.

그런데 여기서 무슨 끊어야 하고 멸해야 할 어떤 무엇이 끼어들 틈이 있다고 말하겠는가. 그건 그냥 번뇌 망상으로 세월 죽이는 껍데기 수행자일 뿐이다. 진정한 수행자가 되고자 마음을 다잡은 사람이라면 수정처럼 맑고 깨끗한 순수 이성이 기초가 되어야 한다.

지난한 삶 속에서도 맑은 영혼을 잃지 않고 지극히 기도하여 원 성취를 이룬 어여쁜 처녀의 이야기를 한 편 소개한다.

바리데기는 순수 우리말로 '버려진 아이'라는 뜻이다. 황석영 작가의 바리데기는 부모를 살리기 위해 생명수를 구하러 서역 서천으로 가는 길을 묘사하였다. 아버지 오귀 대왕을 살릴 수 있다는 생명수는 저승에서만 구할 수 있는 약이었다. 그래서 저승까지 가게 된 바리데기는 첫 번째 저승사자를 만나게 된다. 이 첫 번째 저승사자는 그녀를 한동안 종처럼 부려먹는다. 두 번째 저승사자를 만나서 생명수를 구할 수 있는 방법을 물었다. 이 저승사자는 자신의 씨받이가 되어 아들을 낳아줄 것을 조건으로 한다. 세 번째 저승사자는 잔인하게도 바리데기를 성 노리개로 삼는다. 이들의 조건을 모두 충족시켜주고 드디어 생명수를 구해 돌아오는 과정을 그린 것이 바리데기의 대강 줄거리다.

바리데기의 옛날 이야기는 황석영 작가의 작품과는 조금 다르게 전해지고 있다. 어떤 것이 정통이냐 진짜냐 진위 여부는 아무런 의미 없는 말장난이다. 다만 황석영 작가의 작품 바리데기에 누를 끼치지 않을까 하는 노파심이 없지는 않다. 그럼에도 불구하고 내가 어린 시절 들었던 바리데기 이야기를 해야겠다.

불나국이라는 나라가 있었다. 이 나라 왕의 이름은 오귀 대왕이다. 이 사람은 혼기를 넘긴 나이인데 장가를 가지 않았다. 왕위를 물려줄 후사가 없는 왕권은 매우 불안정한 사태가 올 수 있다는 대신들의 간곡한 권유로 인하여 늦은 나이에 장가를 들었다. 결혼한 오귀 대왕과 왕비는 사이가 매우 좋았다. 얼마 있지 않아서 왕비는 아기를 잉태하게 된다. 처음에 예쁜 공주를 생산하게 되자 왕은 매우 기뻐하며 왕비를 칭찬해 주었다. 문제는 왕비가 임신하고 아기를 낳을 때마다 딸만 계속해서 여섯 명을 낳은 것이다. 동양적 가부장 제도가 확고한 시대에 남아를 선호하는 것은 당연했다. 하지만 대를 이어갈 왕자를 생산해야 된다는 전제로 결혼한 오귀 대왕은 연이어 딸만 낳는 왕비에게 실망하게 된다.

드디어 일곱 번째 아기를 임신했다. 왕비는 또 딸이면 어떻게 해야 하나 불안한 나날을 보냈다. 그러나 걱정했던 대로 또 딸을 낳은 것이다. 마지막으로 기대했던 아기가 사내아이가 아니라니 오귀 대왕은 화가 머리끝까지 나서 "에이, 이번에도 또 딸이야."하며 투덜거리며 아기를 내다 버리라고 명령한다.

그러자 왕비가 너무나 미안한 마음이 들어 자신의 피붙이를 버리자는 모성 본능을 자극하는 말에도 한마디 반대 의견을 내지 못했다. 왕비는 애원하는 눈빛으로 "버릴 때 버리더라도 아이 이름이나 지어서 버립시다."하고 말했다. 그렇게 하여 무성의하게 오귀 대왕이 내뱉은 한마디는 내다버릴 자식이라고 지은 이름이 바리데기다. 갓 태어난 어린 핏덩이를 강보에 싸 가지고 작은 쪽배에 띄워 강물에 흘려보냈다. 강물을 타고 흘러간 바리데기 공주는 어느 가난한 어부 내외가 그 배를 발견하고 주워다 길렀다.

그렇게 세월이 흘러 바리데기 공주가 16세 되는 해에 오귀 대왕이 불치병에 걸린 것이다. 백방으로 효과가 좋다는 약을 다 써 보았지만 결과는 호전되지 않았다. 그래서 나라에 큰일이 있을 때마다 자문을 구하는 고승에게 물어보았다. 고승의 대답은 의외였다. 어려서 버린 아기가 하나 있을 것인데 그 아이가 절에 들어가 49일 동안 기도를 하면 낳을 수 있는 병이라고 진단하였다. 전국을 수소문한 끝에 겨우 바리데기를 찾아냈다.

그렇게 하여 바리데기 아가씨는 자신이 공주 신분이었으며 어릴 때 버려진 아이라는 것까지도 알게 된다. 비록 자신을 내다 버린 부모지만 당장 죽음을 눈 앞에 둔 아버지를 보고만 있을 수는 없었다. 아버지 오귀 대왕이 사경을 헤매는 다급한 상황을 인지하고 바리데기 공주는 서둘러 명산대찰을 찾아 정성을 다해 기도하기로 마음먹는다.

기도를 하러 가는 중간쯤의 어느 산길에서 다 죽어가는 노인 한 사람을 만난다. 마음씨 착한 바리데기 공주는 그 노인이 너무나 불쌍해서 그대로 버려둘 수가 없었다. 노인 병간호하는데 21일간의 시간을 허비해 버렸다. 노인의 병환이 어느 정도 회복 기미를 보이자 다시 목적지 절을 향해 산으로 올라갔다.

서둘러 산모퉁이를 돌아서려는데 그곳에는 난데없는 도둑놈들이 기다리고 있었다. 가지고 있던 돈이며 옷가지를 몽땅 빼앗기고 말았다. 그렇게 봉변을 당하고 산속을 헤매다가 움막집을 하나 발견하였다. 하루 종일 먹지도 못한 바리데기 공주는 그곳으로 달려가서 허기를 채울 무엇인가를 얻어 먹으려고 주인을 찾았다.

움막집에는 형편없이 늙은 노파 하나가 쭈그려 앉아 있었다. 바리데기의 사정을 미리 알고나 있는 듯이 대뜸 하는 말이 “너 부처님께 불공드리러 가지? 그런데 어쩌냐, 공양미랑 옷이랑 다 도둑맞았지? 그렇게 빈손으로 가서 불공드리면 뭐 하냐?"하며 비아냥거리듯이 말했다. 그리고 나서 "그러지 말고 네가 저 앞에 있는 우리 텃밭에 부지런히 풀을 뽑아주고 씨앗을 뿌려주면 내가 그 품삯으로 불공비를 주겠다."는 솔깃한 제안을 한다.

바리데기 공주는 또 다시 노파에게 잡혀서 밭일을 하게 된다. 그런데 이 심술꾸러기 노파는 품삯은 주지 않고 일거리를 자꾸만 내놓는 것이다. 이것만 해 주고 가라, 저것만 해 주고 가라, 날마다 빨래며 밭일이며 쉴 틈을 주지 않고 부려먹는 것이다. 그렇지 않아도 분초를 다투는 조급한 시간이지만 착한 바리데기 공주는 싫은 내색도 할 수 없었다.

그렇게 노파에게 잡혀서 보낸 시간이 28일째였다. 그제서야 노파는 품삯을 건네주며 그만해도 된다고 말하는 것이다. 품삯을 받아들고 쉬지 않고 달려갔지만 정작 49일 동안으로 작정한 기도 시간은 이미 중간에서 모두 허비해 버린 것이다. 그러자 그 절에 있던 스님이 말하기를 바리데기 공주의 아버지는 오늘 돌아가셨다고 하였다.

바리데기는 너무나 허탈했다. 그동안 갖은 고생을 다하며 기도하러 오는 길이었는데 뜻하지 않은 사건들로 인하여 기도를 제 시간에 못 올리게 된 이유가 자신의 탓만 같아서 눈물이 났다. 하지만 바리데기 공주는 생각했다. 현생에서의 인연은 불행하였지만 돌아가신 아버지께서 부디 극락정토에 태어나시라고 49일 동안 지극 정성을 다해 기도하자고 마음을 다졌다.

기도를 시작한 지 5일째 되던 날 밤 꿈속에서 아버지 오귀 대왕이 찾아와 "너의 간절한 기도 덕으로 나는 다시 살았다."하고 말하는 것이었다. 다음날 아침 누군가 전해오기를 바리데기 아버지가 상여꾼들이 상여를 메고 산으로 오르다가 그만 상여를 넘어뜨려서 산 아래로 구르는 순간 관이 부서지고 시체가 관 밖으로 튀어나와 다시 살아났다는 이야기다.

우리는 바리데기라는 인물을 통해 혈연으로 맺어진 관계는 무단무멸(無斷無滅)이라는 사실을 알 수 있다. 게다가 아무리 부정하고 싶어도 아버지와 어머니의 피를 받은 존속의 관계는 인위적으로 또는 물리적으로는 어쩔 수 없는 인연임을 상기하게 된다. 목숨이 다 할 때까지 끊을래야 끊을 수도 없고 없어지지도 않는 것이 혈연관계, 즉 천륜이라고 하는 것이다. 자신을 내다버린 몰인정한 부모를 원망하지 않고 병든 아버지를 구하기 위해 최선을 다하는 바리데기를 보면서 오늘날 일부 불효한 자식들의 행동은 정말 비교 대상이 되지 않는다.

어떤 패륜은 작은 아들이 노부모의 재산을 빼앗고 나서 얼마동안 모시는 척하다가 택시에 태워 형님 집으로 보내 버린다. 형님 집에서는 작은 아들에게 재산을 다 주었으니 그쪽으로 가라고 다시 택시를 태워 동생 집으로 보냈다. 이렇게 노부부가 밤새도록 택시를 타고 핑퐁게임처럼 왔다 갔다 하는 웃지 못할 사건도 있었다.

대한민국도 노인 인구가 급격히 늘어가는 요즈음 구태여 자녀들에게 의탁하여 살고 싶어하는 노인들은 별로 없다. 될 수만 있다면 비루하게 자식들의 눈칫밥 얻어 먹지 않고 자력으로 살려고들 한다. 일부 노인들은 노후 자금을 자식들에게 주지 않으려는 현명한 선택을 하는 분들도 더러 있다.

일본 속담에 '돈과 부모는 당신 곁에 오래 머물러 있지 않는다'라는 말이 있다. 어떠한 악조건에서도 자비의 마음을 잃지 않고 살아야할 우리의 현주소는 인본주의를 오래전에 상실했는지도 모를 일이다. 남을 먼저 생각하는 배려의 마음은 차치하고라도 가장 가까운 가족 간의 불화와 갈등조차 극복하지 못하는 째째한 인생을 살아서야 되겠는가. 끝까지 자비로운 마음을 넓히는 자세를 구현해야 한다. 건강한 이웃 사랑의 실천 의지 작용은 가슴 따뜻한 자신을 만나게 되는 지름길이다.

## 28. 불수불탐분(不受不貪分)을 노래하다

입가에 미소가 흐르는
넉넉한 인생은
우리가 욕심내는 이상향의 삶일 것이다
사랑 때문에, 돈 때문에
권력 때문에, 너 때문에
때문이라는 단어가
입가에서 꺼지지 않는 한
원망의 불길은 끝끝내 잦아들지 않는다
행복을 욕심내는
어리석은 음모
열등감이나 우월감
이런 종류의 낱말들은
아름다운 삶을
꿈꾸는 이들에게
응보(應報)를 마시려는 서글픈 사치품이다
세상에 아무리 좋은 것도
얻으려 하지 말고 받으려 하지 마라
그것은 정신을 갉아먹는
저급한 낭비일 뿐이다

"수보리야, 만약 보살이 항하의 모래와 같은 세계에 칠보로 보시하고, 또 어떤 사람은 일체 법에 나 없는 법을 알아 깨달음을 이루었다면, 이 보살은 앞에 보살이 얻은 공덕보다도 뛰어나리라. 어떠한 까닭인가 하면 수보리야, 모든 보살들은 복을 받지 않기 때문이니라."

수보리가 부처님께 말씀드리기를 "세존이시여, 어찌하여 보살이 복덕을 받지 않사옵니까?"

"수보리야, 보살은 자기가 지은 바 복덕을 탐착하지 않기 때문이니, 그러므로 복덕을 받지 않는다고 말하느니라."

# 구국 일념의 위대한 승리

〈불수불탐분(不受不貪分)〉은 상당히 난해한 주제를 다루고 있다. 일반적 해석으로는 어떤 일에 있어서 성과물을 받으려고 하지도 않고 탐하지도 않는다는 말이다. 이렇게 풀어 쓰면 그만이다. 하지만 이것은 부처님께서 우리에게 전하고자 하는 진정한 메시지를 이해하는 데는 다소 무리가 있다.

여기서 말하는 '불수불탐'이란 아집(我執)과 법집(法執)이 끊어진 사람의 정신세계를 이르는 말이다. 아집과 법집의 사전적 의미는 인연 따라 한순간 잠깐 일어난 현상들을 실제하는 것처럼 착각하고 지나치게 집착하는 모습을 뜻한다.

앞 장을 생략하고 세계칠보(世界七寶), 인간이 살고 있는 이 지구의 넓이와 크기만큼의 수량으로 높이 쌓아 놓은 일곱 가지 보물을 가지고 그것이 하나도 남지 않을 때까지 불우한 이웃돕기에 쓰여진다는 가정을 하고 그 같은 선행이 얼마나 보람 되고 가치 있는 일인가 하는 것이다. 하지만 그보다 더 비교도 될 수 없는 일이란 '약부유인(若復有人) 지일체법무아(知一切法無我) 승전 보살 소득공덕(勝前 菩薩 所得功德)', 즉 가령 어떤 수행자가 일체의 모든 존재의 자성이 없는 무아의 이치를 깨달아 주관과 객관이 없음을 알게 된다면  앞에서 언급한 이웃돕기 나눔의 공덕보다 몇 천배 수승하다고 말할 수 있다고 주장한다.

그것은 '보살 소작복덕 불응탐착(菩薩 所作福德 不應貪着)', 즉 수행자가 수행의 복을 짓는 이유는 어떤 결과에 집착하지 않는다는 의미다. 다시 이해를 돕자면 수행자의 삶은 관객의 박수를 필요로 하지 않으며 오로지 자신의 수행 가치가 다른 모든 이들에게 등대의 역할 정도면 충분하다는 뜻으로 받아들이면 될 것이다.

불수불탐(不受不貪)과 연관 지어 한 가지 이야기를 해 보자.

최근 상영된 영화 '명량'은 한국영화 역사에 있어서 1,700만이 넘는 관객을 동원했다. 이런 경우는 이번이 처음이라고 한다. 이 영화가 각종 기록을 갱신하고 있다고 호들갑이다. 영화를 만든 제작사와 감독은 상당한 수입이 생길 것이라는 언론사들의 친절한 추측기사까지 넘친다. 축하할 일이다.

지금의 진도대교 아래로 흐르는 바다 이름이 일명 울돌목(명량)

이다. 바다가 우는 소리를 낸다고 하여 울돌목이라고 한다. 워낙 조수간만의 차가 심한 지역이라서 물살이 소용돌이치는 곳이 명량이다. 임진왜란 당시 제해권을 장악하고 일본군이 몰고 온 300척의 군함을 겨우 12척의 판옥선으로 보기 좋게 격퇴시킨 전설적인 승전을 그린 내용이다. 충무공 이순신 장군의 3대 대첩(한산도대첩, 명량대첩, 노량대첩) 가운데 명량이라는 바다에서 일어난 전쟁 영화다.

1592년 16만 대군을 이끌고 무작정 조선을 침략한 일본인들에 의한 만행적 전쟁 역사가 임진왜란이다. 이 같은 전쟁이 있기 전에 선조 임금은 사신을 보내서 일본의 전쟁 의도를 염탐해 오도록 명하였다. 하지만 그 당시 조정의 관료들은 동인과 서인으로 나뉘어 당파싸움에 혈안이 되어 있었다.

여기에 더하여 얼치기 외교관들은 동인의 입장과 서인의 입장이 달랐다. 한 쪽은 곧 전쟁이 일어날 것이라고 보고하고, 다른 한 쪽은 전쟁은 절대 일어나지 않는다고 상소를 올린 것이다. 이런 무책임하고 황당한 보고가 또 있을까 싶다. 똑같이 일본으로 사신을 다녀온 사람들이다. 하지만 이 사람 말 다르고 저 사람 말이 달랐다. 선조 임금 역시 전쟁이 일어나지 않는다는 간신배의 말을 더 믿게 된 것이 크나큰 실수였다.

역사는 우리에게 무서운 경험을 주었다. 나라가 망하는 가장 큰 원인은 국론이 분열되고 국민이 통합되지 못할 때 일어난다는 사실이다. 오늘날 일본은 무서운 속도로 최첨단 전쟁 무기를 가지고 재

무장하고 있다. 하지만 조국은 형편없는 명분 싸움과 이념 논쟁으로 사분오열 갈등하고 있다. 역사는 되풀이 된다는 기우를 털어버리고 싶다.

임진왜란을 일으킨 일본의 괴수 도요토미 히데요시(豊臣秀吉)라는 인물은 막부시대에 일본국의 맹주였다. 날이면 날마다 싸움판을 벌이는 지긋지긋한 영주들끼리의 힘겨루기 전쟁을 마무리하고 일본 전역을 완전히 장악한 뒤 통일을 이룬 사람이다. 사무라이(무사)가 정치를 쥐락펴락하던 시대에 출신 성분이 형편없는 도요토미 히데요시는 이마가와(今川) 막부의 말똥이나 치우는 하인 신분이었다. 어쩌다가 주인의 눈에 들어 사병으로 전쟁에 나가 전공을 세우고 점차 출세하게 된 입지전적 인물이다.

토종 일본인처럼 원숭이 같이 깡마르고 키 작은 용모는 장수로서 볼품이 없었다고 한다. 하지만 지략과 지모가 뛰어난 이 사람은 자신이 모셨던 주군이 죽고 나서 복수를 명분으로 전쟁을 일으켜서 일본 전역의 영주들을 한 손아귀에 넣는데 성공했다. 그러나 언제 다시 배신자의 칼날에 죽을지도 모르는 불안한 사무라이 정치세계는 또 다른 돌파구가 필요했다. 통일된 일본의 잠재적 호전성을 밖으로 눈을 돌리게 하는 방법이 조선 침략이었다.

'명량'이라는 영화의 전쟁 장면 역시 임진왜란이나 정유재란 같은 일본의 명분 없는 침략 전쟁에서 조선의 바다를 지킨 충무공 이순신 장군의 활약상을 그리고 있다. 대한민국 국민에게는 자랑스럽고 자긍심 넘치는 장군이다. 전쟁의 영웅으로 충무공 이순신 장군은 이렇게 잘 알려져 있다. 하지만 육지에서 전쟁을 치른 수많은 이름 없는 영웅들의 이야기는 후세 사가들에게 있어서 이순신 장군에 비교하면 충분히 평가받지 못한 것도 사실이다.

그 중에서 의병으로 나선 곽재우, 김천일, 고경명 장군 등이 있고 승병으로는 서산 대사, 사명 대사, 영규대사가 대표적 인물들이다. 이 밖에도 임진왜란 당시 나라를 지키다 숨져 간 많은 호국 영령들이 있다.

승병 장군으로 나선 사명 대사의 활약상이 특별하다. 유정 선사라고도 하고 사명 대사라고도 불리는 이 스님은 경남 밀양 출신이다. 일찍이 부모님을 여의고 15세 나이에 김천 직지사로 출가한다. 신묵 스님을 은사로 모시고 열심히 수행하다가 묘향산 보현사에 도력 높은 큰 스님이 있다고 하여 찾아간다. 그곳에서 휴정 서산 대사를 만나 선리(禪理) 공부를 하게 된다. 그 뒤에도 팔공산, 금강산, 태백산 등지에 있는 선원(禪院)에서 계속 수행하다가 1586년 옥천사 상동암에서 대오견성(大悟見性)하였다.

그 후 1592년 임진년에 일본의 침략을 받은 조선 땅은 이른바 임진왜란을 맞았다. 아무런 전쟁 준비도 하지 않고 무방비 상태로 노출된 조선은 물밀듯이 쳐들어오는 무자비한 왜군들을 막아낼 힘이 없었다. 그때에 선조 임금 일행은 백성들과 한양성을 모두 내버리

고 중국과 북한 사이 접경지역인 의주까지 꽁지 빠지게 도망치고 있었다.

선비 정치라고 하는 공자, 맹자의 추종 세력들은 평화시에는 입방정을 떨어가며 잘난 척한다. 하지만 국가가 위급한 상황에 처하면 백성들이야 죽든 말든 자기들 살 궁리부터 한다. 참으로 비겁하고 치사한 사람들이다. 옛날이나 지금이나 한 나라를 경영하는 지도자와 위정자들의 그릇된 판단이 온 나라 백성들을 도탄(塗炭)에 빠지게 하는 것 같다.

이처럼 뜻하지 않은 전쟁 발발로 인하여 죄 없는 백성들이 죽어나가는 처참한 광경을 보고만 있을 수 없었던 휴정 서산 큰 스님께서 전국에 공부하는 스님들께 통문을 보낸다. 우리가 비록 부처님 법을 공부하는 출가 승려의 몸이지만 풍전등화와 같은 조국을 구하기 위해서는 분연히 떨치고 일어서야 한다는 내용이었다.

서산 대사의 승병 모집에 사명 대사 역시 기꺼이 참여하게 된다. 그렇게 하여 승병 2,000명을 이끌고 평양성과 중화 사이의 전투에 출전하게 되고 이 전쟁에서 적군을 완전히 격퇴시키는 공을 세운다. 이후에도 몇 차례 서울 근교 삼각산 전투 등에서 혁혁한 전공을 세운 사명 대사는 선조 임금으로부터 선교양종판사라는 이름뿐인 벼슬을 받는다. 아이러니한 일이다.

조선시대의 기득권 세력인 정치꾼들은 스님들에게 한양성 안으로 한 발도 들여놓지 말라고 명령하였다. 뿐만 아니라 양반이라는 족속들은 어른 아이 할 것 없이 스님들을 얕보고 무시하며 험악한 말도 함부로 내뱉는 축들이었다. 그러나 선조 임금은 입만 살아있는 선비들을 믿지 못했다. 따라서 나라의 위급함을 구하기 위해 승병을 모집하고 스스로 승병장이 되어 전쟁터를 누빈 사명 대사의 인품을 높이 평가하기 시작하였다.

전쟁 중단을 요구하는 회담 대표로 수많은 조정 대신들을 제치고 사명 대사가 차출되었다. 상대는 왜군 총사령관 격인 가토 기요마사(加藤清正)였다. 가토라는 왜군대장은 사명 대사를 위협하려고 부하들을 시켜 양쪽으로 시퍼런 칼날 숲을 만들게 하고 그 속으로 걸어 들어오게 했다. 하지만 사명 대사는 눈 하나 깜빡하지 않고 회담 장소로 걸어 들어갔다고 한다.

가토와 사명 대사의 회담에서 일어난 하나의 전설이 전해지고 있다. 왜군괴수 가토가 "조선에는 보물이 많다고 하던데 어떤 보물이 제일 값이 나가는 것이요?"하고 물었다. 그러자 사명 대사가 답하기를 "저희 조선에는 당신의 목이 제일 보물이고 비싸다고 하지요. 하여 서로 당신의 목을 베려고 다투고 있는 중이요."라고 말했다고 한다. 할 말을 잃은 가토는 한바탕 크게 웃으며 이 같이 덕 높은 고승을 뵙게 된 것을 영광으로 생각한다고 하였다. 왜군들 장수 사이에 이 이야기가 퍼지고 본국에까지 알려져서 보물 이야기를 조크한 스님이라 하여 줄인 말로 설보(說寶) 큰 스님이라는 닉네임을 얻게 되었다고 전해진다.

그렇게 임진왜란이 끝나고 나서 한동안 전쟁이 없었던 시절에도 또다시 다가올 왜침을 방비하기 위해 각 지역마다 허물어진 산성을 보수하는데 온 힘을 다했다. 사명 대사가 보수한 산성만 무려 8개나 된다. 부산산성, 팔공산성, 금오산성, 남한산성 등이다. 뿐만 아니다. 조총으로 무장한 일본군을 상대하기 위한 신식 무기 개발에도 심혈을 기울였다.

한편으로 일본 막부에서는 도요토미 히데요시가 죽고 나서 도쿠가와 이에야스(德川家康)가 다시 실권을 쥐게 되었다. 그리고 다시 정유년에 정유재란을 맞는다. 끝없는 일본의 침략 전쟁은 이 땅을 송두리째 짓밟아 버린다. 이 같이 고통스러운 전쟁을 막는 방법은 일본과 강화 조약을 맺는 일이었다. 이때도 역시 조정의 관료들은 앞 다투어 일본 사신으로 가는 것을 사양했다. 선조 임금은 다시 한 번 사명 대사를 불러 일본과 화친을 맺는 전권 대사로 가 줄 것을 부탁한다. 일본으로 건너간 사명 대사는 약 7개월 동안 머물면서 그들을 설득하였다. 이미 사명 대사가 설보라는 닉네임을 가진 고승이라는 것을 일본 정계에서는 다 알고 있었다.

일본의 우두머리 도쿠가와 이에야스는 조선에서 건너온 승려가 얼마나 대단한 인물인가를 시험했다. 우선 그의 종을 시켜 사명 대사를 목욕할 수 있게 친절히 안내하라고 한다. 그리고 교활한 특징을 가진 일본인답게 사명 대사가 큰 가마솥 같은 목욕탕 안에 들어가면 물을 백 도 이상 끓여서 푹 삶아 죽이라고 명한다. 이 얼마나 비열한 짓인가. 하지만 사명 대사는 그들의 잔꾀를 미리 눈치 채고 물이 뜨겁지 않도록 다른 방법을 강구하여 살아 남았다는 전설이 있다.

그 사건이 있고 나서 사명 대사는 엄청난 도술을 부리는 큰 스님으로 재평가 받는다. 그렇게 하여 이런저런 회담을 거쳐 화친을 맺고 향후 전쟁을 하지 않을 것을 약속 받았다. 게다가 포로로 잡혀간 3,500명이 넘는 동포를 구해서 함께 귀국길에 올랐다. 매우 만족스러운 외교적 성과를 거두고 돌아온 것이다. 이에 감격한 선조 임금은 사명 대사에게 영의정 벼슬을 제수한다. 하지만 임금의 명령을 거역할 수 없다 하여 단 3일간만 벼슬살이를 하고 사표를 낸다. 그래서 붙은 별명이 3일 정승이다.

이처럼 큰 스님의 행적은 오직 구국의 일념으로 백성을 구하고 나라를 구하는 일 외에는 관심이 없었다. 대개의 사람들은 어떤 일을 하거나 또는 공로를 세우면 그에 상응하는 포상 심리가 작용한다. 하지만 사명 대사는 공을 다투거나 보상을 바라지 않았으며 오히려 높은 벼슬자리조차도 거절하는 참 수행자의 모습이었다.

'불수불탐(不受不貪)', 곧 자신의 선행에 대한 보상을 받지도 않으며 욕심내지도 않는 삶이 얼마나 아름다운가를 보여 준다. 큰 스님께서는 말년에 해인사 홍제암에 주석하시다 1610년 늦가을 어느 날 세수 67세의 나이로 열반에 들었다.

## 29. 위의적정분(威儀寂靜分)을 노래하다

해가 뜨고 지는 것
꽃이 피고 지는 것
밤이 되면 별빛이 빛나고
아침이 되면 또 그렇게 하루가
어제나 오늘이나 또 그렇게 간다
누군가 말하기를 해가 뜬다고 말하지만
한 번도 뜨거나
한 번도 진 적이 없다
밤이 온다고 말하지만
밤은 한 번도
오지도 가지도 않았다
마음 안에도, 마음 밖에도
마음은 없다
종일 찾아다니는
수고로움
제자리로 돌아와 고요히 앉은 자리
바람에도 걸리지 않는 바로 그 자리
그대와 나의 사랑도
이 같으면 좋겠다

"수보리야, 만일 어떤 사람이 말하기를 여래가 혹은 온다거나, 간다거나, 혹은 앉는다거나, 눕는다거나 한다면, 이 사람은 여래가 말한 바 뜻을 알지 못하는 사람이니라.
왜 그러냐하면 여래는 어디로조차 오는 바도 없고, 또한 어디로 가는 바도 없음으로 여래라 하기 때문이니라."

# 사리가 없는 부처님

〈위의적정분(威儀寂靜分)〉을 설명할 때 부처님의 위엄(威嚴) 위의(威儀)의 모습은 본래 고요하다는 뜻으로 번역하면 아주 간단하다. 그렇지만 본문에 들어가 보면 아주 짧은 문장임에도 불구하고 상당히 복잡한 내용을 함축하고 있다.

'약유인 언(若有人 言) 여래(如來) 약래(若來) 약래(若來) 약거(若去) 약좌(若坐) 약와(若臥)', 즉 어떤 사람은 말하기를 부처님께서는 자유롭게 오기도 하고 가기도 하며 앉고, 눕는 일이 걸림이 없으시다는 것이다.

계속해서 '시인(是人) 불해아소설의(不解我所說義)', 즉 이렇게 말하고 다니는 사람은 내가 설한 바 진리의 참뜻을 이해하지 못하는 부류들이다고 한다. '하이고(何以故) 여래자(如來者) 무소종래 여무

소거(無所從來 亦無所去)', 즉 왜냐하면 부처님이란 처음부터 어디서 오고 어디로 사라지는 그러한 존재가 아니라는 것이다.

여기서 보충 설명을 하면, 먼저 부처님을 진리의 당체인 법신(法身)으로 보느냐, 역사적으로 살다가신 석가모니 부처님 한 분인 보신(報身)으로 보는 것이냐, 그도 아니면 화신(化身)인 여러 가지 다양한 모습으로 변화된 현상의 부처님을 보느냐의 문제다. 여기서 언급 되고 있는 가지도 오지도 않은 부처님은 바로 법신을 뜻한다. 법신은 곧 진리의 말씀이다.

앞 장의 〈제 15 지경공덕분〉 끝부분에 보면 '차처 즉위시탑 개응공경(此處 卽爲是塔 皆應恭敬)', 즉 이 금강경 진리의 말씀이 있는 곳은 그곳이 어디이건 부처님 사리를 모셔놓은 탑과 같아서 부처님에게 예배 공경하듯이 해야 한다는 구절이 있다.

여기서도 우리의 공경을 받아 마땅한 부처님은 진리의 부처님이지 형상으로 그려진 부처님을 말하는 것이 아님을 알게 될 것이다. 진리란 변하지 않음이니 오는 것, 가는 것, 없어지는 것 이렇게 엉뚱한 표현은 맞지 않다는 결론이다.

이어지는 다음 이야기에서 더 쉽게 진리의 부처님을 만날 수 있을 것이다. 사람의 맥박이 뛰는지 안 뛰는지 짚어보지도 않고 침통부터 여는 침술사는 가짜다. 아니면 면허가 없는 돌팔이 침쟁이일 것이다. 우리나라 속담에 나오는 말이다.

얼마 전에 어디선가 읽은 기억이 나는 글 한 편을 보고 가소로운 주장에 실소를 금할 수 없었다. 불교에서는 선원(禪院)이라고 하는 곳이 있다. 이곳은 선리(禪理)를 공부하는 참선을 주제로 수행하는 스님들의 수행전문 도장이다. 가톨릭 수사님들의 수도원과 같은 곳이다.

이곳에서 수행하는 스님들이 주고받는 특별한 대화를 '법거래' '법거량'이라고 한다. 시장에 물건을 사고 팔 때 하는 일반적 거래가 아니다. 상대방 스님의 공부 수준을 테스트해 보는 대화다. 이 같은 대화를 선문답이라고 한다. 상식적으로 이해되는 언어로는 접근 불가하다. 한 예를 든다면 '살불살조(殺佛殺祖)하라'는 말이 있다. 언뜻 잘못 해석하고 들으면 부처님의 가르침을 봉대하고 따르는 무리들이 부처님을 죽여라 또는 스승을 죽이라고 주장하는 내용일 수도 있다.

앞에서 언급한 사람의 글에서도 똑같은 해석을 하고 있었다. 어떻게 이처럼 무례한 집단이 있을 수 있느냐며 비분강개의 목소리를 내는 것이다. 또 그의 얄팍한 불교 지식은 거의 유아 수준이었다. 부처님께서는 영원히 죽지 않는 불멸의 신(神)인데 어떻게 인간이 죽이고 살리고 할 수 있는가 하는 논리다. 어처구니없는 주장이다. 그의 해석대로 한다면 부처님이 귀신이라도 된다는 말인가 묻고 싶다. 분명히 석가모니 부처님은 세수 80세에 죽었다. 그리고 정반왕의 아들 석가모니 부처님은 영원불멸하지도 않다.

이 같이 역사적으로 실존하던 부처님은 이미 열반에 들었다. 하지만 우리가 받들어 모시는 부처님은 금빛 찬란한 목재나 금속으로 조성된 부처님이 아니다. 부처님의 말씀 안에 담겨 있는 참 진리의 세계를 부처님으로 모신다는 사실이다. 살불살조(殺佛殺祖)의 뜻 역시 같다. 정신을 집중해야하는 수행자에게는 번뇌 망상이나 잡념 같은 것이 절대 끼어들어서는 안 되는 것이다.

그런 까닭에 정신을 한 곳으로 몰입해 가는 과정에서 티끌만한 생각도 틈을 주지 말라는 경고의 메시지다. 뿐만 아니라 또 다른 숨은 뜻이 있다. 부처님의 가르침이나 조사님들의 가르침에 머물지 말고 그분들을 뛰어 넘는 불세출의 영웅이 되어 달라는 요구인 것이다. 알지도 못하는 주제에 함부로 불교를 충분히 이해하고 있는 것처럼 오만하지 않았으면 한다.

중국의 유명한 고승 단하 천연 선사가 보여준 일화는 너무나 유명하다. 형상화되고 정형화된 부처님에게 의지하려는 어리석은 무리들을 준엄하게 꾸짖었다. 어느 겨울 날 산속에 눈이 많이 내려서 더 이상 한 발자국도 옮길 수 없었다. 나그네 스님으로 천하를 떠돌던 단하 천연 선사도 그곳 산속 암자에 머물게 되었다. 잠자리에 든 스님은 방이 너무 추워서 잠을 잘 수가 없었다. 부엌으로 나가보았지만 아궁이에 불을 지필만한 땔감이 하나도 없었다.

단하 천연 선사는 법당으로 들어갔다. 그곳에는 나무로 조성된 부

처님이 모셔져 있었다. 그는 한 치의 망설임도 없이 목불을 들고 나와 아궁이 속에 밀어 넣고 군불을 지폈다. 그 광경을 목격한 스님들은 엄청난 충격에 빠지게 된다. 세상에 어떻게 이럴 수가 있단 말인가. 상상도 할 수 없는 사건이 벌어진 것이다. 단하 천연 선사의 파격적인 행동은 마치 아들이 아버지를 불태워 죽이는 패륜과도 같은 망나니짓이 분명하다.

이 같은 일을 벌이는 단하 천연 선사의 행동을 지켜보던 젊은 스님이 흥분하여 "당신이 미치지 않고서야 어찌 이렇게 참담한 행동을 한단 말이요."라고 울부짖었다. 그러자 뒤를 휙 돌아보며 "무엇이 잘못 되었는가. 나는 지금 부처님을 다비(火葬)하여 사리를 찾고 있는 중일세."하고 말한다. 그러자 모든 스님들이 나서서 "별 미친

놈 다 보겠네. 야, 이놈아 나무로 모셔진 부처님 몸에서 무슨 사리가 나온다고 엉뚱한 소리냐."하고 말했다.

그러자 단하 천연 선사가 "사리도 아니 나오는 부처를 무엇 하러 법당에 모시는가?"하고 한마디 더 했다. 인식의 전환, 고정관념의 장벽을 무너뜨리는 통쾌한 법문이다. 그렇다고 큰 깨달음도 없는 얼치기들이 단하 천연 선사의 흉내를 낸다면 무간지옥의 벌을 면치 못할 것이다. 분명히 말하지만 법당에 모셔진 부처님이 아무런 의미도 없다는 망발은 용서될 수도 용서 되어서도 아니 되는 일이다. 왜냐하면 현존하는 모든 사찰에 모셔진 부처님의 아름답고 완벽한 미소는 탐·진·치 희로애락으로 찌들어 버린 중생들의 궁극적 목적지이며 바로 나의 본래 모습이기 때문이다.

그 같은 미소가 우리들의 거울이기도 하다. 따라서 아침 저녁으로 부처님 미소를 닮아가기 위해 자신의 모습과 비교해 보는 시간, 비추어보는 시간이다. 또 부처님의 철학적 사상적 참된 가르침을 맑은 본래 나의 거울 앞에 서서 되새겨 보는 시간이 예불 시간이다. 깨달은 대 선지식들의 지혜의 언어는 범인들이 상상으로 잔머리로 굴려서 생각해 내는 그런 것이 아니다.

마조 도일 선사와 사냥꾼 석공과의 대화에서도 그렇다. 마조 도일 선사께서 사냥꾼 석공에게 "자네는 이 나라에서 제일가는 사냥꾼이라고 들었네. 그렇다면 화살 하나 가지고 날아가는 새를 몇 마리나

잡을 수 있나?"하고 물어본다. 사냥꾼 석공은 큰 스님께서 자기를 알아봐 주는 것이 매우 기분이 좋았다. 우쭐한 마음에 "한 번에 한 마리씩은 정확하게 쏘아서 잡습니다."하고 대답한다. 마조 스님께서 혀를 끌끌 차면서 "거참 시시하군. 나는 한번 화살을 쏘면 수천 마리를 잡는데 말이야."하고 말했다. 사냥꾼은 쓰윽 웃으며 "에이! 큰 스님도 거짓말할 줄 아세요?"하고 말했다. 다시 마조 스님은 "떽! 이 사람아, 내가 언제 허튼소리 하든가? 나는 말일세. 시중에 나가서 법문 화살을 쏘면 수 천 명의 신도가 나에게로 달려오네. 자네 직업과 내 직업은 차이가 나지?"하고 말하자 사냥꾼 석공은 적이 당황했다. 그러자 마조 도일 선사는 그의 마음을 꿰뚫어 보며 "이보게, 석공! 눈 밖에 보이는 것은 그렇게 잘 쏘아 맞추면서 어찌하여 자네는 자네를 쏘지 않는 것인가?"하고 말했다.

두 사람의 대화는 스승과 제자가 만나는 소중한 시간이었다. 일상에서 누구를 만나더라도 상대에게 적절하고 유익한 대화를 하고 있는지가 중요하다. 괜스레 자기 자랑이나 상대의 약점이나 아픈 곳을 건드리는 몰상식한 대화는 오히려 입을 열지 않는 고요한 침묵만 못하다.

선사들이 제자들을 지도하는 모습을 보면 때로는 과격하게 때로는 친절하게 가르침을 준다. 큰 스님들의 지도 방향의 첫 번째는 스스로 일어서서 깨달음의 길로 나아가도록 안내자 역할을 한다. 두 번째는 상대가 이해하기 힘든 형이상학적 방법으로 의심을 심어 주는 깊은 뜻이 담겨 있다.

'도대체 왜? 저 같은 행동을 보이는 걸까?' 이른바 의심이란 화두(話頭)를 마음속 깊이 심어 주는 것이다. 공부하는 수행자는 그것을 꺼내들고 한평생 씨름하는 것이 선원에 기거하는 스님들의 본업이다. 부처님 제자로서 지혜의 눈이 열리는 날을 위하여 다함께 도전해 보자.

## 30. 일합이상분(一合理相分)을 노래하다

먼지처럼 가벼운
이름도 없을 것이다
그들이 모여서 산도 되고 들판도 된다
그렇다고 한다면
먼지처럼 위대한 출발은 없을 것이다
산 그리고 들판
거기 어디에서
그 이름을 찾을 수 있을까
본래 산이 거기 있듯이
본디 들판이 거기 있듯이
그 이름은 먼지일 뿐
또 다른 무엇으로 새 이름을 지어 부를
하등의 이유가 없다
이제 먼지와 산이
둘이 아니듯이
그대와 내가 둘이 아니었음을
이름 하나씩 따로 가진
단순한 이유만으로
나뉘어 살자는 뜻이 아니었음을

"수보리야, 만약 선남자 선여인이 삼천대천세계를 부수어 미세한 먼지를 만들었다면, 그대의 생각은 어떠하겠느냐? 이 미세한 먼지가 얼마나 많겠느냐?"

수보리가 말씀드리기를 "아주 많사옵니다. 세존이시여, 왜 그런가하오면, 만약 이 미세한 먼지가 실로 있는 것이라면, 부처님께서는 곧 미세한 먼지라 말하지 않았을 것이옵니다.

왜냐하면 부처님께서 말씀하신 미세한 먼지는 곧 미세한 먼지가 아니라 그 이름이 미세한 먼지이기 때문입니다.

세존이시여, 여래께서 말씀하신 삼천대천세계도 곧 세계가 아니라 그 이름이 세계인 것이옵니다. 왜 그런가 하면, 만약 세계가 실로 있는 것이라면 곧 이것이 하나를 합한 모양이어야 할 것이오나, 여래께서 말씀하신 하나를 합한 모양은 곧 하나를 합한 모양이 아니며, 그 이름이 하나를 합한 모양이기 때문이옵니다."

## 우리는 세계일화다

〈일합이상분(一合理相分)〉을 논할 때 '리(理)' 자를 '이(離)' 자로 쓰기도 한다. '상(相)'은 현상을 버리면 하나로 돌아간다는 뜻으로도 설명되지만 그보다는 진리와 현상의 세계가 둘이 아님을 주장하는 장이다.

'이삼천대천세계 쇄위미진(以三千大千世界 碎爲微塵) 어의운하(於意云何)', 즉 예를 들어 이 우주의 모든 별들을 누군가에 의해 미세한 먼지처럼 가루를 만든다면, 수보리 그대의 생각은 어떠한가? 하고 부처님께서는 제자에게 상상 불가한 무한의 크고 넓은 현상계를 비유를 들어 질문한 것이다.

'심다세존(甚多世尊)', 즉 부처님이시여, 생각으로 헤아리기 불가능한 크기라고 사료된다고 대답한다. 그 이유에 대해 '하이고(何以

故) 불설미진중(佛說微塵衆) 시명미진중(是名微塵衆)', 즉 왜냐하면 부처님께서 말씀하시는 미세먼지의 세계란 이름뿐인 가상의 세계라고 생각한다고 말한다.

계속해서 수보리는 '여래소설 삼천대천세계(如來所說 三千大千世界) 즉비세계(卽非世界)', 즉 부처님께서 조금 전에 말씀하신 삼천대천세계 역시도 실재하는 세계가 아니라고 말한다. 그 이유는 '하이고(何以故) 약세계실유자(若世界實有者) 즉시일합상(卽是一合相)', 즉 왜냐하면 만약 그러한 세계가 실재로 존재한다면 곧 모두가 하나 된 모습을 상징하는 의미라는 것이다.

이 장면은 의상 스님의 법성게를 보면 쉽게 이해할 수 있다.

일미진중함시방(一微塵中含十方)

일체진중역여시(一切塵中亦如是)

일합상자(一合相者)

단범부지인(但凡夫之人)

탐착기사(貪着其事)

먼지 같은 티끌 하나에 우주가 다 들어 있음이여,

우주 전체 질량의 법칙은 먼지 같은 티끌 하나로부터 시작된 것이다.

그러므로 때로는 주관과 객관이 서로 다른 모습이라고 보여지지만 끝내는 하나로 돌아간다는 사실조차 다만 중생들은 또한 그것에

탐착하고 머무는 것을 우려하는 것이다.

먼지라는 속성은 바람이 불면 여기저기 뿔뿔이 흩어지지만 흩어진 그대로가 하나로 돌아가는 이치임을 깨우쳐 주는 내용이다.

유치한 말장난 중에 '너의 것도 내 것이요, 내 것도 내 것이다'는 말이 있다. 이른바 네 것 내 것 따로 있는 것 같지만 그렇지가 않다. 오늘의 주제 '일합상(一合相)'에 적합한 옛날 이야기 한 편을 소개한다. 이야기의 처음 서두는 역시 옛날이다.

한양 땅에 살고 있던 채발이라는 총각에 관한 이야기다. 채발이 총각은 부모님이 정해준 예쁜 규수와 혼담이 오갔다. 양반가의 사대부집 자녀들은 우선 시집이나 장가를 가기 전에 사주단자가 오가는 절차가 있었다. 요즈음 결혼식이야 전통방식의 까다로운 절차를 생략하고 간소하게 치르는 것이 당연하다. 하지만 그 시대에는 관혼상제인 성인식, 혼례식, 장례식, 조상제사 의식 이 같은 네 가지를 양반 가문의 중요한 의식으로 여겼다.

채발이 총각도 양반집 가문의 자식인지라 가까운 절에 있는 스님에게 가서 사주를 보게 되었다. 그런데 이 사람 사주가 장가가는 날 신부의 가마가 땅에 엎어지는 불길한 사주였다. 요즈음으로 말하면 신부가 될 아가씨가 타고 가야할 자동차가 사고가 난다는 예언인 셈이다. 스님이 당부하기를 "장가가는 날 절대로 신부가 올라앉은 가마가 땅에 떨어지지 않게 조심해라. 그렇지 않으면 너는 평생 과거 시험을 보지도 못하고 출세도 못하게 된다."고 귀띔했다. 만약에 가마가 땅에 떨어지는 사고가 생겼다면 3년간 이웃을 위해 조건 없는 봉사활동을 해야 하고, 그러고 난 후에 과거시험을 보는 방법도 일러주었다. 그리하면 쉽지 않은 일이기는 하지만 누군가 너 자신도 모르는 사람이 100일 기도를 해 줄 것이라고 하였다.

이 말을 들은 채발이 총각은 장가가는 날 가마꾼들에게 기본요금보다 돈을 더 주었다. 각별히 가마를 메고 가는 동안 사고가 없게 해 달라는 부탁을 했다. 하지만 유감스럽게도 앞 사람 가마꾼이 발을 헛디뎌 휘청하는 바람에 가마를 통째로 엎어버리는 사고가 나고 말았다. 가마 안에 타고 있던 신부는 멀쩡하였지만 채발이 총각은 우려했던 일이 벌어지니 낙심하지 않을 수 없었다.

그 소식을 전해들은 처음 그 스님이 찾아와서 너무 걱정하지 말라고 위로했다. 그리고 3년 동안 남의 손을 빌리지 말고 스스로 짠 짚신을 이웃과 지나가는 나그네들에게 무상으로 나누어 주면 좋은 인연을 만나게 될 것이라고 용기를 주었다.

그리하여 채발은 3년 동안 스님이 일러준 대로 열심히 짚신을 삼아서 돈 한 푼 안 받고 나누어 주는 보시행을 시작하였다. 그즈음 경상도 합천 고을에는 채 서방이라는 머슴이 살고 있었다. 채 서방은 부지런하게 머슴살이를 하여 모은 돈으로 논도 사고 밭도 장만하여 살림살이가 넉넉했다.

그래서 현재는 머슴살이를 하고 있지 않았다. 하지만 평생 동안 머슴살이만 해온 사람이라 동네에서는 애들이고 어른이고 '어이! 채 서방' 하면서 얕잡아 보았다. 때로는 동네 아이들에게 똥바가지를 뒤집어쓰는 수모를 당하기도 했다. 사람으로서는 참을 수 없는 모욕과 멸시를 당하며 살아왔다. 채 서방 본인이 봉변을 당하는 것은 그나마 참을 수 있었다. 하지만 자신의 아이들과 부인이 함께 당하는 모멸감은 더는 견디기 힘들었다.

그런 가운데 부인이 어디선가 듣고 와서 말하기를 채 씨도 양반이라는데 당신은 이렇다 할 일가친척도 하나 없느냐고 원망을 했다. 일전에 어디서 들으니까 한양에 사는 채발이라는 양반이 짚신을 손수 지어서 이웃들에게 무료로 나눈다는 소문을 들었으니 한 번 찾아가 보는 것이 어떠냐고 의견을 냈다.

그러자 채 서방은 속으로 혹여 그 양반을 찾아가 일가친척이 되어달라고 부탁하면 어떨까 생각했다. 용기를 낸 채 서방은 봇짐을 싸 들고 그날로 한양을 향해 올라갔다. 채발이라는 양반은 선행을 즐겨하는 너무나 자비로운 사람이라고 소문이 널리 퍼진 뒤라 쉽게 그를 만날 수 있었다.

합천에서 올라온 채 서방은 양반 채발을 만나자 진짜 친척이라도 만난 듯이 그 앞에서 넙죽 절을 했다. 그리고 저간의 사정을 이야기했다. 마을 사람들의 무시와 괄시를 더 이상 참고 견디기 힘들다, 그러니 자신의 먼 친척이라도 좀 되어달라고 부탁했다. 그러자 채발은 갑자기 일면식도 없는 사람이 나타나 친척이 되어 달라는 요구에 적이 당황하였다. 그러면서 "글쎄요, 내가 당신의 친척이 되어 주는 것은 어렵지 않지만 한양에서 합천까지 거리가 먼데 친척이 있다고 한들 무슨 의미가 있을까요?"하고 말했다. 불원천리 먼 곳을 찾아와 친척이 되어 달라는 채 서방의 간절한 부탁을 들어주지 못한 미안함 때문에 "혹여 내가 이 다음 과거 시험에 합격하여 경상감찰사나 된다면 그때 가서 당신의 친척이라고 소문 내 드리겠소이다."하고 한마디 약속을 해주었다.

이 같은 약속을 받은 합천 채 서방은 진짜 양반 친척을 하나 얻은 것처럼 기뻐했다. 고향으로 돌아온 채 서방은 자기의 무용담처럼 부인에게 "이 다음 채발이라는 양반이 경상감찰사로 출세하여 경상도로 내려오시면 우리의 한을 풀어준다는 구려." 하고 말했다. 그러자 채 서방 부인이 말하기를 "여보 영감, 어느 세월에 그 양반 출세를 기다린단 말이요. 우리가 이러고 있을 때가 아닌 것 같습니다. 어서 빨리 그 양반이 과거시험에 합격하여 경상감찰사로 오시라고 가까운 해인사로 가서 100일 기도라도 올려봅시다." 하고 말했다. 그러면서 하루도 빠지지 않고 일심으로 부처님께 기도를 올리는 가운데 합천 채 서방 내외의 소원은 이루어지고 있었다.

드디어 한양 사는 채발도 3년 동안의 봉사 활동을 접고 과거시험에 응시한 것이다. 다행스럽게도 그는 영예로운 장원급제를 하였다. 그 후 경상도 지역 암행어사로 부임하게 되었다. 그 같은 사실을 모르는 채 서방 내외는 왜 이렇게 좋은 소식이 없을까 불안해하면서도 부처님께 올린 기도가 헛되지 않을 것이라는 믿음이 있었다.

그러던 어느 날 경상감영에서 연락이 왔다. 다름 아니라 이번에 암행어사로 내려 온 사람이 오래 전에 잃어버린 채 서방 삼촌이며 한번 만나고 싶다고 경상감영으로 빨리 오라는 전갈이었다. 이러한 소문이 삽시간에 온 동네에 퍼졌다. 합천 채 서방 내외는 얼싸 안고 감격의 눈물을 흘렸다. 평생을 머슴이나 하인처럼 천하게만 여기던 동네 사람들의 멸시로부터 자유로울 수 있다는 현실이 믿기지 않은 것이다. 시간과 공간적으로 전혀 관계를 지을 수 없는 서울과 합천 사람의 만남은 불교적 해석으로 풀어보면 인드라망의 연결고리라 할 수 있다.

'일합이상(一合理相)'의 뜻도 이와 같다. 세계 60억의 인구가 각기 서로 다른 모습과 지역과 다른 언어를 가지고 살고 있다. 하지만 이들이 모두 하나의 연결고리로 이어진다는 말이다. '세계일화(世界一花)', 꽃잎과 나뭇가지는 서로 다른 방향이지만 하나의 뿌리에 의지하여 피고 있다는 것이다. 예를 들어 우리가 살고 있는 지구가 야구공 크기로 본다면 이해가 쉬울 것이다. 그 야구공을 쥔 사람 손아귀에 60억 인구의 운명이 달려 있다고 가정하면 우리 지구 가족은 공동체 운명이라고 말할 수 있다.

따라서 자신과는 전혀 무관할 것 같은 관계들이 뿔뿔이 흩어져 있는 것 같지만 사실은 하나라는 것이다. 바구니 안에 담긴 검은 콩 이론이다. 바구니 안에 담긴 검은 콩들은 내내 같은 종이며 주인의 선택에 따라 공동의 운명이라는 것이 일합상의 정의다. 연기의 법칙을 이해하지 못하는 사람들은 이웃이 나와 공동생명체라는 사실을 인정하지 않는다. 자기 손톱 밑에 가시가 우선일 뿐 좋든 싫든 남의 일에는 관심이 없다.

모두가 저 살기 바쁜 요즈음 세상에 남을 위해 기도한다는 것도 위선일 수 있다. 하지만 곧 남을 위해 기도한다는 것은 자신을 위해 기도하는 것보다 몇 천배 효과가 있다는 말을 믿었으면 한다. 내 욕심을 채우고자 또는 일신의 안위와 목적만을 이루고자 발원하는 기도가 나쁘다고 결론적으로 말할 수는 없다. 그러나 한 생각 돌이켜 고상한 인격적 전환을 위해 뭇 중생을 이익 되게 하는 수준 높은 기도를 한 번쯤 경험해 보기를 권한다.

## 31. 지견불생분(知見不生分)을 노래하다

세상을 바라보며
그대 나를 보려는가
그저 바라만 보려는가
눈으로 보려는가
마음으로 보려는가
그도 아니면 어떻게 보려는가
보이지 않게 보려는가
세상을 바라보며
아름답게 느끼는 것은
내 눈이 있기 때문만은 아니다
세상을 바라보며 슬프다고 느끼는 것은
내가 스스로 느끼기 때문만은 아니다
어쩌면
이리도 눈부신 아침 햇살
살아있는 모든 생명과
함께하고 있기에
기쁘지도 슬프지도 않다
오로지
이것뿐이니까 말이다

"수보리야, 만일 사람이 말하기를 '부처님께서 아견 · 인견 · 중생견 · 수자견이라 말씀하셨다'면 수보리야, 그대는 어떻게 생각하느냐? 이 사람이 내가 설한 바 뜻을 아는 것이겠느냐?"

"아니옵니다. 세존이시여, 이 사람은 여래께서 설한 뜻을 알지 못하는 것이옵니다. 왜냐하면, 세존께서 말씀하신 아견 · 인견 · 중생견 · 수자견은 곧 아견이 아니옵고, 인견이 아니오며, 중생견이 아니옵고, 수자견이 아니오며, 그 이름이 아견 · 인견 · 중생견 · 수자견이옵니다."

"수보리야, 아뇩다라삼먁삼보리심을 일으킨 이는 일체 법에 응당 이와 같이 알며, 이와 같이 보고, 이와 같이 믿으며, 이와 같이 깨달아서 법이라는 상을 내지 말아야 하느니라.

수보리야, 법상이라고 말하는 것은 여래는 법상이 아니라고 말하나니, 왜냐하면 그 이름을 법상이라 하기 때문이니라."

## 놋쇠병정의 이야기 속으로

〈지견불생분(知見不生分)〉을 해석하면 분별심(分別心) 망상심(妄想心)에 의한 어리석은 알음알이의 단견에 빠지지 않기를 경계하라는 뜻이다. 대상을 본다는 의미는 크게 두 가지로 나눌 수 있다. 마음의 눈으로 보는 것을 '관(觀)'이라 하고, 육안으로 보는 것을 '견(見)'이라고 한다. 부처님 말씀 〈지견불생분〉에서도 내가 제일 잘 났다고 착각하는 아견(我見), 자기 생각과 견해를 주장하는 모습인 인견(人見), 인간만이 유일하게 세상의 모든 특권을 가지고 있고 누릴 수 있는 것처럼 보는 견해인 중생견(衆生見), 스스로 자신이 가진 얄팍한 잔재주를 뽐내고 으스대보려는 못난 단견인 수자견(壽者見), 현재 누리는 자신의 권력이나 지위가 영원히 지속 가능할 것이라고 믿고 있는 어리석은 졸견(卒見) 등이 있다.

경전에서는 이러한 견해를 바탕 삼아 참 진리를 보려는 사람을 '해아소설의부(解我所說義不)', 즉 내가 설한 바 금강경의 깊은 뜻을 제대로 이해할 수 있을까 하는 걱정스러움을 나타내고 있다. 부처님께서는 제자 수보리 존자에게 이렇게 우려를 나타내고 있는 것이다. 그러자 수보리 존자가 '불야(不也)', 즉 아마도 그렇게 단견을 가진 자들은 부처님의 진실한 뜻을 이해하지 못할 것이라고 대답한다.

계속해서 경전에서는 '발아뇩다라샴막삼보리심자(發阿耨多羅三藐三菩提心者) 어일체법(於一切法) 응여시지(應如是知)'라고 가르치고 있다. 그 뜻을 풀이하면 부처님과 같은 무상정등각의 깨달음을 얻고자 발심하는 수행자라면 저 모든 진리의 세계를 보는 견해가 이와 같은 대응논리를 갖추고 있어야 한다는 것이다. 그리고 '불생법상(不生法相)', 즉 진리의 본질은 형상에 있지 않다고 말씀하신다.

'법을 보는 자 나를 볼 것'이라고 했다. 어떤 견해도 언어로 설명하려는 시도는 부처님의 본심을 바로 보려는 눈을 가리고 만다. 부처님 말씀이 담긴 진리의 세계는 어떤 선입견도 용납하지 않는다. 지혜의 눈이 열리지 않은 채 단순한 학문적 지식으로 해석하거나 이해하려는 사람들을 경고하는 가르침이다.

'꽃 따는 처녀여! 꽃만 따지 말고 이 마음도 함께 따 가 주오'라는 노랫말이 있다. 아름다운 꽃의 향기나 모양에 취하지 말고 애타는 총각의 마음 좀 알아달라는 뜻이다. 이처럼 화려하고 금빛 찬란한 부처님의 겉모습보다 부처님이 이 땅에 오신 참뜻을 읽어내는 불자가 되어야 한다.

다음에 소개하는 이야기는 어린이나라의 아버지라 불리는 안데르센(Hans Christian Andersen)의 작품이다. 우리는 그를 역사적 인물로 볼 것인지, 아니면 따뜻한 인간애로 볼 것인지, 그도 아니라면 훌륭한 작품을 남긴 작가로 볼 것인지는 독자의 몫이다.

어린이 동화 놋쇠병정의 대강 줄거리를 요약하면 이렇다.

놋쇠 숟가락을 녹여 만들어진 장난감 병정 25개가 있었다. 그 중 마지막으로 만든 놋쇠병정은 쇠가 부족하여 다리 하나를 붙이지 못했다. 25번째 장난감 병정은 외다리였다. 외다리 병정은 아이들의 장난감 상자 안에서 종이로 만들어진 발레리나 아가씨를 만나게 된다. 우아한 두 팔을 벌리고 외발로 춤을 추는 발레리나 아가씨에게 첫 눈에 반했다.

외다리 놋쇠병정은 속으로 '저 아가씨도 나처럼 한 쪽 발이 없구나. 그렇다면 나의 결혼 상대로는 딱 맞을 것 같다'하고 점을 찍었다. 하지만 창가에 세워둔 외다리 놋쇠병정은 바람이 심하게 불어오던 날 외다리의 중심을 잡지 못하여 이층에서 떨어지고 말았다. 거리에 버려진 외다리 놋쇠병정은 길 가던 동네 아이들의 장난으로 종이배에 태워 강으로 흘려보내게 된다. 그리고 얼마 후 큰 고기에게 먹혀버린다.

얼마쯤 시간이 지나서 고기 뱃속에 있던 놋쇠병정은 주방 요리사

아줌마 손에 의해 구조된다. 다시 또 예전의 그 집으로 돌아온 것이다. 하지만 놋쇠병정은 그동안 우그러지고 색이 벗겨진 초라한 모습이었다. 이를 보고 있던 집주인 아이가 불이 활활 타고 있는 난로 속으로 놋쇠병정을 집어던져 버린다. 다시 종이로 만든 발레리나

아가씨도 난로에 집어넣었다. 다 타고난 난로의 재를 꺼내보았다. 놋쇠병정의 몸은 뜨거운 불에 녹아서 하트 모양으로 변해 있었다.

덴마크의 대 문호 한스 크리스티안 안데르센은 지구상에 있는 모든 어린이의 마음속에 아름다운 상상력과 환상의 세계를 꿈꾸게 해주었다. 안데르센의 동화작품은 이밖에도 수백 편이 된다. 우리에게 너무나 잘 알려진 '인어공주', '성냥팔이 소녀', '벌거벗은 임금님', '나이팅게일', '길동무' 등 이루 헤아릴 수 없이 많다. 이렇게 어린이들의 순수한 마음을 어린이답게 산과 바다와 하늘을 나는 꿈을 꾸게 하였던 동화작가 한스 크리스티안 안데르센의 일생은 역설적이게도 불행한 사람이었다.

1805년 덴마크의 핀(Fyn) 섬 오덴세(Odense)에서 그는 형편없이 가난한 집안에서 태어났다. 아버지는 헌 구두를 수선해주는 구두 수선공이며 지독한 술주정뱅이였다. 어머니는 남의 집 빨래를 해주고 품삯을 받아서 생계를 유지하는 정도였다. 더욱 불행한 사건은 그의 나이 열두 살 되던 해에 아버지가 죽고 어머니마저 다른 남자와 재혼해서 떠나 버린다. 철저하게 혼자가 된 안데르센은 친척집을 전전하며 눈칫밥으로 성장했다.

대충 이 정도 악조건의 생활 환경이면 세상을 향한 원망이나 좌절의 시간을 보내게 된다. 하지만 안데르센의 천부적인 문학 소질은 나쁜 환경과 조건에도 절망의 도구가 되지는 않았다. 비천한 출신 배경으로 인하여 제때에 정규 교육을 받을 기회를 놓치고 말았다. 자기 또래보다 7살이나 늦은 나이에 빈민학교에 입학하게 된다.

그 후 안데르센의 평생 후원자 요나스 콜린(Jonas Colin)을 만나 대학까지 졸업하였다. 안데르센은 평소 꿈이었던 연극배우가 되고자 왕립극단을 찾는다. 그곳 극단 오디션에서 몇 번이나 떨어지고 만다. 한두 번 떨어지면 그만 둘 법도 한데 끈질기게 도전하는 그의 배우에 대한 집념을 높이 평가한 극장 사람들이 우선 심부름이라도 하라고 자리를 마련해 준다.

거기에서 만난 여인 소프라노 제니 린드(Jenny Lind)에게 사랑을 느낀다. 하지만 마음속으로 쇼팽(Frédéric François Chopin)을 사랑하고 있던 제니 린드는 안데르센의 사랑의 눈빛을 외면해 버린다. 스웨덴의 나이팅게일이라 불리는 제니 린드는 오늘날 스웨덴 50크로네짜리 화폐에 초상화로 그려져 있는 인물이다. 아름다운 미모와 소프라노 가수로서 인기 절정을 누리던 여인이었다.

안데르센의 첫사랑이자 마지막 사랑이 된 제니 린드는 안데르센과 친구가 되어주었을 뿐 특별한 관계는 아니었다. 평생 동안 결혼 한 번 하지 않고 독신으로 살다 간 안데르센을 두고 일설에는 동성애자라고 평하는 이도 있다. 하지만 제니 린드를 너무나 사랑했던 안데르센의 순애보는 오직 한 사람 제니 린드였다. 그것은 그의 작품 '나이팅게일'에서도 엿볼 수 있다.

처음부터 가족 하나 없는 철저한 독신자 안데르센의 삶은 그의 방랑벽에서도 나타나듯이 대체 가족을 찾아 나서는 인상을 강하게 받는다. 비록 자유로운 독신이긴 하지만 홀로 산다는 것에 대한 뼈저린 외로움은 고독을 경험해보지 않은 사람은 모른다.

후세 사람들은 한스 크리스티안 안데르센의 그 같이 고독한 시간을 불후의 작품들로 승화시켰다는 사실에 높은 점수를 주고 있다. 아름다운 환상의 시인으로 또는 소설가로, 즉흥시인으로 극작가로서 덴마크 최고 명예인 단네브로(Dannebrog) 훈장을 받는 영예를 누린다. 그의 초월적 상상력과 화려하고 아름다운 묘사는 어린 시절 문학을 좋아하였던 아버지가 읽어준 다양한 이야기책들에 의해 많은 영향을 받았다.

한편으로 세계 여러 나라를 여행하면서 체험한 기행문을 쓰거나 자서전을 쓰는 것을 즐겨했다. 한 가지 이해할 수 없는 사실은 어린이들이 그토록 좋아하는 동화 작가이면서도 그의 동상에는 어린이와 함께 하는 모습을 발견할 수가 없다는 것이다. 누군가 말하기를 자신은 어린이를 좋아하지 않는다고 말했다고 한다. 어쩌면 독신자 안데르센이 일생 동안 가정을 이루어 오순도순 아이를 양육할 기회도 없었고 경험해 보지도 않았던 사람이라서 이 같이 믿을 수 없는 억측이 나왔을 것으로 생각한다. 어떻게 좋아하지도 사랑하지도 않는 아이들을 위해 그토록 아름다운 동심의 세계를 그려낼 수 있겠는가.

덴마크의 대 문호 동화나라의 아버지 한스 크리스티안 안데르센은 1875년 다정했던 친구 멜피얼의 별장에서 단 한 명의 지켜보는 가족도 없는 가운데 쓸쓸히 영면에 들었다. 동화 작가로서 동심의 세계를 상상하고 묘사한 안데르센의 마음의 눈은 순결한 것이었다. 그를 어떻게 이해하든 간에 그에 대한 해석은 가변적인 평가일 수밖에 없다.

누구를 어떻게 보며, 어떻게 이해하고 있는 것인가 하는 문제에 있어서는 저마다 주관적인 한계에 부딪힐 수밖에 없다. 하지만 본질을 보려는 마음을 잃어서는 안 된다. 우리가 흔히 범하기 쉬운 오류는 본질을 외면하고 현상에만 매달린다는 사실이다. 본질에 눈 뜨는 자는 어떤 역경이나 어려움도 거뜬히 이겨내는 힘이 있을 것이다.

## 32. 응화비진분(應化非眞分)을 노래하다

수보리여
만약에 어떤 사람이
고운 님의 말씀
오롯이 전해줄 수만 있다면
그처럼 거룩한 이는
아마도 없을 것이네
누군가 무슨 인연이냐고 물어오거든
인연이란 말일세
꿈과 같고 물거품 같고
그림자 같고 이슬 같다고
말해 주게나
고운 님의 말씀
저들의 기뻐하는 모습을 상상하면서
두 번 다시
사바에 오지 않기를
더불어 함께
춤추는 날을 위하여
한 생각으로
돌아가자고 일러 주게나

"수보리야, 만일 어떤 사람이 한량없는 아승지세계에 가득찬 칠보를 가지고 보시하고 또 다시 어떤 선남자 선여인이 있어서 보살심을 일으켜 이 경을 지녀 사구게 등을 수지 독송하여 남을 위하여 연설한다면 그 복이 칠보로 보시한 복덕보다도 뛰어나리라.

어떻게 하는 것이 남을 위하여 연설하는 것인가 하면, 상에 취하지 않고 여여하여 움직이지 않는 것이니, 어떠한가 하면 모든 현상계에 생멸법은 꿈과 같고, 허깨비 같으며, 물거품 같고, 그림자 같으며, 이슬 같고, 또한 번개 같나니 마땅히 이와 같이 보아야 하느니라."

부처님께서 이 경을 설하시어 마치시니, 장로 수보리와 모든 비구 · 비구니와 우바새 · 우바이와 모든 세간에 하늘 · 인간 · 아수라 등이 부처님의 설하심을 듣고 모두 다 크게 기뻐하며 믿고 받들어 행하였다.

## 인내하는 거미의 삶

〈응화비진분(應化非眞分)〉은 금강경의 마지막 장이다. 번역자마다 조금씩 다르게 설명하고 있다. 응신(應身) 화신(化身)은 참된 부처님 가르침이 아니다. 어떤 일시적 현상으로 반응하여 나타나는 것들은 참 진리가 아니라는 뜻이다. 금강경 전체를 결론부에 와서 보면 처음 〈법회인유분(法會因由分)〉을 경전의 서문(序文)이라고 하고 그 다음은 정종분(正宗分) 유통분(流通分) 이렇게 세 부분으로 나누고 있다.

본문으로 들어가 보자. '약유인 세계칠보 지용보시(若有人 世界七寶 持用布施) 발보살심자(發菩薩心者) 지어차경내지(持於此經乃至) 사구게등(四句偈等) 수지독송(受持讀誦) 위인연설(爲人演說) 기복승피(其福勝彼)'까지의 뜻을 살펴보자.

그 뜻을 풀이하면, 만약에 어떤 사람이 지구 크기만한 금덩어리를 가지고 그것이 하나도 남지 않을 때까지 불우한 이웃을 위해 나누고 또 나누어 보시하는 행위와 지극한 수행자가 순수한 마음을 내어 이 금강경을 받아서 가지고 다니며 전체가 아닌 네 구절만이라도 읽고 외우고 쓰며 또 다른 사람에게 친절히 설명해 줄 수 있다면 앞에서 말한 물질적 나눔과는 비교될 수가 없다는 것이다.

참다운 부처님의 진리란 '불취어상(不取於相)', 변화무상한 물리적 현상에서는 구할 수 없다. 따라서 '여여부동(如如不動)', 수 천 년의 시간과 공간이 변하고 흘러가도 언제나 그 자리에 그대로 있는 불변의 법칙이 진리의 요체다. '하이고(何以故) 일체유위법(一切有爲法)', 즉 왜 그러한가 하면 실재하는 모든 존재는 무한한 존재가 아니고 너무나 짧은 시간을 살다 갈 유한의 존재이기 때문이다.

계속해서 금강경의 마지막 내용을 살펴보자.

'여몽환포영(如夢幻泡影)', 인간이 한평생을 살았다고 하는 시간의 길이를 돌아보면 간밤에 잠시 꾸고 일어난 꿈과 같은 환상이었으며 나의 것이라고 집착하던 물질적 요소들은 그림자나 물거품 같이 곧 사라질 것들이라는 것이다.

'여로역여전(如露亦如電)', 또한 아침 이슬이 해가 뜨면 어느새 말라버리듯 소낙비 오는 날 순간적으로 번쩍이는 번갯불 같이 찰나적 순간을 살다 가는 이 생명이 오랜 시간이 남아 있는 듯 착각한다는 사실이 어리석은 짓이라는 것이다.

'응작여시관(應作如是觀)', 따라서 이 금강경 서른 두 편의 부처님 가르침대로 세상을 보는 눈이 활짝 열린다면 지금 이 시간이 마지막일지도 모른다는 마음가짐으로 매 순간 최선을 다하여 사는 삶이어야 한다는 의미다.

'불설시경이(佛說是經已)', 부처님께서 이 금강경의 설법을 모두 마치고 나서 그 자리에 모여 있던 수보리 존자를 비롯한 비구 · 비구니 · 우바새 · 우바이 일체 모든 생명체와 심지어 하늘나라 사람들까지 '개대환희(皆大歡喜) 신수봉행(信受奉行)', 즉 모두가 큰 기쁨에 넘쳐서 굳건한 믿음으로 부처님 법을 받들고 쉬지 않고 수행하겠다는 다짐으로 대장정의 금강경 드라마는 끝이 났다.

금강경 진리를 인류에 전파하신 석가모니 부처님은 카빌라 왕궁의 왕자님으로 태어나 화려한 의상으로 치장하고 궁성에서는 누구와도 비교될 수 없는 용모 준수한 청년의 모습이었다. 하지만 출가하여 수행자가 되고 나서는 거지 중의 상거지나 다름없었다. 그때의 모습을 상상한다면 극단적으로 상반된 변모라고 할 수 있다. 요즈음으로 말하면 때가 꼬질꼬질하게 절은 노숙자 신세인 것이다. 집도 없고 갈 곳도 없고 동가식서가숙하며 그것도 혼자가 아닌 제자들을 떼거지로 수백 명씩 몰고 다니는 떼거지 왕초인 셈이다.

이 많은 거지 떼거리를 몰고 마을을 돌아다니며 자신의 먹을 것은 스스로 얻어먹는 몸소 실천형 거지 왕초였다. 아무리 그의 정신세계가 그의 눈빛이 온 우주를 뚫어보는 철학자이고 사상가이고 종교가일지언정 당장 중생의 눈에 비치는 형상은 초라하기 이를 데 없는 거지라 할 것이다.

이러한 부처님의 모습을 법신(法身)이라 할 수는 없다. 하지만 그들이 구걸하는 것은 단순히 한 끼의 주린 배를 채우기 위한 빵이 아니다. 오로지 진리를 구하는 무리들이였기에 부처님과 그를 따르는 많은 제자들이 당당하게 구걸할 수 있었다. 구걸해서 얻은 밥은 하루에 한 끼만 먹는다. 밥을 다 먹고 나면 여느 노숙자 걸인처럼 게으름 피우고 낮잠을 자면서 한가하게 시간을 허비하지는 않았다.

부처님과 그의 제자들이 단순히 먹고 노는 거지 집단으로 보였다면 그들을 위해 다투어 후원자가 되어 주지 않았을 것이다. 그러나 이들 떼거지들은 하나같이 질서정연하게 자리를 펴고 앉아 부처님의 진리 말씀을 듣고 또 외우며 수행하는 모습은 보는 사람들로 하여금 저절로 존경의 예를 올리기에 충분했다. 그러므로 이 같은 수행 모습은 화신(化身)이라고 정의 할 수 있다.

그렇게 수행해 가는 어느 날 습관처럼 형상에 매이고 고정 관념에 묶여 있는 제자들을 위해 부처님께서는 아주 쉬운 법문을 하셨다. 부처님께서 아난존자에게 묻기를, “아난이여, 저기 나무와 나무 사이를 그물망으로 장식하고 있는 거미를 보라. 저 거미 역시 그대에게 무진법문을 하고 있지 않은가?”하고 말했다.

아난은 어리둥절해 하며 부처님을 쳐다만 볼 뿐 말을 잇지 못했다. 아난은 속으로 '도대체 부처님께서는 저 따위 미물에 불과한 거미가 무슨 법문을 한다는 것인가? 우리를 놀리려고 말도 안 되는 말씀을 하고 있다'고 생각했다. 그러나 부처님은 아난의 속마음을 꿰뚫어 보시고 "아난이여! 그렇게 생각하지 말고 자세히 들으라. 저기 있는 저 거미는 한 끼의 먹이를 구하기 위해 밤과 낮을 가리지 않고 부지런히 거미줄을 치고 있다. 거미의 부지런하고 성실한 모습을 보고 그대로 따라 한다면 저 거미가 바로 우리들의 스승이니라. 어디 그것뿐이더냐? 당장 먹이가 잡히지 않으니 먹이가 거미줄에 걸릴 때까지 거미줄 끝자락에 숨어서 또 하루를 기다리는 인내심도 그대들이 배워야 할 덕목이니라."라고 말씀하셨다.

세상 무엇 하나 부처님 진리 아닌 것이 없다는 뜻이기도 하다. 여기서 거미의 보잘것없는 행동을 관찰하면서 그 거미가 하고자 하는 목적의 의미, 즉 우리에게 전하는 메시지는 생의 진지함을 전하고 있다.

정신 분석학에서는 저마다 고유의 생각이 자아 중심적인가 관계 중심적이냐 또는, 규율 중심적이냐로 나눈다. 평소 습관에 따라서 선택적 노출이라는 말처럼 인간은 자기가 보고 싶은 것만 보려고 하는 오류가 있다. 그러므로 보여지는 대로 볼 수 있는 힘을 길러야 한다.

복잡 다난(多難)한 현실 속에서 자신과 직 · 간접으로 인연 지어진 관계들을 어떻게 이해하고 받아들이냐 하는 것이다. 그때그때 상황에 따라서 어떤 문제에 부딪치면 때로는 비이성적인 태도를 보이거나 화를 내는 수도 있다. 하지만 부정적일 때 보다 긍정적일 때 그 긍정의 에너지는 여러 사람에게 기쁨과 용기를 주기도 한다. 그러나 습관적으로 화를 잘 내는 사람은 충분히 대화가 가능한 사건들도 폭력적으로 해결하려는 무식한 경우를 종종 보게 된다. 폭력에 있어서도 물리적 폭력보다 언어적 폭력이 상대에게 더 깊은 내상을 입힐 수도 있다.

인간의 생명을 받은 이번 기회에 자신이 가지고 있는 옳지 않은 나쁜 습관을 조금이라도 덜어 내려는 의지력이 필요하다. 좋은 습관으로의 전환은 그리 어렵지도 않으며 절대 가능하다.

습관이란 무엇일까? 도박이나 음주, 흡연 또는 마약, 이 따위들은 중독성이지 습관성은 아니다. 중독성은 강한 의지력만 있으면 얼마든지 끊을 수 있다. 하지만 질 나쁜 습관은 쉽게 끊어지지 않는다. 습관이란 우리들의 일상 모습에서 나타나는 나쁜 태도들을 말한다. 생명체의 대다수가 욕심 내는 것인 탐(貪), 화내는 마음인 진(瞋), 어리석은 마음인 치(痴), 이 같이 세 종류의 나쁜 습관이 재료가 되어 육도를 윤회하는 굴레에서 벗어나지 못하고 있다.

탐욕(貪慾)의 습관은 가장 끊기 어려운 난제다. 돈과 명예 권력, 미모 다 가지고 싶고 하고 싶은 것들 뿐이다. 소유욕이냐 무소유욕이냐의 문제다. 그렇다고 현재 삶의 도구인 돈도 명예도 권력도 미모도 다 버리고 거지꼴이 되면 무소유가 되느냐 하는 질문이 있을 수 있다. 물질에 초연한 것이 무소유가 아니다. 물질은 다만 생을 영위하는데 필요한 적당한 도구에 불과하다. 따라서 무소유란 가지되 집착하지 않는 것을 뜻한다.

그 다음의 나쁜 습관은 진(瞋)이다. 관용하지 않고 너그럽지 못해서 화를 자주 내거나 욕설을 내뱉는 습관이다. 세 번째는 치(痴)다. 자신이 스스로 어리석다는 생각을 하지 않고 자신의 과오나 실수를 절대 인정하지 않는 못생긴 태도 역시 나쁜 습관 세 번 째에 든다.

자신이 보고 싶은 것만 골라서 보고, 하고 싶은 일만 하려는 인간의 심리는 다분히 자아 중심적이며 편견과 아집을 키우는 일이다. 자신의 내면세계가 완벽하지 못함을 무의식적으로는 알고 있다는 반증이다. 다시 말하면 자신이 고쳐야 할 나쁜 습관이 자신의 마음 안에 내재 되어 있음을 누가 꼭히 지적하지 않아도 안다는 이야기다.

헤아릴 수 없이 많은 악습관들을 제거하지 않고 방치한다면 다음 생의 모습도 오늘의 불행했던 이 시간처럼 또다시 반복되는 것이다. 외형적 표피적인 것을 버리라는 말이 아니다. 내 마음 안으로 자신을 불러들여서 차분히 명상에 잠기며 질문과 대답을 들으려는 노력이 필요하다. 자신이 버려야 할 나쁜 습관들은 무엇이 있을까? 아마도 부처님의 가르침에 따라 부처님을 닮아가려는 마음을 낸다면 나쁜 습관 버리기의 첫 걸음이 될 것이다. 이것이 부처님께서 바라는 진정한 마음이 아니겠는가.

금강경으로 세상읽기
# 흔적없는소리

2015년 10월 12일 초판 1쇄 인쇄
2015년 10월 20일 초판 1쇄 펴냄

지은이 | 금담 정관
펴낸이 | 이철순
디자인 | 이성빈

펴낸곳 | 해조음
등　록 | 2003년 5월 20일 제 4-155호
주　소 | 대구광역시 남구 대명2동 1800-6 불교대구회관 2층
전　화 | 053-624-5586
팩　스 | 053-624-5587
e-mail | bubryun@hanmail.net



ISBN 978-89-92745-48-2 03810
• 잘못된 책은 바꾸어 드립니다.　• 책값은 뒤표지에 있습니다.